PAOLO TONINI

Professore emerito di diritto processuale penale nell'Università di Firenze

GUIDA ALLO STUDIO DEL PROCESSO PENALE

TAVOLE SINOTTICHE E ATTI

undicesima edizione

GIUFFRÈ FRANCIS LEFEBVRE

ISBN 9788828823377

Via Busto Arsizio, 40 - 20151 MILANO - Sito Internet: www.giuffre.it

---

Stampato da L.E.G.O. S.p.A. - Lavis (TN)

INDICE-SOMMARIO

Capitolo II

GLI ATTI

Capitolo III

PRINCÌPI GENERALI SULLA PROVA

Capitolo IV

I MEZZI DI PROVA

Capitolo V

I MEZZI DI RICERCA DELLA PROVA

CAPITOLO VI

LE MISURE CAUTELARI

Parte Terza

IL PROCEDIMENTO ORDINARIO

CAPITOLO I

LE INDAGINI PRELIMINARI

Capitolo II
CONCLUSIONE DELLE INDAGINI PRELIMINARI

Capitolo III
L'UDIENZA PRELIMINARE

Capitolo IV
L'INVESTIGAZIONE DIFENSIVA

Capitolo V
IL GIUDIZIO

Parte Quarta
I PROCEDIMENTI PENALI DIFFERENZIATI E SPECIALI

Capitolo I
I PROCEDIMENTI SPECIALI

Capitolo II
IL PROCEDIMENTO DAVANTI AL TRIBUNALE MONOCRATICO

Capitolo III
IL PROCEDIMENTO DAVANTI AL GIUDICE DI PACE

Capitolo IV

IL PROCEDIMENTO PRESSO IL TRIBUNALE PER I MINORENNI

Capitolo V

IL PROCEDIMENTO NEI CONFRONTI DEGLI ENTI PER ILLECITI AMMINISTRATIVI DIPENDENTI DA REATO

Parte Quinta
LE IMPUGNAZIONI

Capitolo I

I PRINCÌPI GENERALI SULLE IMPUGNAZIONI PENALI

Capitolo II

L'APPELLO

Capitolo III

IL RICORSO PER CASSAZIONE

Capitolo IV

IMPUGNAZIONI STRAORDINARIE

Parte Sesta
IL GIUDICATO E L'ESECUZIONE PENALE

Capitolo I

GLI EFFETTI DEL GIUDICATO PENALE

Capitolo II

L'ESECUZIONE PENALE

Parte Settima
I RAPPORTI GIURISDIZIONALI CON AUTORITÀ STRANIERE

Capitolo I
LA COLLABORAZIONE GIUDIZIARIA INTERNAZIONALE REGOLATA DAL CODICE DI PROCEDURA PENALE

Capitolo II
LA COOPERAZIONE GIUDIZIARIA NELL'AMBITO DELL'UNIONE EUROPEA

INTRODUZIONE

Molti sono ormai i manuali che consentono di studiare in modo approfondito il diritto processuale penale vigente. La carenza, se mai, concerne gli studi sulle metodiche di insegnamento della materia. Tutto è affidato all'intuito personale del docente, che costruisce il proprio corso sulla base dell'esperienza che ha maturato in precedenza. Coloro che svolgono, o hanno svolto, attività forensi tendono ad arricchire con casi pratici le loro lezioni. Quanti provengono da severi studi teorici, storici o comparatistici, privilegiano la costruzione sistematica degli istituti e mettono in evidenza i princìpi che ispirano le norme. In ogni caso, il docente è portato naturalmente ad insegnare agli studenti *cosa* è il diritto processuale penale e non *come* deve essere studiata la materia.

Fin dall'inizio della mia attività di docente nel lontano 1971 ho cercato di completare l'esposizione della disciplina con gli strumenti offerti dalla rappresentazione grafica del diritto. Tutto è stato cagionato da una vicenda assolutamente occasionale, e cioè dall'aver allora frequentato un corso di informatica. Mi sono reso conto che le tecniche di rappresentazione grafica potevano essere utilmente impiegate per la comprensione del diritto processuale penale.

Non mi riferisco ai tradizionali schemi sinottici, che da tempo sono utilizzati in materia giuridica. Vengono comunemente citati, come esempi, quelli che sono contenuti nel volume di Ricca Barberis e che rimangono un *unicum* nella procedura civile (1). Il limite di quelle rappresentazioni grafiche, tuttavia, stava nell'esporre un fenomeno giuridico soltanto nella sua dimensione statica. Gli schemi sintetizzavano i presupposti di un istituto o le condizioni di efficacia di una norma. Tutto ciò si accordava con la concezione teorica, allora imperante, secondo la quale il processo doveva essere ricostruito come un « rapporto giuridico ».

La novità degli studi di informatica (e, più in generale, delle discipline scientifiche) sta nell'aver utilizzato i diagrammi di flusso, che permettono di rappresentare graficamente un fenomeno nel suo aspetto dinamico.

---

(1) M. Ricca Barberis, *Diritto processuale civile esposto per tavole sinottiche*, 3ª ed., Torino, 1937.

Niente di meglio può esservi per esporre il procedimento penale nei suoi passaggi temporalmente distinti; una schematizzazione ispirata ai diagrammi di flusso, infatti, scandisce le sequenze operative in una struttura simile ad un albero genealogico. Dal punto di vista teorico la nuova rappresentazione grafica si accorda con la più moderna concezione del « procedimento », inteso come serie cronologicamente ordinata di atti diretti alla pronuncia di un provvedimento penale (2).

Sia ben chiaro: non intendo negare che oggetto dello studio universitario siano le norme del codice al fine di risalire ai princìpi generali del processo. Desidero soltanto ricordare che il procedimento penale è anche scansione dei tempi e sequenza di atti. Ciò costituisce il presupposto delle elaborazioni teoriche. Negli altri rami del diritto lo schema può, a volte, comportare una semplificazione della materia; così non avviene nelle materie processuali. L'oggetto di studio di questo ramo del diritto è peculiare e si presta ad essere rappresentato graficamente. Non è un caso che i primi tentativi in tal senso siano stati operati da un docente di diritto processuale civile.

Sta di fatto che a suo tempo ho accettato la sfida che consiste nell'applicare al processo penale un nuovo metodo di insegnamento. Gli allievi che frequentavano i corsi universitari ed i laureati che affrontavano l'esame di procuratore legale sembravano apprezzare gli schemi che proponevo loro. La loro soddisfazione mi ripagava degli inconvenienti derivanti dalla polvere bianca del gesso, che ricopriva i miei vestiti dopo aver utilizzato la lavagna. Come esempi dei miei primi esperimenti si possono consultare, in questo volume, i diagrammi 1.1.3 sul *code d'instruction criminelle* del 1808 e 1.1.4 sul codice di procedura penale italiano del 1930.

Quali vantaggi sono apportati allo studio del processo penale dall'uso dei diagrammi di flusso? Il primo è di tipo scientifico. La rappresentazione grafica del diritto impone in modo assoluto la correttezza del metodo interpretativo. La materia deve essere trattata con i consueti strumenti di analisi e di sintesi, finché diventano chiari i collegamenti logici delle scansioni procedimentali. In questa fase, i maggiori benefici sono apprezzati dal docente, che è invogliato a risolvere i dubbi interpretativi in modo da ottenere un meccanismo funzionante. Inoltre, la rappresentazione grafica consente di scoprire le lacune delle disposizioni di legge e le eventuali contraddizioni racchiuse nelle norme.

Il secondo vantaggio attiene alla didattica, e ciò per vari motivi. Non soltanto perché, come insegna l'esperienza, « un disegno vale più di mille parole ». Ma soprattutto perché un diagramma di flusso permette di ridurre

(2) G. Conso, *I fatti giuridici processuali penali*, Milano, 1955, 49.

notevolmente i tempi di apprendimento rispetto ai tradizionali metodi della lettura e dell'assimilazione del testo scritto. Certamente i predetti strumenti restano indispensabili e non possono essere eliminati. Tuttavia i tempi di comprensione si riducono e, soprattutto, i dubbi posti dal lettore trovano immediata risposta. Ma ciò che viene in modo particolare apprezzato dagli allievi è la capacità di conservazione del ricordo: gli schemi attivano la memoria visiva, che si aggiunge agli altri strumenti di rappresentazione. Tra l'altro, la distinzione tra i concetti, sulla quale si basa il ragionamento giuridico, è resa bene dai grafici e stimola la interiorizzazione dei passaggi fondamentali della materia oggetto di studio.

Vi è anche un terzo vantaggio, che attiene però agli aspetti più propriamente operativi. I diagrammi di flusso permettono di regolare i comportamenti del personale che è chiamato ad applicare norme giuridiche.

L'effetto è quello di ottenere da parte degli operatori quella uniformità di applicazione delle procedure, che consente di gestire un'organizzazione complessa.

Infine, si può ipotizzare che la diffusione di queste tecniche di rappresentazione grafica possa essere utile alla « fabbrica delle leggi », poiché molte lacune del diritto sembrano essere dovute a disattenzioni del Parlamento. La scienza della legislazione, pur avendo avuto in passato illustri cultori in Italia, oggi non è studiata né insegnata nelle università ed è, purtroppo, poco praticata. Essa potrebbe ricevere una nuova linfa dalle modalità rappresentative della logica giuridica. Anche la predisposizione dei progetti di legge ne trarrebbe vantaggi.

Le conclusioni di queste righe derivano dalle premesse dalle quali sono partito. Il presente volume è particolarmente dedicato agli studenti. Non tanto a quelli dell'ateneo fiorentino, che hanno permesso gli esperimenti di allora e che oggi accettano di buon grado le singolarità del docente. Quanto, se mai, a quelli di altre università, che si devono misurare con una materia in continua evoluzione.

Riforme recenti

Nella presente edizione si tiene conto della legislazione che è stata promulgata dal maggio del 2018 ad oggi. Le nuove leggi hanno avuto ad oggetto le tematiche più disparate. Alcune di esse rientravano nel programma di maggioranza della precedente legislatura; altre sono opera delle nuove maggioranze che si sono alternate nella legislatura attuale. Ciò spiega perché non è possibile individuare una linea uniforme di tendenza del legislatore.

La ***prima tematica*** di intervento concerne l'***ordinamento penitenziario***. In questo caso si è manifestata un'inversione parziale rispetto alle scelte della precedente maggioranza perché le bozze dei decreti legislativi sono state modificate soltanto in alcune parti, seppure molto qualificanti.

Procedendo per ordine, il *d.lgs. 2 ottobre 2018 n. 121*, sull'esecuzione della pena nei confronti dei minorenni, ha colmato un vuoto che perdurava dal 1975 quando nella legge penitenziaria si è sancito che le norme per i detenuti adulti si dovevano applicare anche ai minorenni in attesa di un'apposita legge.

Il *d.lgs. 2 ottobre 2018 n. 123*, recante modifiche dell'ordinamento penitenziario, ha ripreso i testi predisposti sul finire della precedente legislatura, ma ha eliminato parti rilevanti quali quelle sull'accesso alle misure alternative alla pena detentiva e quelle sull'infermità psichica. Per quanto concerne l'esecuzione della pena, si vedano le modifiche apportate alla sospensione delle pene detentive brevi e al procedimento di sorveglianza.

La ***seconda tematica*** dell'intervento riformatore concerne in generale le norme che perseguono una ***istanza securitaria***. Qui vi è stata un'inversione completa rispetto alle scelte della precedente legislatura.

Il *decreto-legge 4 ottobre 2018 n. 113, conv. nella legge 3 dicembre 2018 n. 132*, ha innovato su varie materie tra le quali l'immigrazione, la sicurezza pubblica e la normativa sui beni sequestrati alla criminalità organizzata. Per quanto concerne le disposizioni sul processo penale, merita ricordare che è stato ampliato l'elenco dei reati intercettabili includendo tra essi il nuovo delitto di invasione di terreni ed edifici commesso da persona palesemente armata o da più di cinque persone. Quindi, si è posto il divieto di eseguire la misura cautelare dell'arresto domiciliare presso un immobile occupato abusivamente. Infine, si è estesa la possibilità di utilizzare il braccialetto elettronico come strumento di controllo dell'esecuzione dell'allontanamento dalla casa familiare anche per i reati di atti persecutori e di maltrattamenti contro familiari e conviventi.

La *legge 9 gennaio 2019 n. 3*, recante misure di contrasto ai reati contro la pubblica amministrazione, deve la sua notorietà per aver modificato il regime della prescrizione dei reati prevedendo che il corso della medesima sia sospeso dalla pronuncia della sentenza di primo grado fino all'esecutorietà della sentenza che definisce il giudizio. Si tratta di una modifica che si pone in contrasto con importanti princìpi costituzionali quali la presunzione di innocenza, il diritto di difesa, la durata ragionevole del processo e la stessa funzione rieducativa della pena.

Varie le modifiche attinenti al processo penale.

a) È stata introdotta la nuova misura interdittiva del divieto temporaneo di contrattare con la pubblica amministrazione.

b) Vi sono ipotesi nelle quali sia intervenuto un patteggiamento subordinato alla sospensione condizionale estesa alle pene accessorie dell'interdizione dai pubblici uffici e dell'incapacità a contrattare con la pubblica amministrazione. In detti casi, il giudice potrà decidere se accogliere o meno il patteggiamento che sospenda le pene accessorie menzionate; e ciò tenuto conto delle specifiche esigenze specialpreventive del condannato.

La *legge 12 aprile 2019 n. 33* ha introdotto il divieto di applicare il giudizio abbreviato ai delitti puniti con l'ergastolo commessi successivamente all'entrata in vigore della medesima legge, e cioè dopo il 20 aprile 2019; pertanto, per i procedimenti già in corso restano in vigore le precedenti disposizioni. Per quanto concerne i futuri procedimenti, quando la richiesta di giudizio abbreviato formulata nell'udienza preliminare sarà dichiarata inammissibile e, viceversa, all'esito del dibattimento il giudice riterrà che per il fatto accertato sia consentito tale rito, sarà applicabile la relativa riduzione della pena.

La *legge 26 aprile 2019 n. 36*, recante modifiche al codice penale in materia di legittima difesa, è entrata in vigore il 18 maggio 2019. Vi sono novità normative in relazione ai procedimenti penali che accerteranno la presenza delle nuove circostanze della causa di giustificazione prevista dall'art. 52 c.p. Tali procedimenti dovranno essere inseriti nell'elenco che assicura la priorità assoluta nella formazione dei ruoli di udienza e nella trattazione. Il processo penale a carico di chi si è difeso da un'aggressione nel domicilio dovrà svolgersi in futuro più velocemente che in passato.

Una seconda novità riguarda le spese di giustizia: in caso di archiviazione, di sentenza di non luogo a procedere o di proscioglimento per legittima difesa domiciliare o per eccesso colposo, sono poste a carico dello Stato gli onorari e le spese spettanti al difensore, all'ausiliario giudiziario e al consulente tecnico di parte.

Il *decreto-legge 14 giugno 2019 n. 53* (c.d. sicurezza-*bis*), conv. nella legge n. 77 del 2019, ha portato novità in tre aree: il contrasto all'immigrazione illegale, il potenziamento dell'attività amministrativa della giustizia e il contrasto alla violenza in occasione di manifestazioni sportive. In particolare, nella materia processuale il decreto-legge ha esteso la competenza della procura distrettuale all'associazione finalizzata a commettere anche la fattispecie base di favoreggiamento dell'immigrazione irregolare di cui al comma 1 dell'art. 12 T.U. n. 286 del 1998.

La *legge 19 luglio 2019 n. 69* (c.d. codice rosso), insieme ad inasprimenti di pene e nuovi illeciti penali, ha previsto per determinati delitti una corsia investigativa preferenziale, dalla quale deriva il nome del provvedimento. La rapidità è finalizzata non solo ad accelerare i tempi per la verifica della responsabilità dell'autore del reato, ma anche — e soprattutto — a tutelare l'incolumità della persona offesa mediante l'applicazione di misure cautelari o anche di prevenzione. La legge ha adeguato il nostro sistema alle indicazioni fornite dalla Corte europea nel caso Talpis (sentenza 2 marzo 2017). I giudici di Strasburgo hanno condannato l'Italia per il ritardo con cui la vittima è stata sentita dagli inquirenti, e cioè circa sette mesi dopo la prima denuncia. Purtroppo, l'intervento legislativo è stato asistematico (basti pensare che esiste una difformità tra i numerosi elenchi di reati di violenza alla persona collocati in varie norme del codice) e carente di risorse finanziarie.

La ***terza tematica*** delle modifiche legislative concerne la modifica di quella normativa sulle ***intercettazioni*** che era contenuta nel d.lgs. n. 216 del 2017 (c.d. riforma Orlando). Tuttavia, l'entrata in vigore del d.lgs. n. 216 è stata più volte rinviata e, al momento dell'ultima scadenza, il 30 dicembre 2019 il Governo ha promulgato il decreto-legge n. 161 che ha rinviato l'entrata in vigore della riforma e ne ha soppresso i punti più caratterizzanti. Con la successiva conversione nella legge 28 febbraio 2020, n. 7, si è completato il quadro delle nuove disposizioni che hanno dato luogo ad una manovra estremamente complessa. Un ulteriore differimento dell'entrata in vigore è stato operato dal decreto-legge 30 aprile 2020 n. 28, conv. nella legge n. 70 del 2020.

Dal punto di vista del diritto intertemporale, con le nuove norme è stata posta una distinzione tra i procedimenti iscritti fino al 31 agosto 2020, che continuano a seguire la disciplina originaria del codice del 1988, e i procedimenti iscritti dopo tale data, che seguiranno le nuove regole.

L'effetto sarà la contemporanea esistenza di due regimi normativi. Quello originario continuerà a regolare la stragrande maggioranza di procedimenti iscritti fino al 31 agosto 2020. La nuova normativa si applicherà ai procedimenti che saranno iscritti dopo tale data e, quindi, interesserà, per i primi anni a seguire, un numero esiguo di casi.

Firenze, 20 luglio 2020

AVVERTENZE E ABBREVIAZIONI

Come in tutte le materie scientifiche, è necessario utilizzare simboli convenzionali nella esposizione. Nel nostro caso, facciamo riferimento a quelli che sono utilizzati nell'informatica giuridica, visto l'apprezzabile grado di diffusione della stessa negli studi universitari. Quando da un punto partono più frecce, significa che, tra tutte le possibilità illustrate, il soggetto procedente può sceglierne una sola. La linea continua indica lo svolgimento ordinario del procedimento; la linea tratteggiata indica uno sviluppo eventuale del procedimento.

Una particolare avvertenza riguarda la materia del processo penale. I numeri citati senza ulteriore specificazione corrispondono agli articoli del codice di procedura penale direttamente interessati dal singolo passaggio. Altri testi legislativi sono indicati espressamente.

Le rappresentazioni grafiche sono ordinate in modo da riflettere la divisione in parti e capitoli così come essi appaiono nel Manuale di procedura penale scritto dall'autore. In tal modo è possibile operare, mediante l'indice, un continuo rinvio tra il Manuale, il codice e le tavole sinottiche.

La conversione in euro delle sanzioni pecuniarie avviene in base all'art. 51 comma 3 d.lgs. 24 giugno 1998 n. 213: « se l'operazione di conversione (...) produce un risultato espresso anche con decimali, la cifra è arrotondata eliminando i decimali ».

Abbreviazioni

Gli *articoli* citati senza alcuna ulteriore indicazione appartengono, di regola, al codice di procedura penale; tuttavia nel capitolo sul procedimento davanti al giudice di pace gli articoli citati senza ulteriore indicazione appartengono al d.lgs. 28 agosto 2000 n. 274.

A.G.	Autorità giudiziaria (giudice o pubblico ministero)
c.p.	codice penale
c.p.p.	codice di procedura penale
disp. att.	norme di attuazione, di coordinamento e transitorie del codice di procedura penale: d.lgs. 28 luglio 1989 n. 271

d.p.r.	decreto del Presidente della Repubblica
d.lgs.	decreto legislativo
g.d.p.	procedimento penale davanti al giudice di pace: d.lgs. 28 agosto 2000 n. 274
m.	processo penale a carico di imputati minorenni: d.p.r. 22 settembre 1988 n. 448
ord. giud.	ordinamento giudiziario: r.d. 30 gennaio 1941 n. 12
o.p.	ordinamento penitenziario: legge 26 luglio 1975 n. 354
r.d.l.	regio decreto legge
R.G.N.R.	registro generale delle notizie di reato
T.U.L.S.	testo unico in materia di disciplina degli stupefacenti: d.p.r. 9 ottobre 1990 n. 309
T.U.L.P.S.	testo unico delle leggi di pubblica sicurezza: r.d. 18 giugno 1931 n. 773
T.U.S.G.	testo unico delle spese di giustizia: d.p.r. 30 maggio 2002 n. 115
T.U.C.G.	testo unico in materia di casellario giudiziale: d.p.r. 14 novembre 2002 n. 313

Parte Prima

EVOLUZIONE STORICA DEL PROCESSO PENALE - LE FONTI

Capitolo I

SISTEMA INQUISITORIO, ACCUSATORIO E MISTO

1.1.1. Sistema inquisitorio ed accusatorio

Sistema inquisitorio	*Sistema accusatorio*
1 – Il giudice inizia il processo d'ufficio	1 – Il processo inizia su richiesta di parte
2 – Il giudice ricerca le prove	2 – Le parti ricercano le prove
3 – Segreto	3 – Contraddittorio
4 – Scrittura	4 – Oralità
5 – Nessun limite all'ammissione delle prove	5 – Limiti all'ammissione delle prove
6 – Custodia preventiva in carcere	6 – Misure alternative alla custodia in carcere
7 – Impugnazioni	7 – Limiti alle impugnazioni

1.1.2. Struttura del processo penale

Sistema inquisitorio	*Sistema accusatorio*	*Sistema misto napoleonico*
Il giudice inquisitore ricerca le prove e le assume in segreto; redige verbale	*L'accusatore* ricerca le prove in segreto: sono atti di parte non utilizzabili in dibattimento	*Istruzione prevalentemente inquisitoria.* Il giudice istruttore ricerca le prove e le assume in segreto. Il pubblico ministero formula l'atto di accusa
	Una *giuria* controlla la fondatezza dell'atto di accusa e rinvia a giudizio	Tre giudici di carriera controllano la fondatezza dell'atto di accusa e rinviano a giudizio
Il giudice inquisitore decide sulla base dei verbali	Le prove sono assunte in dibattimento con esame incrociato. Un *giudice di carriera* dirige il dibattimento. Una ulteriore *giuria* decide con verdetto sulla base delle prove assunte in dibattimento	*Dibattimento prevalentemente accusatorio.* Il *presidente* (giudice di carriera) pone le domande ai testimoni. La *giuria* decide in base anche agli atti scritti di istruzione

1.1.3. *Code d'instruction criminelle*, 1808 (processo per i "crimini")

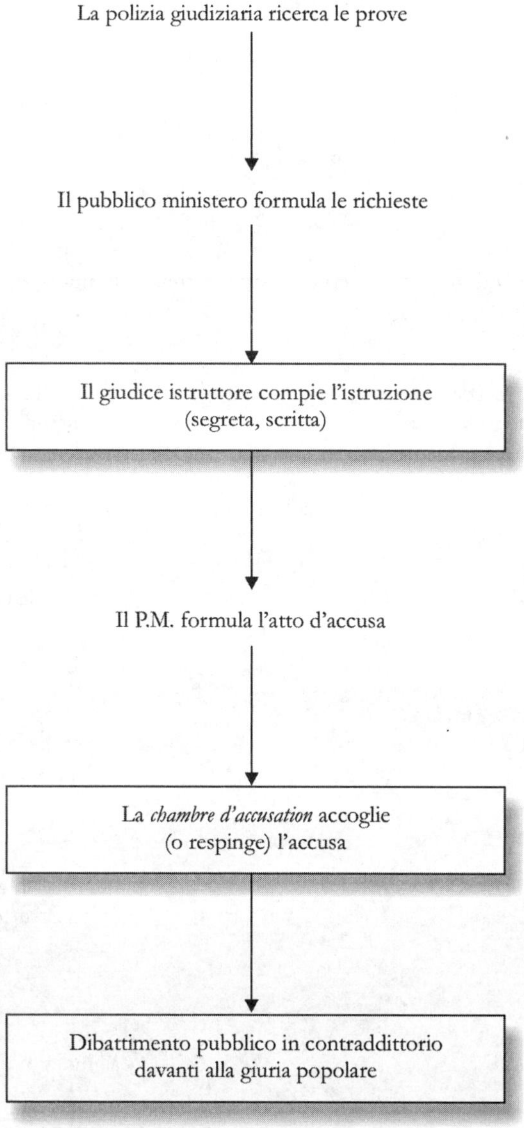

1.1.4. Codice di procedura penale del 1930 - Delitti di competenza della corte d'assise e del tribunale

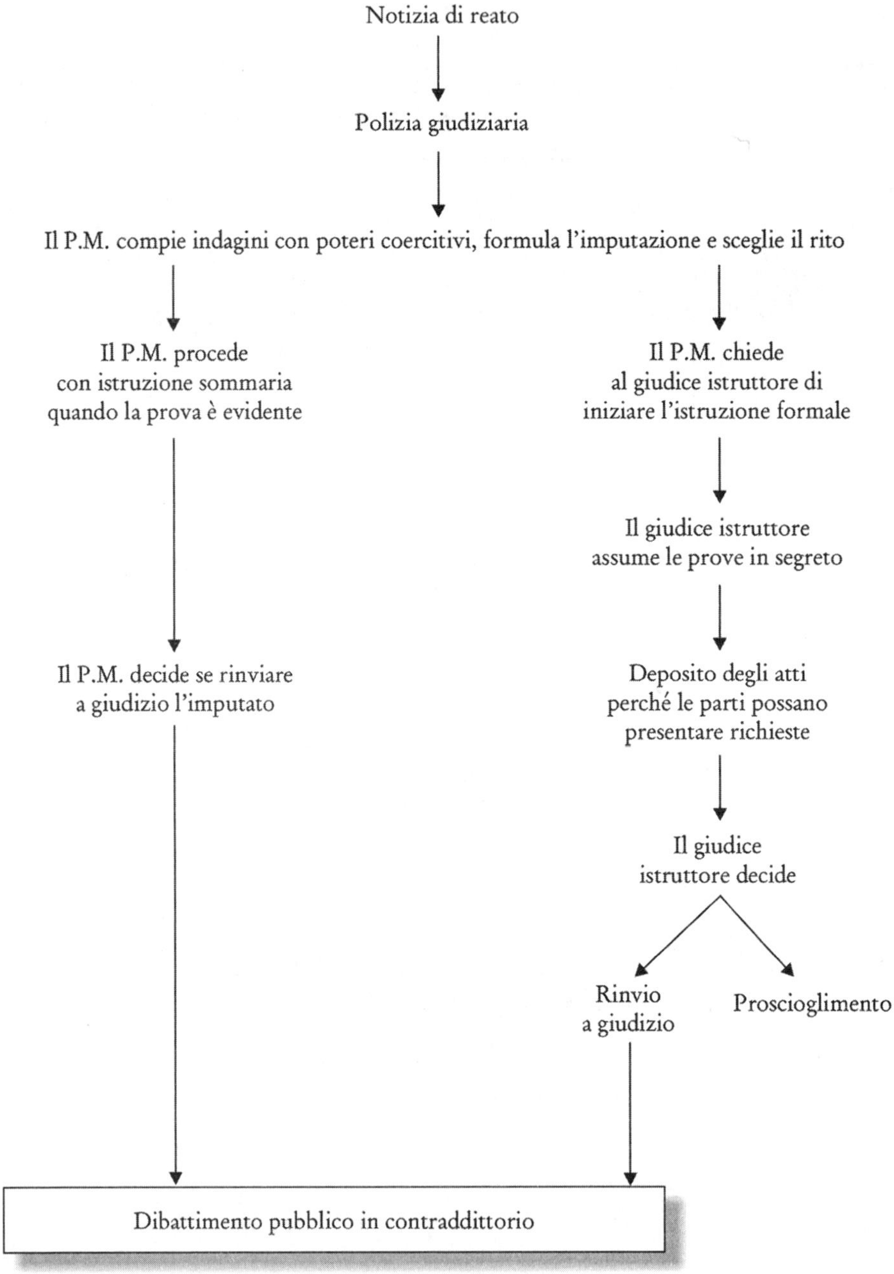

Capitolo II
IL PROCESSO PENALE DALLA COSTITUZIONE AL CODICE DEL 1988

1.2.1. Il codice di procedura penale del 1988

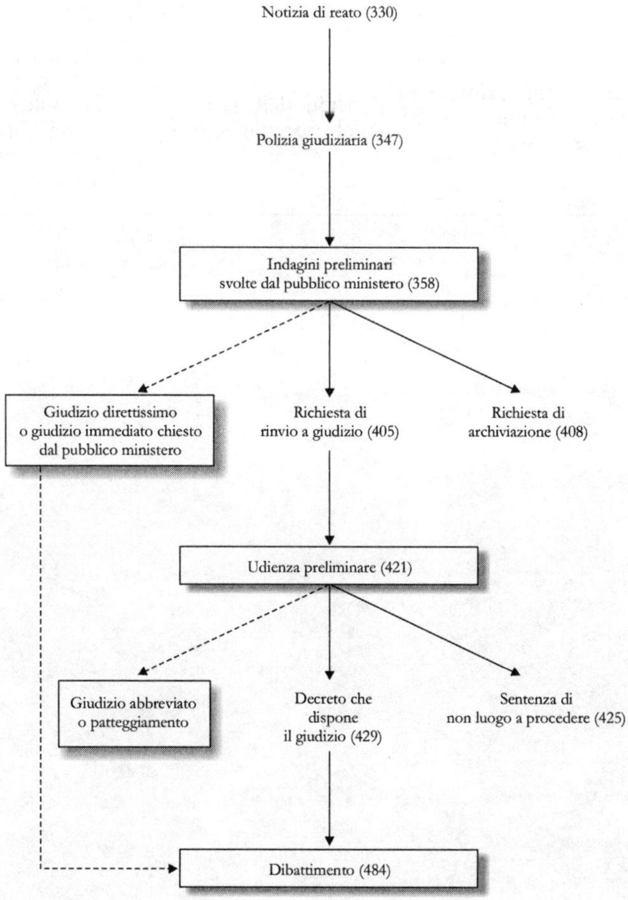

1.2.2. I codici di procedura penale del 1930 e del 1988: princìpi generali

Codice del 1930		*Codice del 1988*
Il pubblico ministero ha i medesimi poteri coercitivi ed istruttori del giudice istruttore Il giudice istruttore ha i medesimi poteri di iniziativa della parte pubblica: ricerca e assume le prove in segreto	Cumulo delle funzioni	Separazione delle funzioni processuali
Le dichiarazioni assunte prima del dibattimento sono utilizzabili ai fini della decisione	Unità delle fasi del procedimento	Separazione delle fasi del procedimento: l'imputato può essere condannato soltanto in base a prove assunte nel pieno contraddittorio

1.2.3. Fonti internazionali del diritto processuale penale

1. L'art. 10 co. 1, Cost. sancisce l'adeguamento automatico dell'ordinamento interno esclusivamente alle *norme di diritto internazionale generalmente riconosciute* e cioè ai princìpi generali e alle norme di carattere consuetudinario (es. immunità diplomatiche)

→ Il giudice italiano applica direttamente le norme internazionali generali, salvo il rispetto dei principi fondamentali dell'ordinamento costituzionale (C. cost. n. 238 del 2014)

2. L'art. 11 Cost. riconosce efficacia obbligatoria *alle Convenzioni sulle organizzazioni volte al mantenimento della pace e alle norme comunitarie* (C. cost. 284 del 2007), salvo il rispetto dei principi fondamentali dell'ordinamento costituzionale (C. cost. n. 183 del 1973; c.d. teoria dei "contro-limiti")

→ **a) Fattispecie regolate dal diritto dell'Unione:**
– se la norma europea è dotata di efficacia diretta (ad es. Regolamenti e Direttive *self executing*), il giudice italiano deve disapplicare la norma interna configgente con la norma comunitaria, fatti salvi i "contro-limiti" (C. cost. 170/1984);
– se la norma europea è priva di effetti diretti, il giudice deve sollevare giudizio incidentale di costituzionalità per violazione degli artt. 11 e 117.1 Cost.
b) Fattispecie regolata dalla sola norma nazionale:
il giudice italiano non deve disapplicare la norma nazionale (C. cost. 80/2011)

3. *Norme internazionali pattizie ordinarie* (*es. Patto internazionale sui diritti civili e politici*); l'interpretazione spetta alle parti contraenti, salvo composizione mediante negoziato, arbitrato o altro

→ *sono* "norme interposte":
hanno un rango
inferiore alla Costituzione
e superiore alla legge ordinaria.
E cioè, la legge ordinaria
deve rispettare le norme internazionali
pattizie ai sensi dell'art. 117, co. 1 Cost.
(C. cost. n. 348 e 349 del 2007)

→ Il giudice italiano deve interpretare la *legge nazionale* in modo conforme alla norma internazionale nel limite del *testo della legge nazionale*, ma non può disapplicare *la legge nazionale* (C. cost. n. 348 e 349 del 2007).
Ciò spetta soltanto alla Corte cost., che eventualmente dichiara illegittima la *legge nazionale*, purché ovviamente la norma internazionale sia compatibile con la Costituzione italiana.
Se la *norma internazionale* è incompatibile con la Costituzione italiana, la Corte cost. la «espunge dall'ordinamento giuridico italiano» e cioè considera la norma pattizia non idonea «a integrare il parametro considerato» di legittimità ai sensi dell'art. 117 co. 1 Cost. (C. cost. 80/2011) N.B.: la norma CEDU vincola il giudice italiano come detto sopra soltanto quando la sua interpretazione ad opera della Corte EDU dà luogo ad un «diritto consolidato» (C. cost. 49/2015)

4. *Convenzione europea dei diritti dell'uomo (CEDU)*: è una fonte interposta "peculiare" perché la Corte europea ha competenza sulle questioni concernenti la uniforme interpretazione e applicazione della Convenzione negli Stati membri (32.1).

→ La sentenza, con cui la Corte EDU condanna l'Italia, dispone un equo indennizzo in favore della persona lesa (art. 41 CEDU) ed obbliga l'Italia ad adottare tutte le misure necessarie a cancellare le conseguenze dannose dell'illecito (art. 46 CEDU):
a) sia nel caso singolo (C. cost. n. 113 del 2011 consente la revisione);
b) sia in generale; e cioè impone di evitare il ripetersi della violazione in futuro (mediante le misure necessarie indicate dalla c.d. sentenza pilota) onde scongiurare il rischio di ulteriori condanne da parte della Corte EDU (C. cost. 49/2015)

Parte Seconda

PROFILI GENERALI DEL PROCEDIMENTO

Capitolo I

I SOGGETTI DEL PROCEDIMENTO PENALE

2.1.1. Fasi e gradi del procedimento

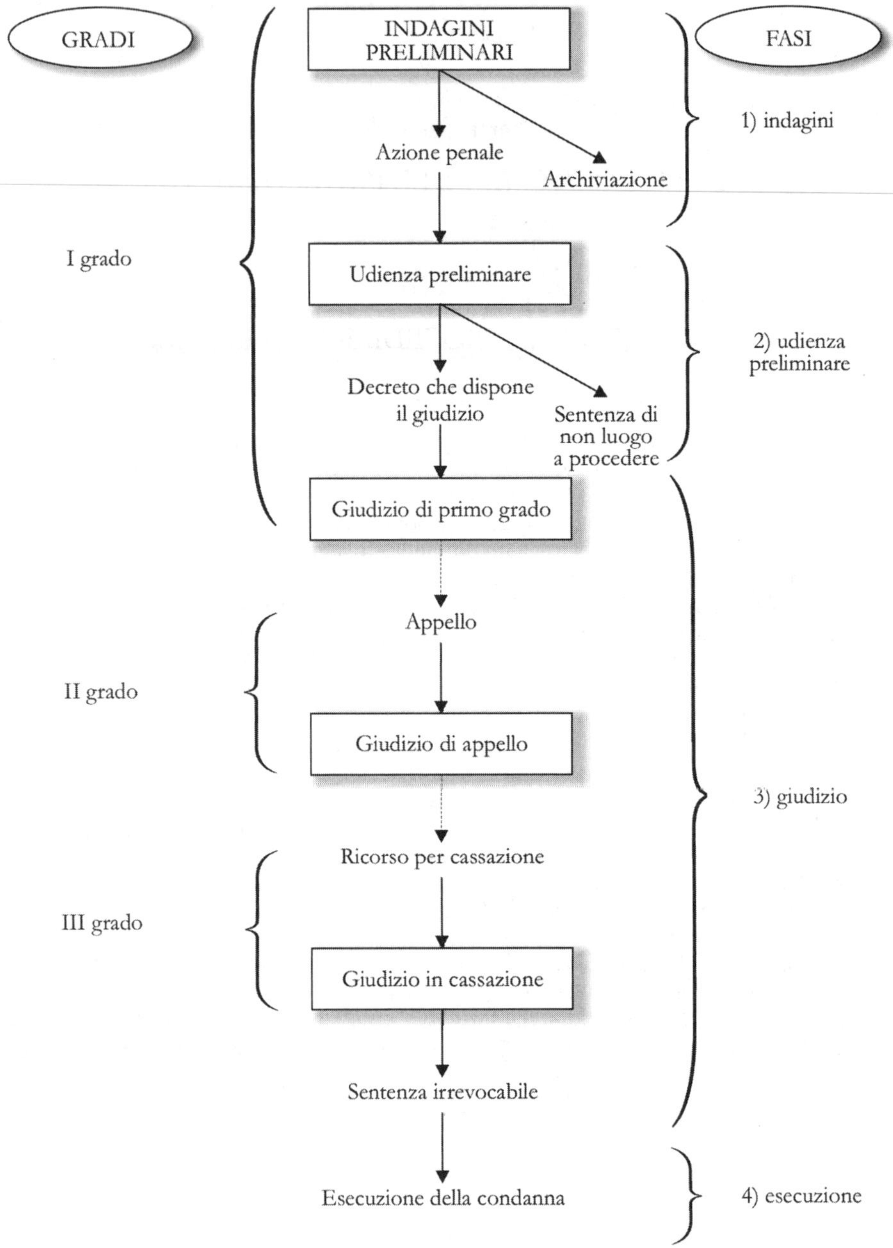

2.1.2. I soggetti del procedimento

GIUDICE

Pubblico ministero (50)	Indagato (61); Imputato (60); Difensore (96, 97)
Polizia giudiziaria (55)	Responsabile civile (83); Difensore (100)
Persona offesa dal reato (90); Difensore (101)	Civilmente obbligato per la pena pecuniaria (89); Difensore (100)
Parte civile (76); Difensore (100)	

2.1.3. Parti necessarie ed eventuali del processo penale

AZIONE PENALE

Pubblico ministero → Imputato

Pubblico ministero → Civilmente obbligato per la pena pecuniaria

AZIONE CIVILE

Danneggiato costituito parte civile → Imputato

Danneggiato costituito parte civile → Responsabile civile

2.1.4. Soggetti e fasi del procedimento penale

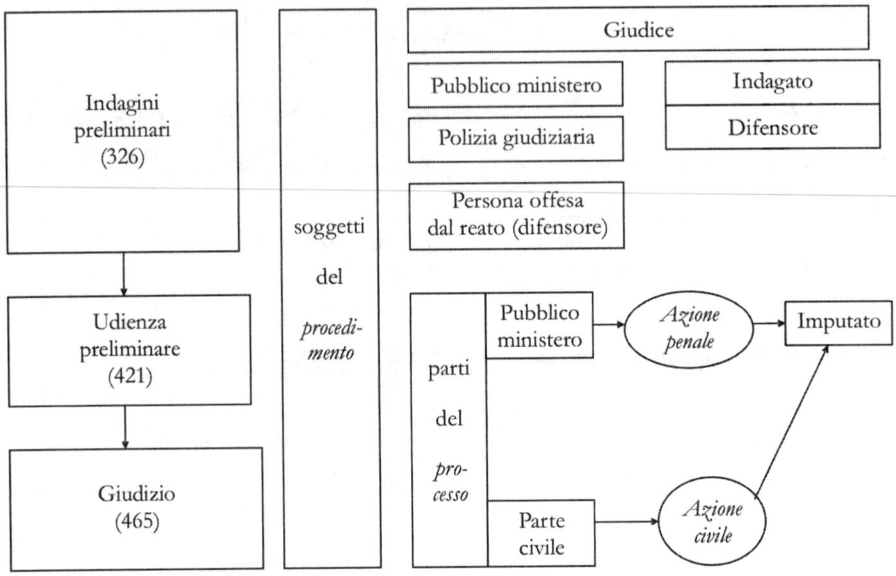

2.1.5. Procedimento e processo penale nel rito ordinario

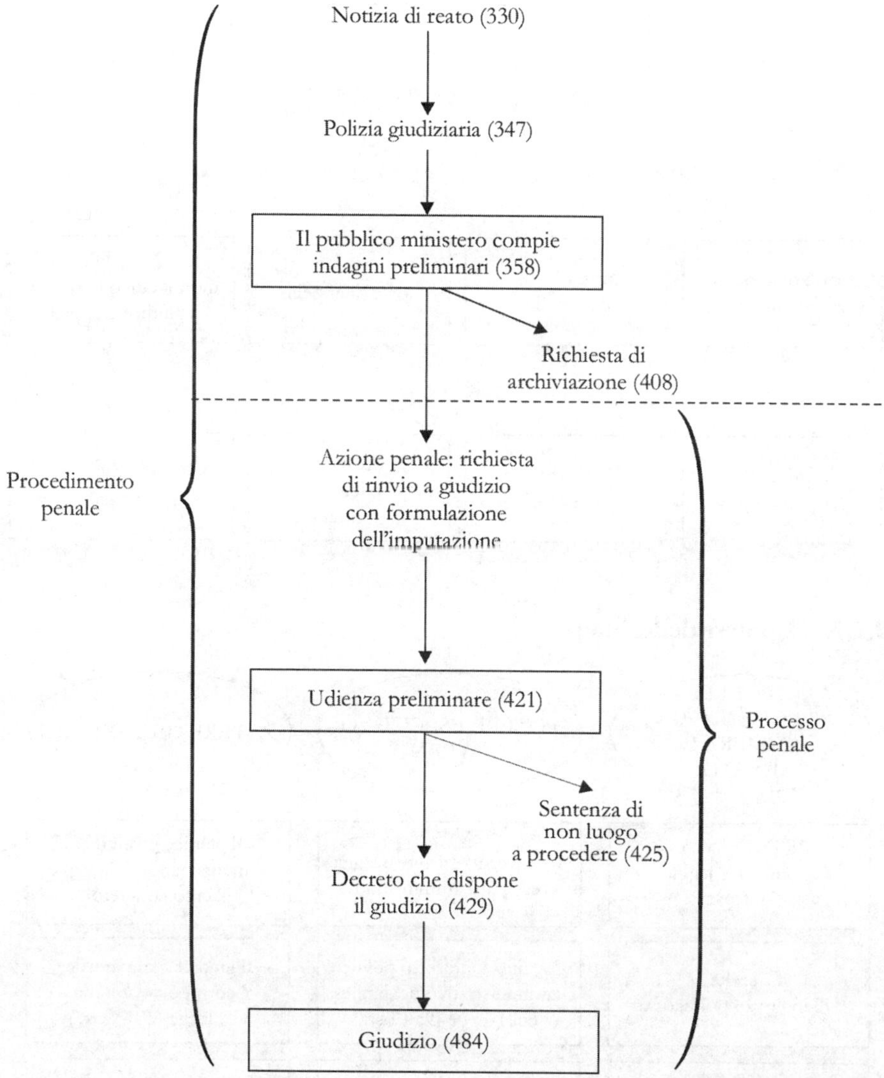

2.1.6. Giudici penali ordinari

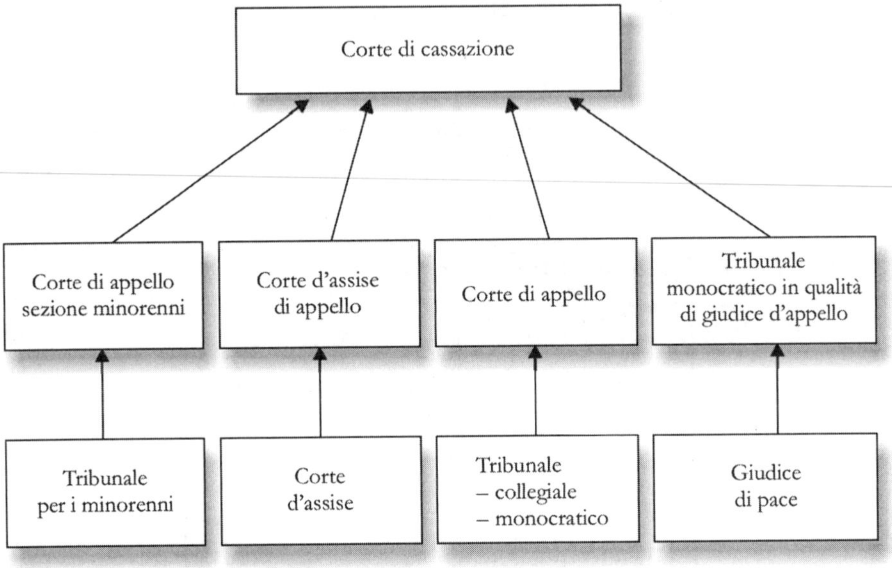

2.1.7. I poteri dello Stato

POTERE LEGISLATIVO (CAMERA E SENATO)	POTERE ESECUTIVO (GOVERNO)	POTERE GIUDIZIARIO
Il Parlamento approva le leggi (70 Cost.)	Il Governo esegue le leggi; emana atti amministrativi	Il giudice pronuncia sentenze (applica la legge al caso concreto)
Fa scelte di indirizzo politico	Formula l'indirizzo politico amministrativo nel limite della legge (95 Cost.)	Il giudice è imparziale; è sottoposto soltanto alla legge (101 Cost.)
Il parlamentare è responsabile verso il corpo elettorale (60 Cost.)	Il Governo deve godere della fiducia del Parlamento (94 Cost.)	La Magistratura è indipendente da ogni altro potere (104 Cost.)
La legge può essere sottoposta al controllo della Corte Costituzionale (134 Cost.) e al referendum	L'atto amministrativo può essere sottoposto al controllo del giudice (113 Cost.)	La sentenza può essere sottoposta a controlli interni al potere giudiziario (111 Cost.)

2.1.8. Imparzialità del giudice

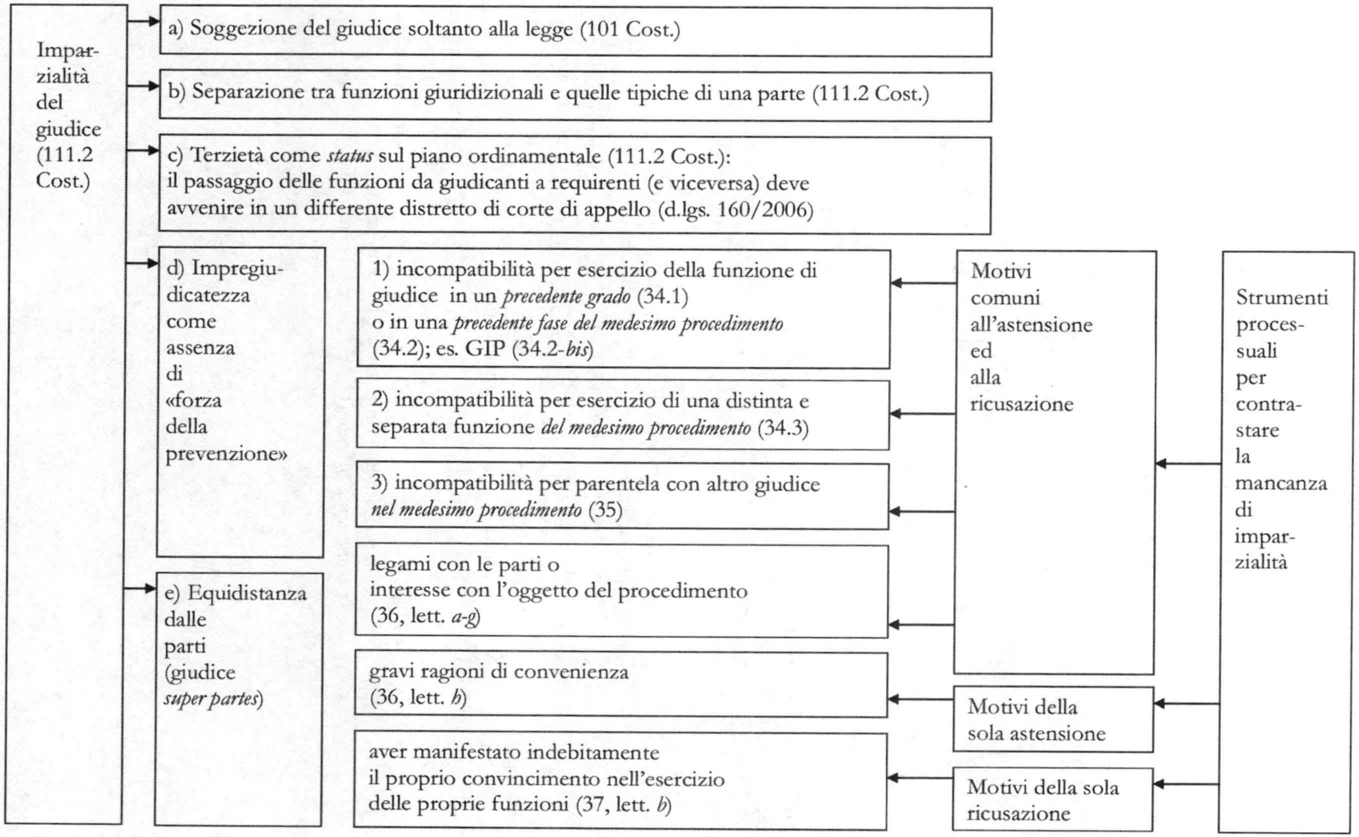

2.1.9. Rimedi per evitare un giudice parziale

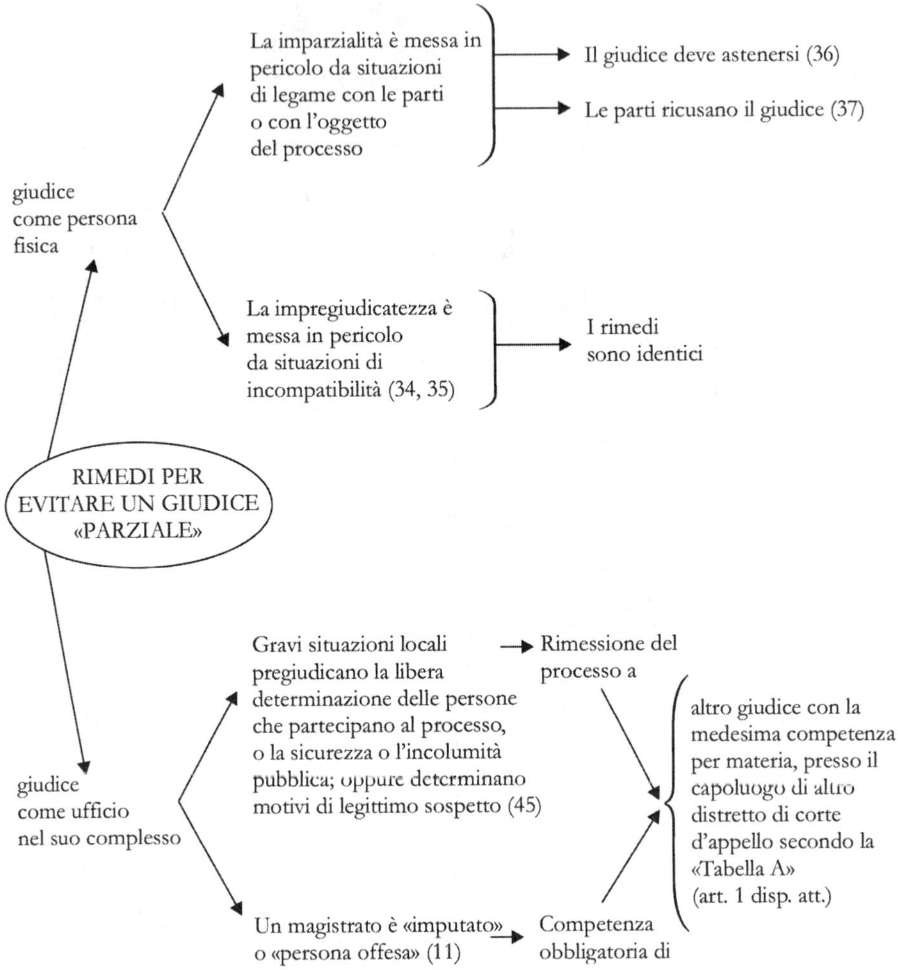

2.1.10. I distretti di corte d'appello

NORD
- Genova
- Torino
- Milano, Brescia

CENTRO-NORD
- Venezia
- Trento
- Trieste
- Bologna
- Firenze
- Ancona
- L'Aquila
- Perugia

ROMA E ISOLE
- Roma
- Cagliari
- Palermo, Messina, Catania, Caltanissetta

SUD
- Napoli, Salerno
- Bari, Lecce
- Potenza
- Reggio Calabria, Catanzaro
- Campobasso

2.1.11. La competenza per materia

TRIBUNALE PER I MINORENNI → reati commessi da persone minori degli anni diciotto (art. 3 d.p.r. n. 448 del 1988)

CORTE D'ASSISE
1) *competenza qualitativa e quantitativa*: es. delitti punibili con l'ergastolo o la reclusione di almeno ventiquattro anni (art. 5, lett. *a*)
2) *competenza qualitativa*: es.: omicidio del consenziente (art. 5, lett. *b*)

TRIBUNALE

- **Collegiale (tre giudici)** →
  1) *Quantitativa*: reati puniti, anche nella ipotesi di tentativo, con pena detentiva *superiore a 10 anni* nel massimo, ma inferiore a 24 anni nel massimo, purché non siano di competenza della corte d'assise (33-*bis*.2)
  2) *Qualitativa*: reati specificamente indicati (33-*bis*.1); es. associazione mafiosa
- **Monocratico (giudice singolo: ex pretore)** →
  1) *Residuale*: reati non attribuiti al tribunale in composizione collegiale (art. 32-*ter*.2) e non di competenza del giudice di pace (art. 6); e cioè, reati puniti con pena detentiva fino a 10 anni nel massimo
  2) *Qualitativa*: stupefacenti (33-*ter*.1)

GIUDICE DI PACE
Competenza qualitativa: reati elencati nell'art. 4 d.lgs. 28 agosto 2000, n. 274; es.: percosse (581 c.p.).

2.1.12. La cognizione del tribunale collegiale e monocratico

TRIBUNALE COLLEGIALE

- Reati puniti con pena detentiva *superiore a 10 anni* nel massimo (33-*bis*.2), ma non di competenza di altro giudice penale (assise o giudice di pace)
- Reati specificamente indicati (33-*bis*.1) Es. associazione mafiosa; reati in materia di aborto
- Reati previsti da leggi speciali

TRIBUNALE MONOCRATICO

- Stupefacenti salvo aggravanti *ex* art. 80 d.p.r. n. 309 del 1990 (33-*ter*.1)
- Residuale: reati non attribuiti al tribunale in composizione collegiale (es. reati puniti con pena detentiva *fino a 10 anni* nel massimo; 33-*ter*.2)

Procedimento monocratico con *citazione diretta*

- Contravvenzioni (550.1)
- Delitti puniti con pena detentiva *fino a 4 anni* nel massimo (550.1)
- Reati specificamente indicati (550.2) Es. furto aggravato; ricettazione

Procedimento monocratico con *udienza preliminare*

- Residuale: tutti gli altri reati che rientrano nelle attribuzioni del tribunale monocratico

2.1.13. Aula della corte d'assise

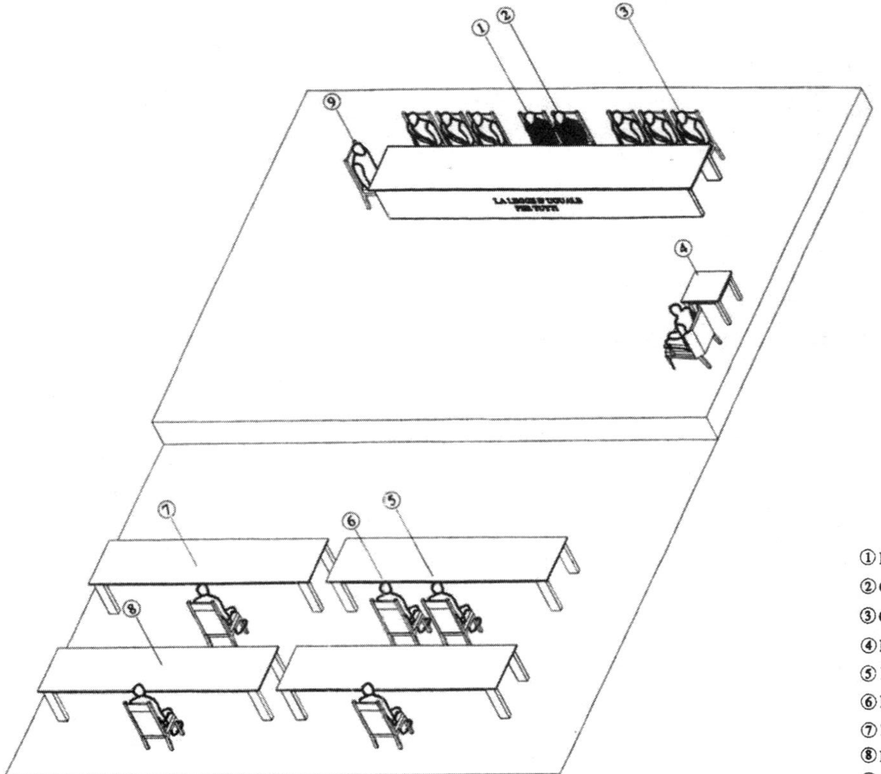

① Presidente
② Giudice a latere
③ Giudici popolari
④ Luogo della deposizione
⑤ Imputato
⑥ Difensore dell'imputato
⑦ P.M.
⑧ Difensore della parte civile
⑨ Cancelliere

2.1.14. Casi di connessione e di collegamento tra procedimenti (artt. 12 e 371 c.p.p.)

CONNESSIONE

- **12, *a***
  - Reato commesso da più persone
    - In concorso tra loro (110 c.p.)
    - In cooperazione tra loro (113 c.p.)
  - Concorso di cause indipendenti nella determinazione dell'evento
- **12, *b***
  - La medesima persona è imputata di più reati
    - Commessi con una sola azione od omissione (81.1 c.p.)
    - Commessi con più azioni od omissioni esecutive di un medesimo disegno criminoso (81.2 c.p.)
- **12, *c***
  - Reati commessi per eseguire o occultare altri reati

COLLEGAMENTO

- **371, *a***
  - Procedimenti connessi *ex* art. 12, ma separati
- **371, *b***
  - Reati commessi in occasione di altri reati o per conseguirne o assicurarne al colpevole o ad altri il profitto, il prezzo, il prodotto o l'impunità
  - Reati commessi da più persone in danno reciproco le une delle altre
  - La prova di un reato o di una sua circostanza influisce sulla prova di un altro reato o di un'altra circostanza
- **371, *c***
  - La prova di più reati deriva anche in parte dalla stessa fonte

2.1.15. Rapporti all'interno dell'ufficio del pubblico ministero

Art. 70 O.G. mod. dal d.p.r. n. 449 del 1988.	D.lgs. n. 106 del 2006 *mod. dalla legge n. 269 del 2006.*
— Principio di personalizzazione delle funzioni.	— Principio di gerarchia *con responsabilità attenuata.*
— I criteri di organizzazione erano di tipo tabellare ed erano approvati dal CSM.	— Il procuratore della repubblica predispone il "progetto organizzativo", che è approvato dal CSM.
— Il titolare dell'ufficio *designava* il magistrato in base al sistema tabellare che vigeva per i giudici, e cioè *in modo automatico.*	— Il procuratore della repubblica è titolare esclusivo dell'azione penale che esercita personalmente o *mediante assegnazione* ad un magistrato dell'ufficio.
— Esisteva un rapporto di *sovraordinazione*; ma il *designato* conservava una autonomia operativa.	— Natura giuridica: *la assegnazione conferisce al magistrato designato poteri operativi con limitata autonomia funzionale.*
— Il titolare poteva dare soltanto direttive di carattere *generale* per l'organizzazione dell'ufficio.	— Con l'atto di *assegnazione* per la trattazione di un procedimento, il procuratore può stabilire i criteri (generali e anche *specifici*) ai quali il *magistrato* deve attenersi nell'esercizio della *relativa attività.*
— La *revoca* della designazione era consentita soltanto in casi tassativi: e cioè quando il magistrato intendeva formulare richieste in contrasto con le direttive di carattere *generale*; o le richieste erano insostenibili sul piano tecnico.	— Se il *magistrato* non si attiene ai principi e criteri definiti in via generale o con l'*assegnazione*, ovvero insorge tra il *magistrato* ed il procuratore della Repubblica un contrasto circa le modalità di esercizio, il procuratore può revocare l'*assegnazione* con provvedimento motivato.
	— Entro dieci giorni dalla comunicazione della revoca, il *magistrato revocato* può presentare osservazioni scritte *al procuratore della Repubblica.*

2.1.16. Incompetenza del giudice

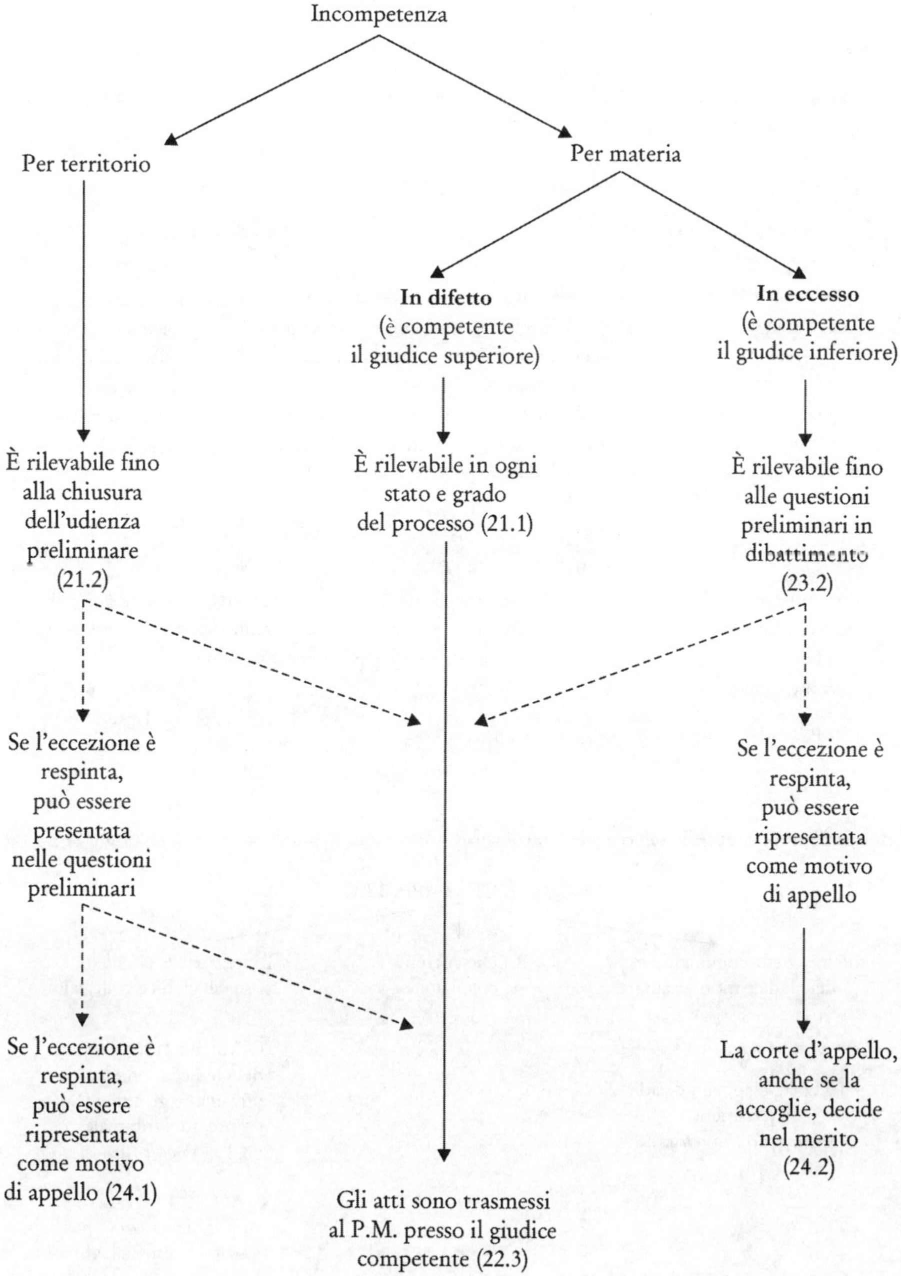

2.1.17. Inosservanza delle norme sulla attribuzione dei reati alla cognizione del tribunale in composizione collegiale o monocratica

L'inosservanza delle disposizioni sulla composizione collegiale o monocratica del tribunale è rilevabile a pena di decadenza prima della conclusione dell'udienza preliminare, se questa ha luogo; altrimenti in dibattimento nelle questioni preliminari. Se l'eccezione è stata respinta in udienza preliminare, può essere riproposta nelle questioni preliminari (33-*quinquies*).

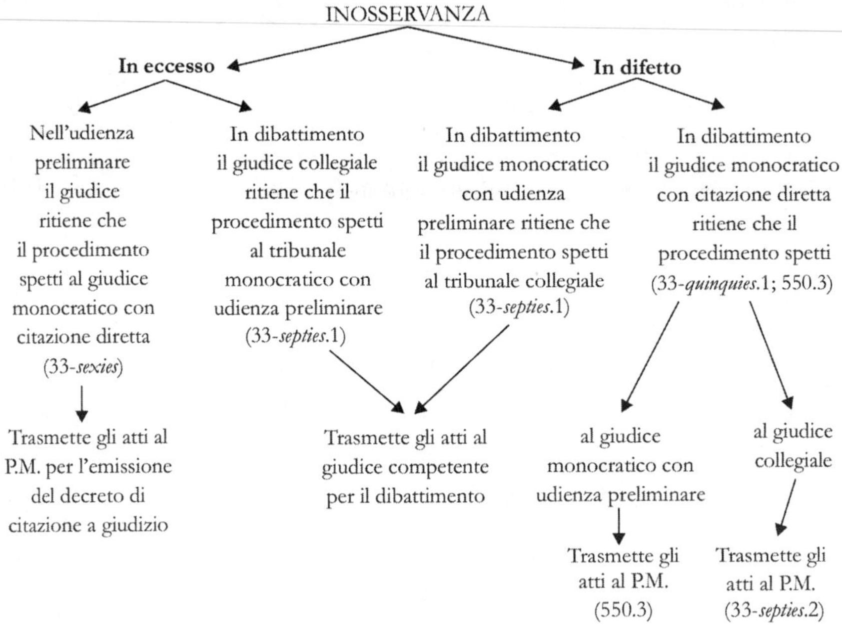

Una parte propone appello sulla cognizione collegiale o monocratica, purché eccepita nei termini (33-*octies*).

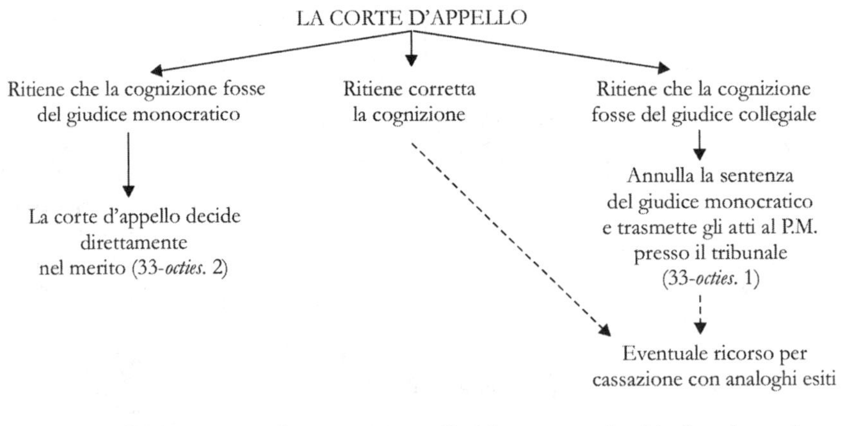

L'inosservanza delle disposizioni sulla composizione collegiale o monocratica del tribunale non determina invalidità degli atti né delle prove acquisite (33-*nonies*).

2.1.18. Gli uffici del pubblico ministero

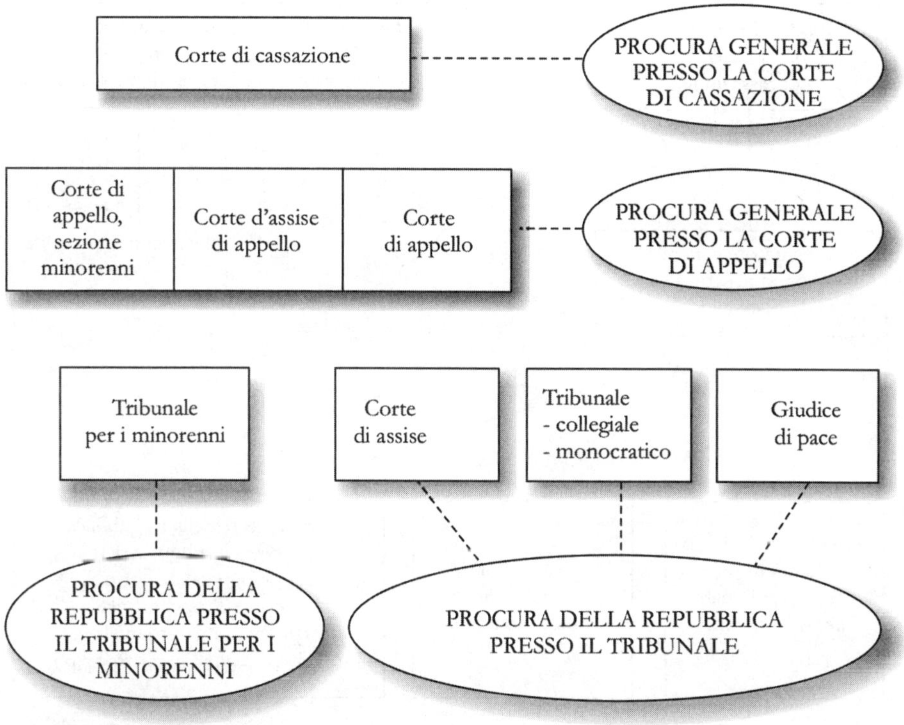

2.1.19. Pubblico ministero e potere politico

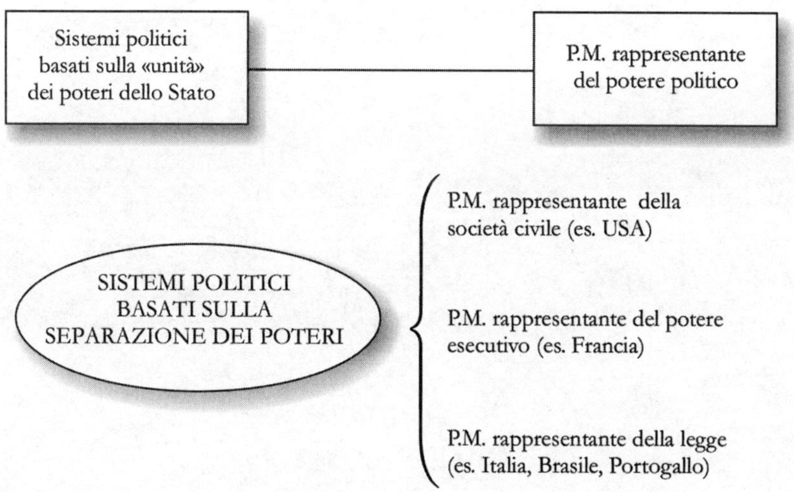

2.1.20. Rapporti tra uffici del pubblico ministero

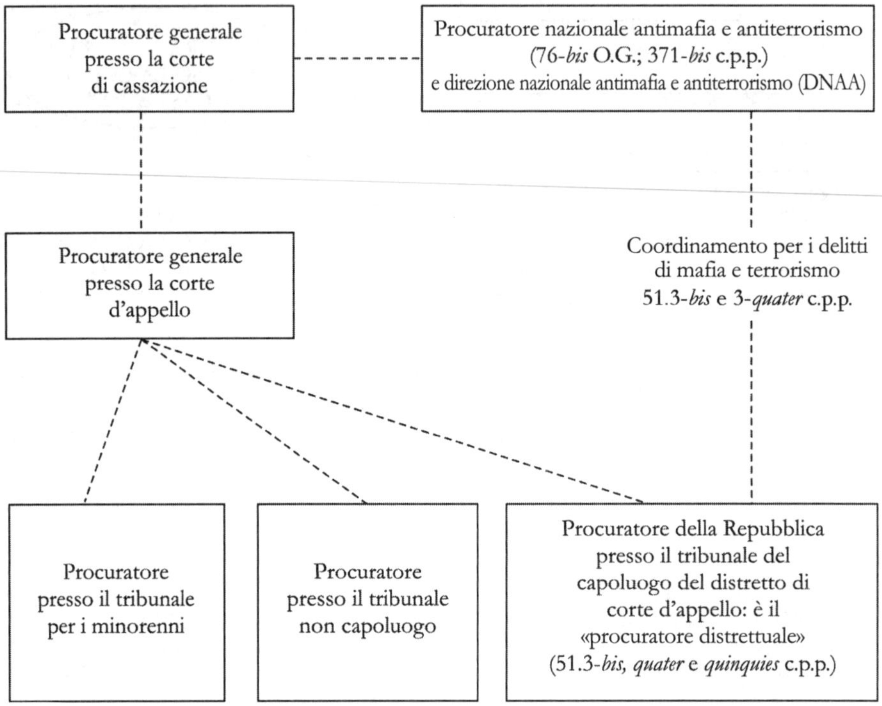

2.1.21. L'avocazione

Procuratore generale presso la corte d'appello

AVOCAZIONE OBBLIGATORIA

- 372, lett. *a* se è impossibile sostituire il magistrato astenutosi
- 372, lett. *b* se il capo dell'ufficio del pubblico ministero ha omesso di provvedere alla tempestiva sostituzione del magistrato designato, quando questi avrebbe dovuto astenersi perché ha un interesse privato nel procedimento nei casi previsti dall'art. 36, co. 1, lettere *a*, *b*, *d*, *e* (53.2).
- Se vi è inerzia del P.M. che non presenta nei termini le richieste (412.1) (azione penale o richiesta di archiviazione)

AVOCAZIONE OBBLIGATORIA

- 372.1-*bis* mancato coordinamento delle indagini collegate e mancato esito delle riunioni (371) per delitti di criminalità organizzata non mafiosa

AVOCAZIONE DISCREZIONALE

- 412.2 se il giudice non accoglie la richiesta di archiviazione o l'offeso si oppone alla richiesta stessa (409.3)
- 421-*bis*.2 quando il giudice dell'udienza preliminare indica al pubblico ministero le ulteriori indagini da compiere

Procuratore nazionale antimafia

AVOCAZIONE OBBLIGATORIA

- 371-*bis*. 3, lett. *h* avoca le indagini del procuratore distrettuale se:
  1) Inerzia;
  2) Violazione dei doveri di coordinamento
  (Per delitti di ass. mafiosa o sequestro di persona - art. 51.3-*bis*)

Controlli sull'avocazione

70.6 O.G. — Il decreto di avocazione è trasmesso al consiglio superiore della magistratura
70.6-*bis* O.G. — Il P.M. interessato può proporre reclamo al proc. gen. presso la cassazione

2.1.22. Polizia giudiziaria e di sicurezza

Polizia di sicurezza	*Polizia giudiziaria*
Ministro dell'interno (art. 1. l. n. 121 del 1981)	Il procuratore nazionale antimafia e antiterrorismo (370-*bis*.1) dispone della D.I.A. e dei servizi centrali di polizia giudiziaria
Ros Carabinieri Sco polizia di Stato Scico Guardia di Finanza Dia Direzione investigativa antimafia (l. n. 354 del 1992)	Il procuratore generale presso la corte d'appello controlla i servizi di polizia giudiziaria del distretto (artt. 83 O.G.; 13 att.)
Prefetto e Questore (artt. 13 e 14 l. 1981)	Il procuratore della Repubblica presso il tribunale controlla i servizi di polizia giudiziaria del circondario (artt. 59.2 c.p.p.; 12 att.)

2.1.23. Dipendenza dall'autorità giudiziaria

Sezioni (56 lett. b)	*Servizi (56 lett. a)*	*Altri ufficiali e agenti (56 lett. c, 57.3)*
Presso il procuratore della Repubblica (56, lett. b)	Presso: questura comando carabinieri guardia di finanza (12 att.)	Presso qualsiasi ufficio
Esclusiva funzione di polizia giudiziaria (10.3 att.)	Funzioni di p.g. in via prioritaria (12 att)	La legge o il regolamento attribuisce funzioni di p.g.
Dipendenza funzionale dal capo del singolo ministero (59.1) (9 att.)	Il dirigente del servizio è responsabile nei confronti del proc. Rep. presso il tribunale (12, 13 att.) e del proc. gen. presso la corte d'appello	Generico dovere di eseguire i compiti affidati dalla autorità giudiziaria (59.3)
L'autorità giudiziaria ha la disponibilità diretta del personale (58.1)	L'autorità giudiziaria si avvale di ogni servizio o altro organo di polizia giudiziaria (58.3)	
Il titolare dell'ufficio del pubblico ministero controlla mobilità e promozioni (59.3) (10.2 e 15.1 att.)	Il proc. Repubblica presso il tribunale e il proc. gen. presso la corte d'appello controllano mobilità e promozioni (14 e 15.2 att.)	
Procedimento disciplinare su iniziativa del proc. generale presso corte d'appello (17 artt.)		

2.1.24. Qualifiche di polizia giudiziaria e di sicurezza

Autorità di pubblica sicurezza legge 1981 n. 121	Prefetto Questore Vice questore vicario	
Polizia di sicurezza	Dirigente Commissario Ispettore Sovrintendente	Ufficiali di polizia giudiziaria (57 c.p.p.) (d.p.r. 1982 n. 335)
	Assistente Agente	Agenti di polizia giudiziaria

2.1.25. Arma dei carabinieri. Qualifiche di polizia giudiziaria (art. 57 c.p.p.)

Ufficiali generali	Generale di corpo d'armata Generale di divisione Generale di brigata	
Ufficiali superiori	Colonnello Tenente colonnello Maggiore	Ufficiali di polizia giudiziaria
Ufficiali inferiori	Capitano Tenente Sottotenente	Ufficiali di polizia giudiziaria
Ispettori e Sovrintendenti (ex Sottufficiali)	Maresciallo Brigadiere	Ufficiali di polizia giudiziaria
Carabinieri	Appuntato Carabiniere	Agenti di polizia giudiziaria

2.1.26. Indagato e informazione di garanzia (artt. 369 e 369-*bis* c.p.p.)

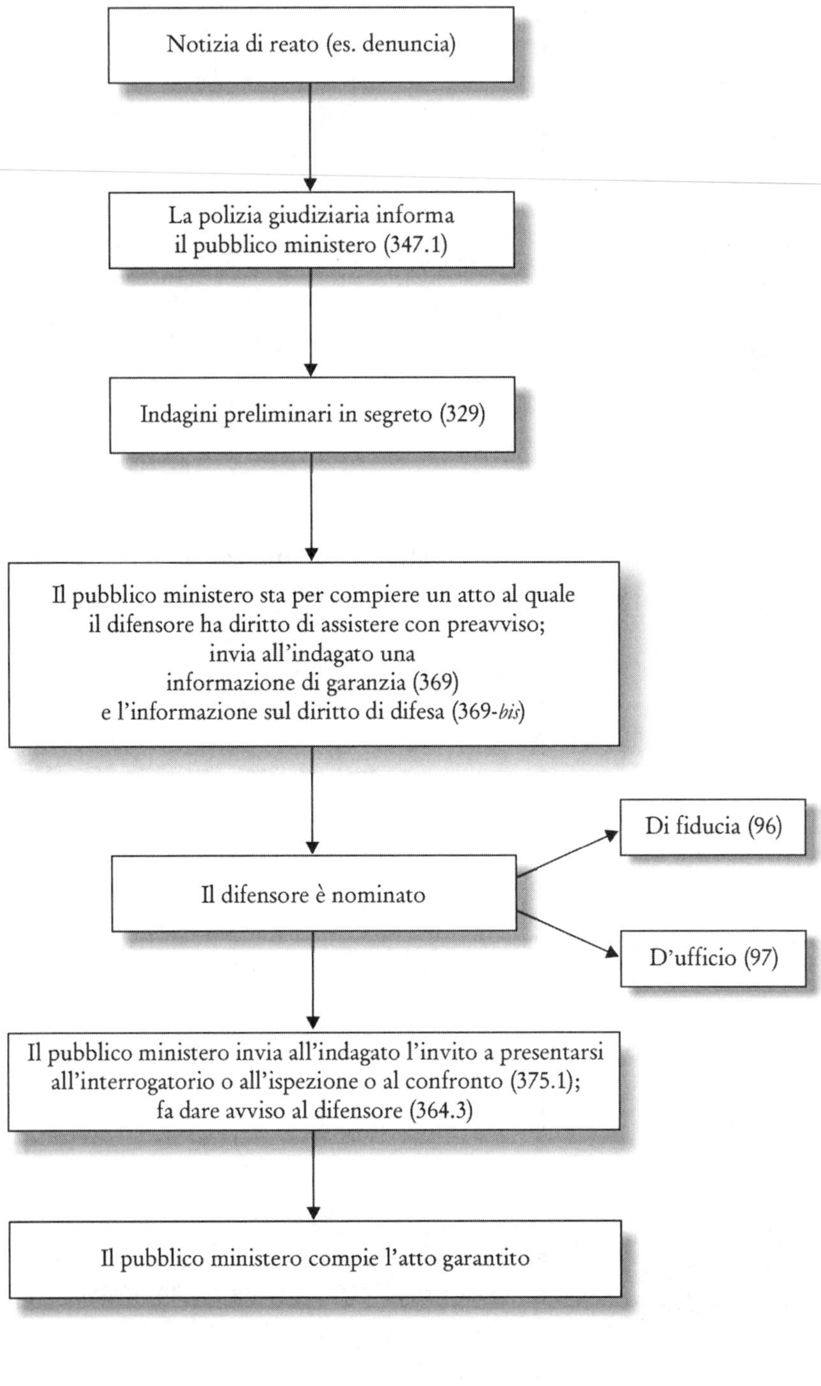

2.1.27. Funzione del difensore nel processo penale

IL DIFENSORE

- Non difende il reato → Non può introdurre prove che egli sa essere false (50.1 codice deontologico forense)
- Rappresenta gli interessi di una parte in un processo dialettico → Può svolgere investigazioni per accertare elementi di prova a favore del proprio assistito (art. 327-*bis*)
- Non ha l'obbligo di accertare la verità contro il cliente → Non ha l'obbligo di presentare al giudice tutte le informazioni raccolte

2.1.28. Rapporti difensore-cliente

Rappresentanza tecnica

l'imputato si può difendere personalmente (60, 61)

→ l'imputato nomina il difensore di fiducia con dichiarazione resa personalmente all'autorità procedente o consegnata dal difensore o trasmessa con raccomandata (96)

la persona offesa (90) si può difendere personalmente

→ la persona offesa nomina il difensore di fiducia con le forme previste per l'imputato (101.1) (96)

la parte civile sta in giudizio con il ministero di un difensore (74) (100.1)

→ la parte civile nomina il difensore di fiducia con *procura speciale* conferita con atto pubblico o scrittura privata autenticata (100.1)

→ Al difensore è conferito il potere di compiere un atto del procedimento *per conto* (cioè nell'interesse) del cliente (99 e 100, co. 4)

purché l'atto non sia:

- né personale (occorre la rappresentanza volontaria);
- né personalissimo (lo può compiere soltanto il cliente; es. interrogatorio)

Rappresentanza volontaria (1388 c.c.):

è conferita con *procura speciale* (122).

Al difensore è conferito il potere di compiere un atto IN NOME e per conto del cliente (es. transazione sui danni)

2.1.29. Nomina del difensore dell'imputato (art. 96 comma 2 c.p.p.)

ALLA PROCURA DELLA REPUBBLICA

PRESSO IL TRIBUNALE DI . . . .

NOMINA DIFENSORE DI FIDUCIA

Io sottoscritto. . . . ., nato a . . . . il . . . ., residente a . . . . Via . . . . n. . . . ., in qualità di persona sottoposta alle indagini nel procedimento penale n. . . . . . del registro generale notizie di reato (R.G.N.R.)

NOMINO

mio difensore di fiducia l'Avv. . . . . con Studio in . . . ., Via . . . . n. . . . . ., al quale conferisco ogni facoltà di legge.

Luogo, data, firma

2.1.30. Designazione del sostituto del difensore (art. 102 c.p.p.)

Il sottoscritto Avv. . . . ., con Studio in . . . ., Via . . . . n. . . . . ., difensore di fiducia dell'imputato . . . . nel procedimento penale n. . . . . . R.G.N.R., nel quale verrà celebrata l'udienza dibattimentale il giorno . . . . dinanzi al Tribunale di . . . ., essendo impedito a comparire a tale udienza,

DESIGNA

quale sostituto per l'udienza del . . . . l'Avv. . . . ., con Studio in . . . ., Via . . . . n. . . . . .

Luogo, data

Avv. . . . .

2.1.31. Imputato e parte civile. I rapporti con il difensore

Imputato	*Parte civile*
Autodifesa: è ammessa	Sta in giudizio col ministero del difensore munito di procura *ad litem* (100.1)
Difesa tecnica 1) Il difensore ha le facoltà ed i diritti che spettano all'imputato (99.1) 2) Se i diritti e le facoltà sono riservati all'imputato, occorre procura speciale (99.1) 3) Il difensore compie gli atti che spettano al difensore stesso (es. 523) 4) Non può compiere gli atti « personalissimi » 5) L'imputato può togliere effetto all'atto compiuto dal difensore (99.2); può revocare la nomina (107.4)	Difesa tecnica 1) Il difensore compie gli atti che spettano alla parte (100.4) 2) Se gli atti sono espressamente riservati alla parte occorre procura speciale (100.4) 3) Il difensore compie gli atti che spettano al difensore stesso (es. 523) 4) Non può compiere gli atti « personalissimi » 5) La parte può revocare la nomina (107.4)

2.1.32. Danno cagionato dal reato

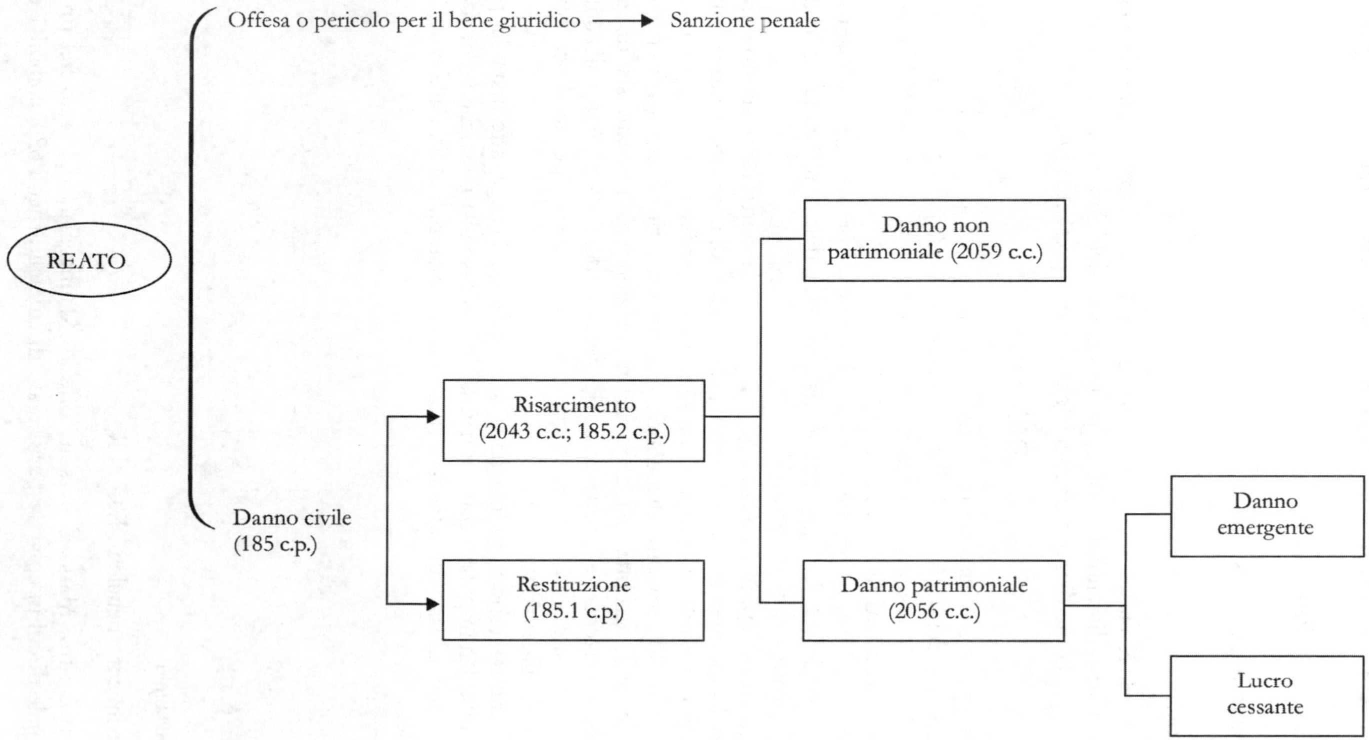

2.1.33. Dichiarazione di costituzione di parte civile (art. 78 c.p.p.)

Al Giudice per l'udienza preliminare
Tribunale di . . . .
Procedimento n. . . . . . R.G.N.R.

ATTO DI COSTITUZIONE DI PARTE CIVILE

Il sig. Mario X nato a . . . . e residente a . . . . persona offesa e danneggiata dal reato nel procedimento di cui in epigrafe a mezzo dell' Avv. . . . . con studio in . . . . come da procura speciale in calce al presente atto

DICHIARA

di costituirsi parte civile nei confronti di Giovanni Y, nato a . . . . . . il (. . .), residente in (. . .) imputato del reato di cui all'art. 628, commi 1 e 3 n. 1 c.p., nel procedimento n . . . . . . R.G.N.R. con udienza fissata per il giorno . . . . . . dinanzi al Giudice per le indagini preliminari di . . . .

La presente costituzione ha lo scopo di ottenere, previo riconoscimento della penale responsabilità dell'imputato, il risarcimento dei danni morali e materiali nascenti da reato.

Al riguardo si rappresenta che il giorno . . . . mentre il sottoscritto si trovava all'uscita del supermercato era costretto a consegnare all'imputato, sotto la minaccia di un coltello, la borsa che portava con sé e che conteneva banconote per un totale complessivo di 100 euro, carta di identità, tesserino sanitario ed altri oggetti personali.

La condotta descritta nel capo di imputazione ha arrecato sia un danno economico, consistente nella sottrazione del denaro e degli effetti personali contenuti nella borsa, ma anche morale inteso come sofferenza patita per lo shock emotivo derivante dall'aggressione.

Per i motivi esposti in narrativa si chiede che venga affermata la penale responsabilità dell'imputato con condanna dello stesso alla pena che verrà ritenuta di giustizia oltre al risarcimento dei danni morali e materiali patiti dalla costituenda parte civile.
Con osservanza

Città e data: . . . .

Avv. . . . .

firma della parte. . . . .

PROCURA SPECIALE

Nel procedimento penale n. R.G.N.R. . . .

Io sottoscritto, Mario X persona offesa e danneggiata dal reato nel procedimento penale di cui in epigrafe per il reato di cui agli articoli 628, commi 1 e 3 n. 1 c.p., dichiaro di nominare mio difensore di fiducia

l'Avv. . . . . . . del Foro di . . . . . con studio in via . . . . conferendogli procura speciale, con ogni più ampia facoltà di legge, per proporre azione civile nel suindicato processo penale a carico di Giovanni Y per il reato di cui all'art. 628, commi 1 e 3 n. 1 c.p. ed a rappresentarmi e difendermi in ogni stato e grado del processo.

Conferisco inoltre al difensore sopra indicato la facoltà di nominare sostituti per le udienze anche per depositare la costituzione e le conclusioni scritte, di citare i responsabili civili, di presentare domande risarcitorie, di accettare o meno il rito abbreviato, di richiedere l'impugnazione al pubblico ministero, di sottoscrivere la transazione sul risarcimento del danno, di revocare la costituzione di parte civile, di proporre impugnazione avverso ogni ordinanza e/o sentenza anche ex articoli 573, 576 e 577 c.p.p. e di fare tutto quanto riterrà poi necessario per la migliore esecuzione della procura e della difesa.

Città e data: . . . .

Firma della parte: . . . .

La firma è autentica

Avv. . . . .

2.1.34. Le scelte del danneggiato dal reato

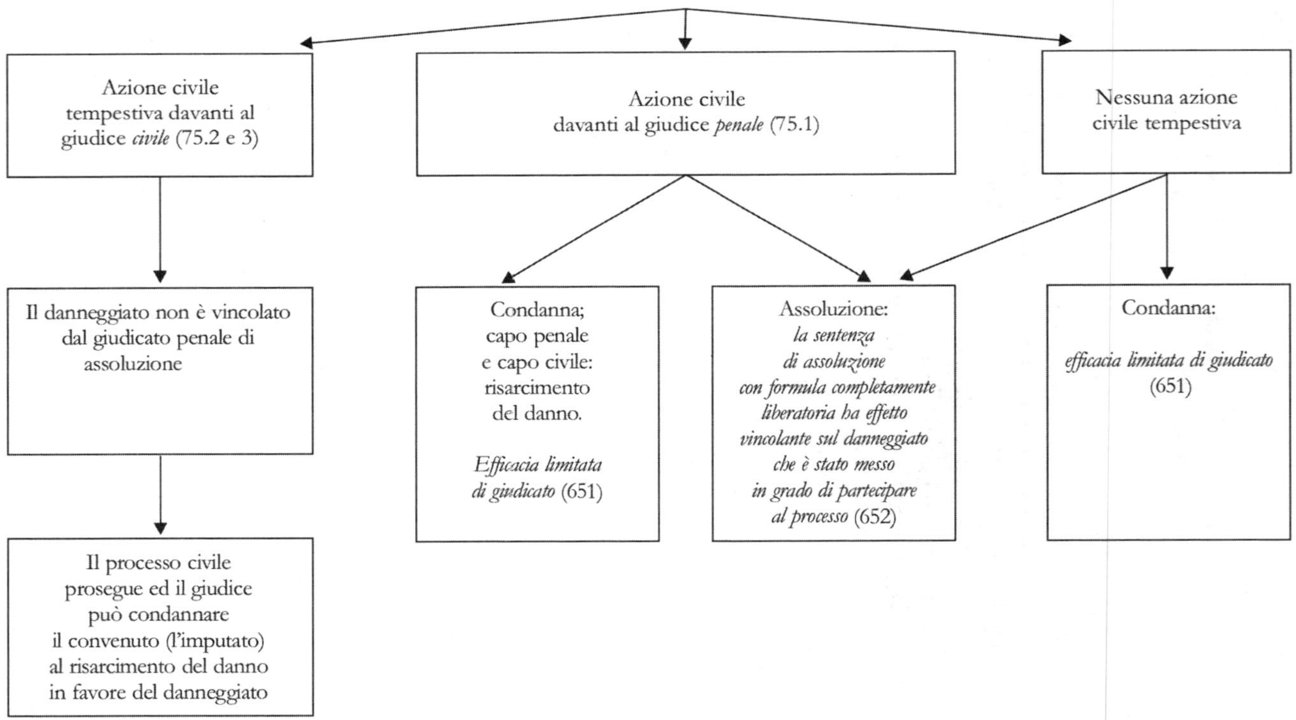

2.1.35. Rimessione del processo (legge 7 novembre 2002 n. 248)

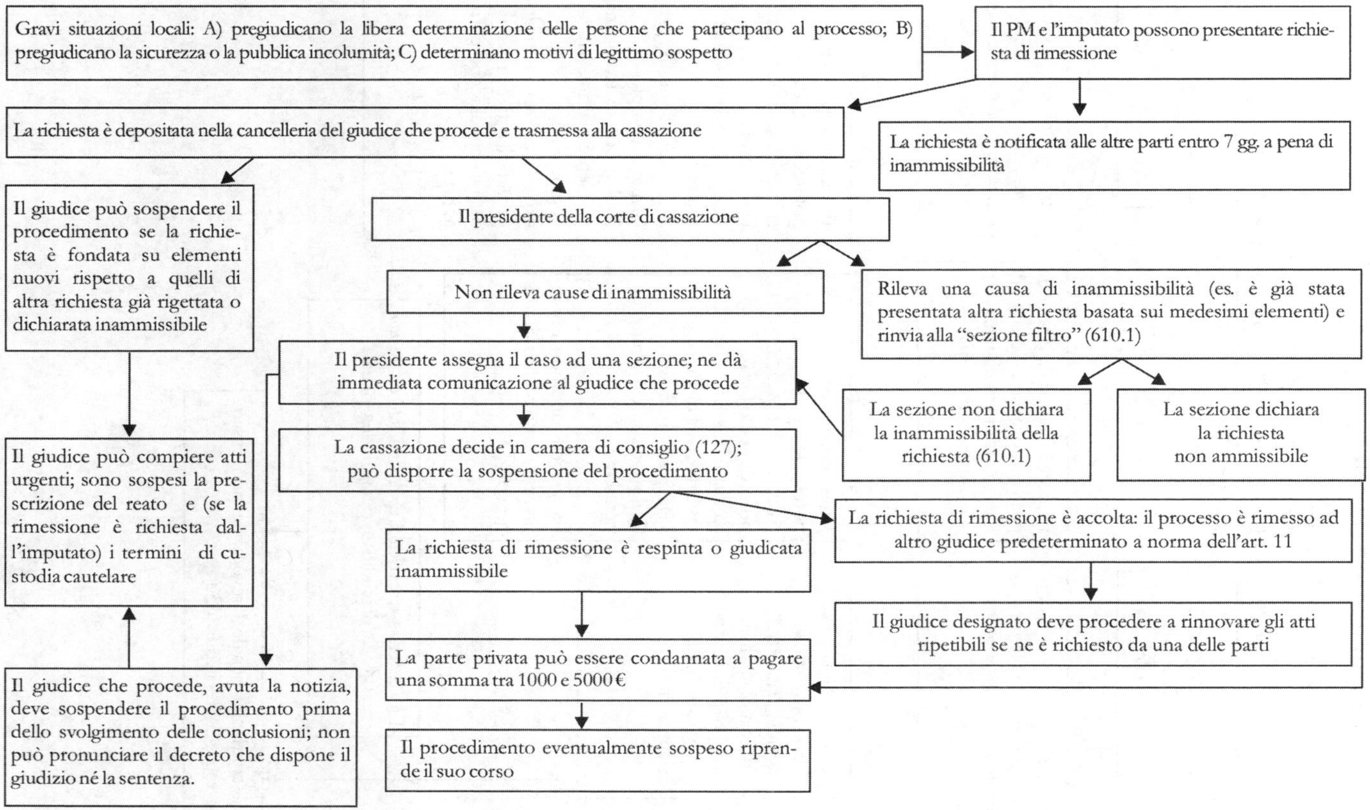

2.1.36. Questioni pregiudiziali

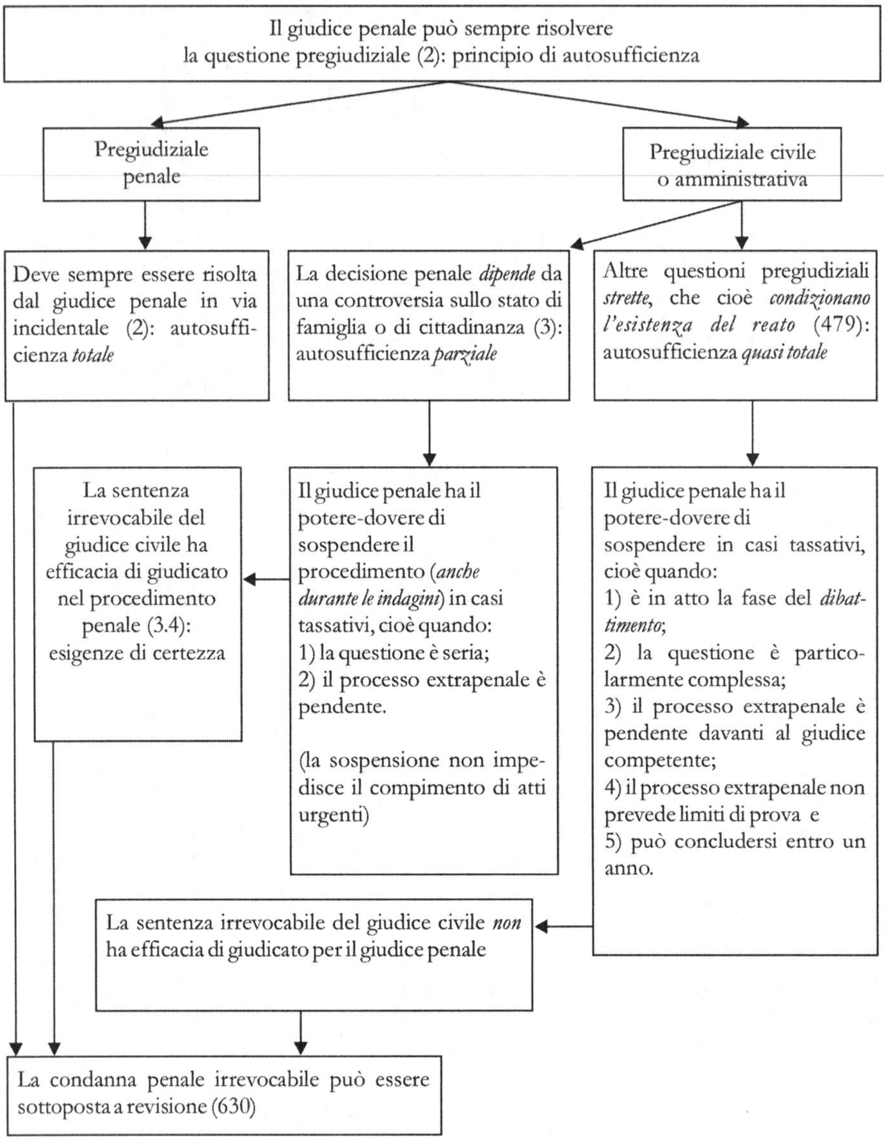

2.1.37. Imputato e testimone

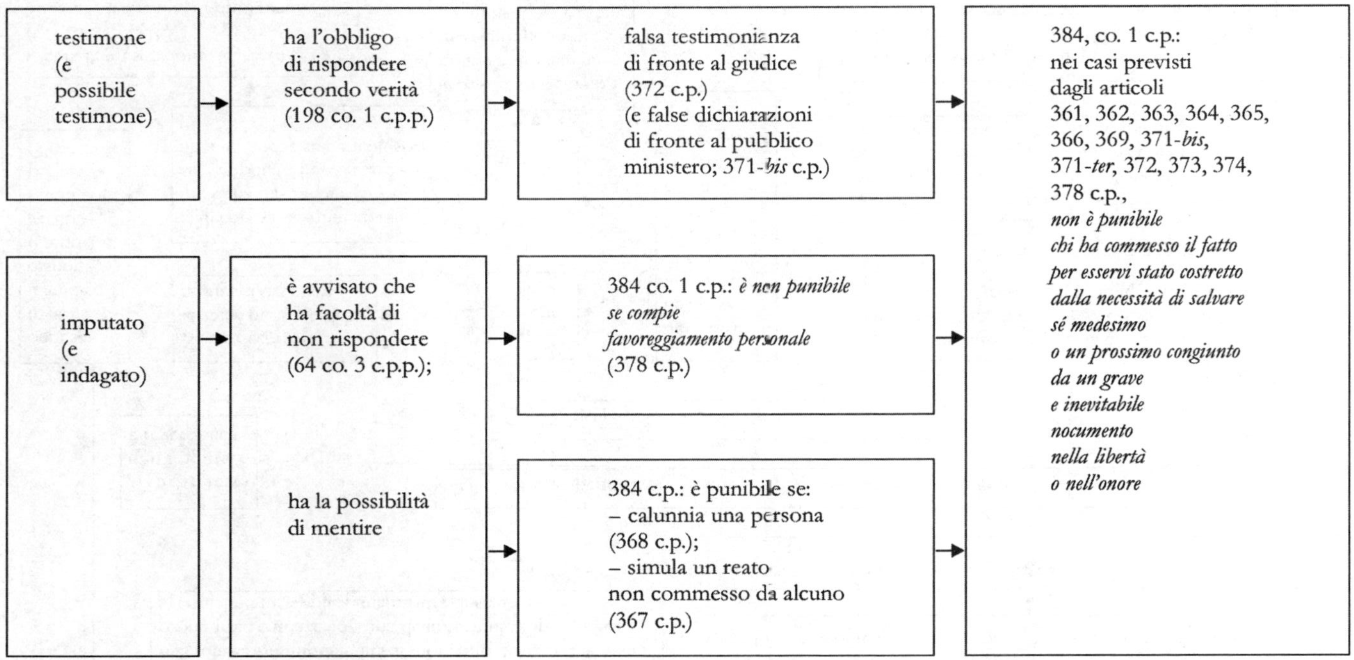

2.1.38. Sospensione del procedimento per incapacità dell'imputato (art. 70 c.p.p.)

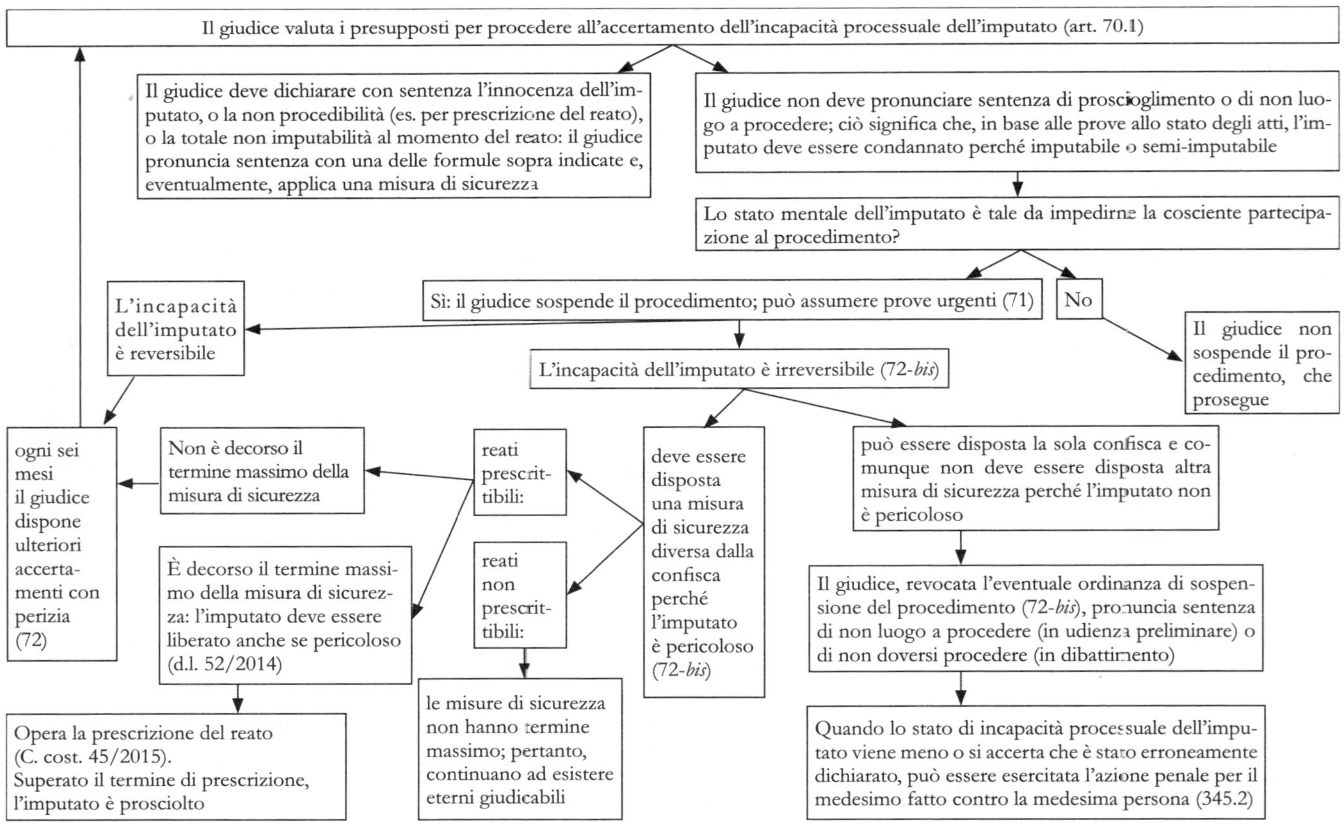

2.1.39. Sostituzione del magistrato del pubblico ministero

Fuori dell'udienza:	Nell'udienza:
Se il *magistrato* non si attiene ai principi e criteri definiti in via generale o particolare con l'*assegnazione*, o insorge tra il *magistrato* ed il procuratore della Repubblica un contrasto circa le modalità di esercizio, il procuratore può revocare l'*assegnazione* con provvedimento motivato (2.2)	— In udienza il magistrato del pubblico ministero esercita le sue funzioni con piena autonomia (art. 53). — Il capo dell'ufficio ha l'obbligo di sostituire (art. 53) il magistrato del pubblico ministero che sta svolgendo le sue funzioni in udienza quando questi ha un *interesse privato* nel procedimento (art. 36, comma 1, lettere *a*, *b*, *d*, *e*): *a*) se il magistrato del pubblico ministero ha *interesse nel procedimento come parte*; *b*) se il magistrato è *tutore, curatore, procuratore o datore di lavoro* di una delle parti private; *d*) se vi era già in precedenza una *inimicizia grave* tra il magistrato del pubblico ministero e una delle parti private; *e*) se un prossimo congiunto del magistrato è *offeso o danneggiato o parte privata*

Capitolo II

GLI ATTI

2.2.1. Atto e attività

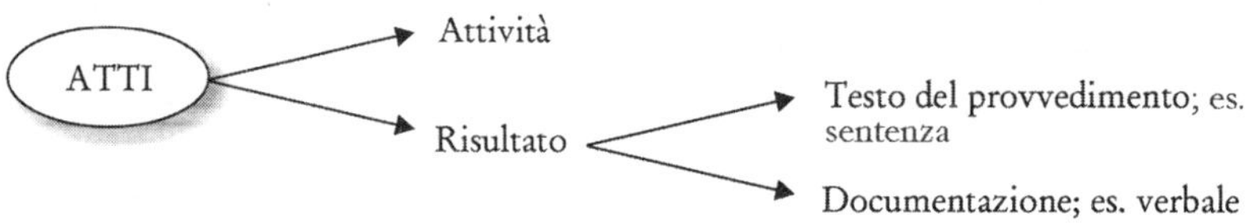

2.2.2. Procedimento in camera di consiglio (art. 127 c.p.p.)

Il Giudice con decreto fissa l'udienza (c. 1)

↓

L'avviso è comunicato alle parti, agli interessati ed ai difensori almeno 10 gg. prima, a pena di nullità (c. 1 e 5)

↓

Si possono depositare memorie in cancelleria fino a 5 gg. prima

↓

Udienza con contraddittorio facoltativo (c. 3)

↓

L'imputato ha diritto a essere sentito (c. 3 e 4)

↓

Il giudice pronuncia ordinanza (c. 7)

↓

Eventuale ricorso per cassazione senza effetto sospensivo (c. 8)

2.2.3. Documentazione degli atti

In generale	*Nelle indagini preliminari*
1) verbale in forma integrale (134.2): stenotipia o scrittura manuale	1) P.M. (373.1) e polizia giudiziaria (357.2) redigono il verbale in forma integrale per atti specifici
2) verbale in forma riassuntiva con riproduzione fonografica (134.3)	2) 141-*bis*: documentazione integrale (con mezzi di riproduzione fonografica o audiovisiva) dell'interrogatorio, svolto fuori udienza, di persona in stato di detenzione
3) verbale in forma riassuntiva senza riproduzione fonografica (140)	3) P.M. (373.3) e polizia g. (357.2) per i residui atti redigono verbale in forma riassuntiva
	4) se atti a contenuto semplice o di limitata rilevanza: è fatta « annotazione » dalla polizia g. (357.1; 115 att.) o dal P.M. (373.3; 119 att.)
	5) documentazione integrale, con mezzi di riproduzione fonografica o audiovisiva: a) discrezionale (ritenuta assolutamente indispensabile dall'autorità); b) consentita se persona in condizioni di particolare vulnerabilità (90-*quater*); c) obbligatoria quando vi è l'interrogatorio di persona in stato di detenzione svolto fuori udienza (141-*bis*).

2.2.4. Relazione di notificazione (art. 168 c.p.p.)

n. . . . . . reg. cron.

Il giorno 27 del mese di marzo dell'anno 1999 alle ore 16 in . . . . su richiesta di. . . . .

Io sottoscritto aiutante ufficiale giudiziario addetto all'Ufficio notificazioni presso la Corte d'appello di . . . ., ho notificato l'atto che precede al Sig. X Y residente in . . . . via . . . . n. . . . . . mediante consegna di copia conforme all'originale a X Y persona qualificatasi per il medesimo destinatario.

L'aiutante Ufficiale Giudiziario

. . . .

2.2.5. Atto e modello legale

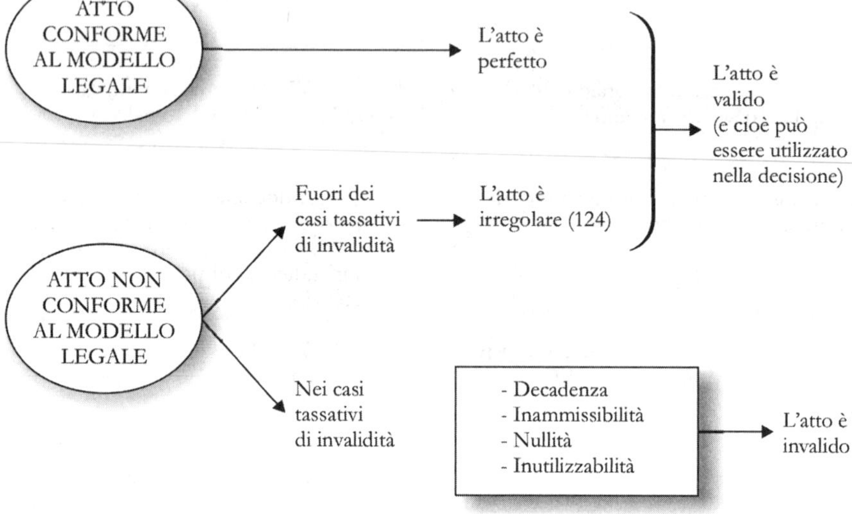

2.2.6. Le nullità speciali e generali

Modalità di previsione	*Nullità speciali*	*Nullità generali* (178)	
Categorie	**Nullità relative** (181.1) (sono le nullità speciali che non rientrano nelle nullità generali).	**Nullità intermedie** (180)	**Nullità assolute** (179)
Contenuto della inosservanza	Es., art. 109.3, 199.2.	178.*b*: Partecipazione del P.M. al procedimento. 178.*c*: Intervento, assistenza e rappresentanza dell'imputato e delle altre parti private; citazione in giudizio di offeso e querelante.	— 178.*a*: Capacità e numero dei giudici. — 178.*b*: Iniziativa del P.M. nell'esercizio dell'azione penale. — Omessa citazione dell'imputato e assenza del suo difensore se la presenza è obbligatoria.
Regime giuridico	Sono dichiarate su eccezione di parte (181.1)	Sono dedotte dalle parti o rilevate d'ufficio (179, 180)	
NB: Le nullità speciali possono rientrare nelle nullità generali e, di conseguenza, assumono il regime intermedio o assoluto come sopra indicato. Inoltre, vi sono nullità speciali che sono definite assolute da specifiche disposizioni di legge (179.2; es. 525.2)			

2.2.7. Regime delle nullità

<table>
<tr><th></th><th>Nullità relative</th><th>Nullità intermedie</th><th>Nullità assolute</th></tr>
<tr><td>Termine massimo per dedurre o rilevare le nullità degli atti di indagine preliminare</td><td>Prima della decisione nell'udienza preliminare (181.2). Se manca l'udienza preliminare, entro le questioni preliminari al dibattimento. Sono rilevate su sola eccezione di parte.</td><td>Prima della deliberazione della sentenza di primo grado (180). Sono rilevate d'ufficio o su eccezione di parte.</td><td>In ogni stato e grado del procedimento (179.1). Sono rilevate d'ufficio o su eccezione di parte.</td></tr>
<tr><td>Limiti di deducibilità la nullità non può essere dedotta:</td><td colspan="2">(182.1) dalla parte che vi ha dato causa o che ha concorso a darvi causa.
(182.1) dalla parte che non ha interesse all'osservanza della disposizione violata.
(182.2) dalla parte che, avendo assistito all'atto, non ha eccepito la nullità prima del compimento dell'atto stesso (o immediatamente dopo, se ciò non è possibile).</td><td>Nessun limite di deducibilità.</td></tr>
<tr><td>Sanatorie generali</td><td colspan="2">(183.1 a) La parte interessata ha rinunciato ad eccepire la nullità o ha accettato gli effetti dell'atto.
(183.1 b) La parte si è avvalsa della facoltà al cui esercizio l'atto nullo è preordinato.</td><td>Nessuna sanatoria generale (179); le sanatorie speciali sono previste dall'art. 184</td></tr>
</table>

2.2.8. La rinnovazione degli atti nulli

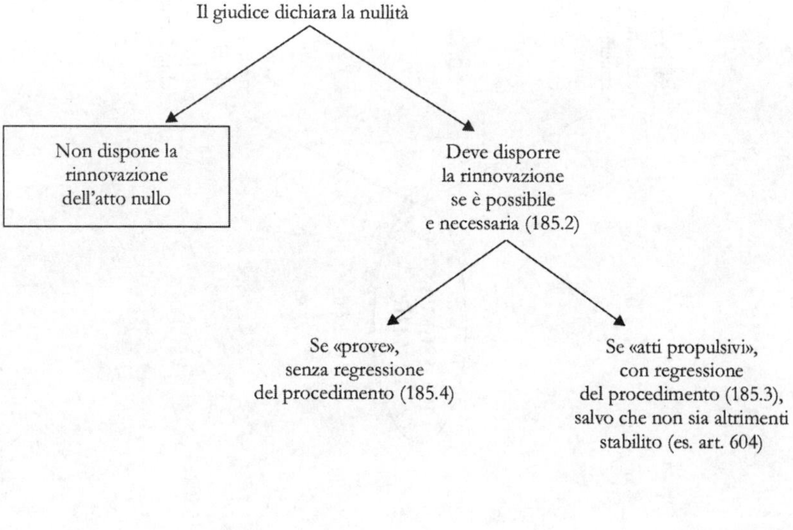

2.2.9. I criteri per individuare il regime delle nullità

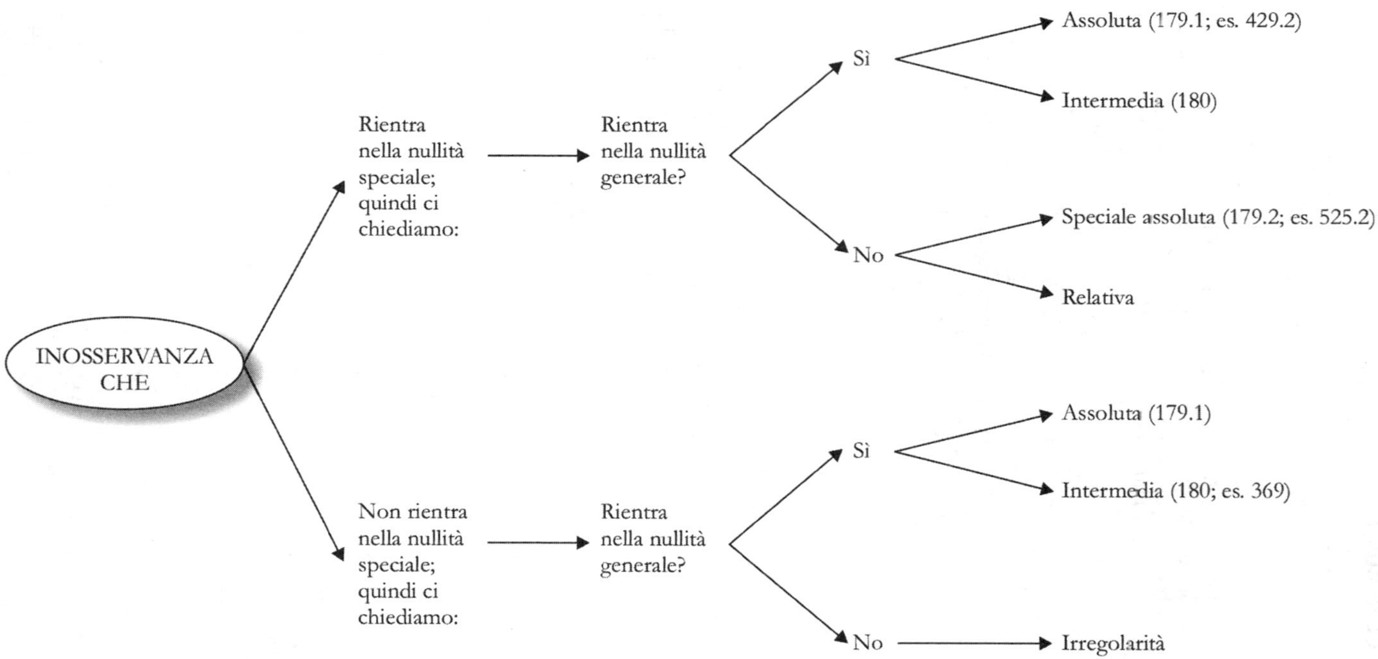

2.2.10. Prova illegittima e illecita

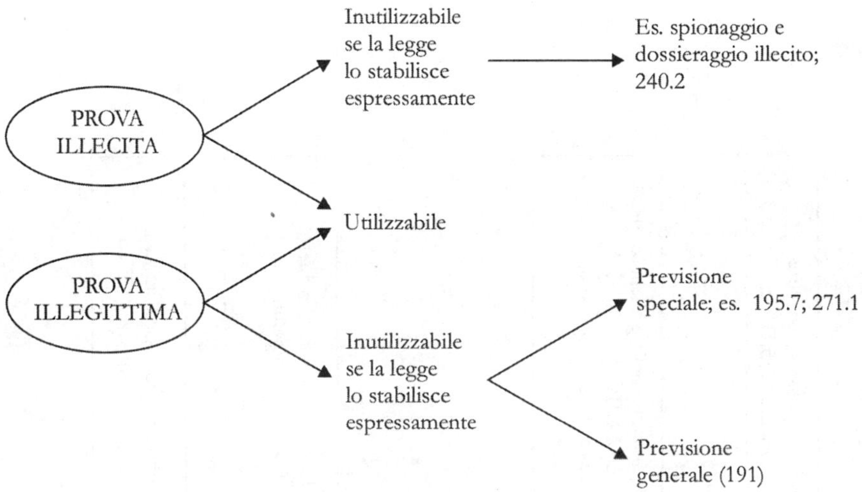

2.2.11. L'inutilizzabilità

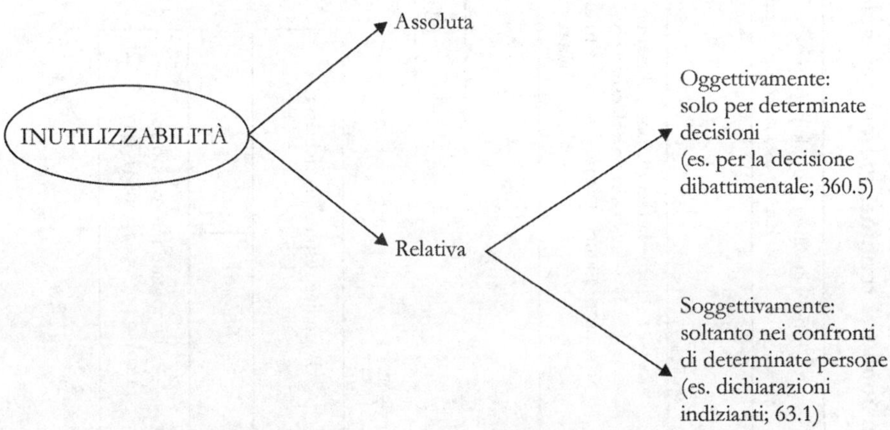

2.2.12. La restituzione nel termine: ipotesi generale (art. 175, comma 1)

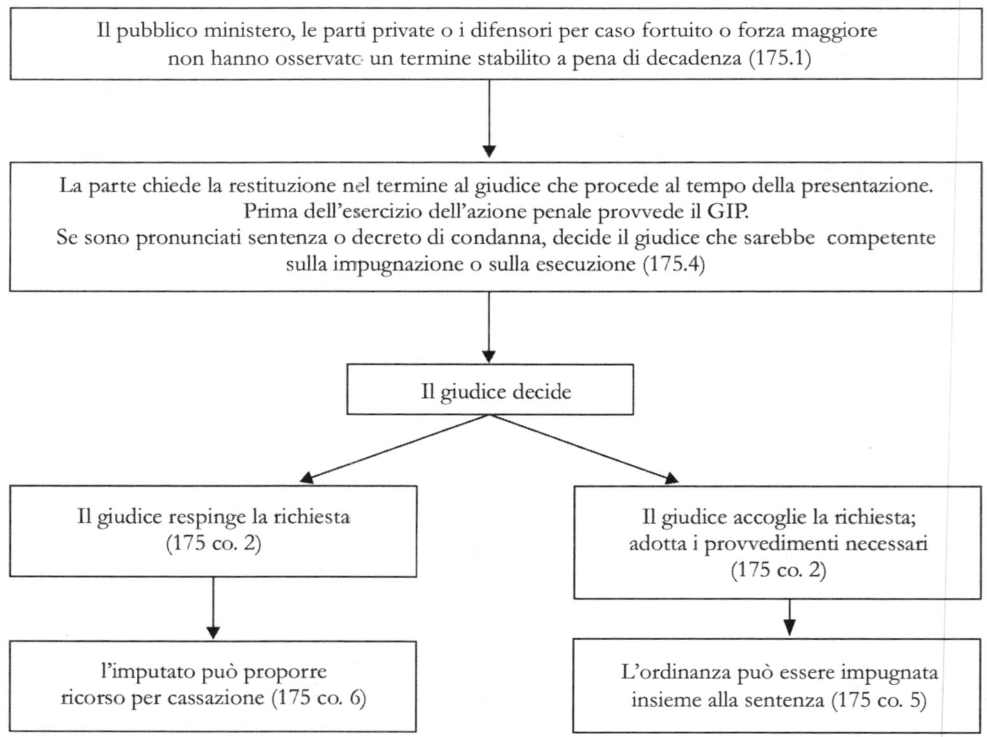

Capitolo III

PRINCÌPI GENERALI SULLA PROVA

2.3.1. La sentenza

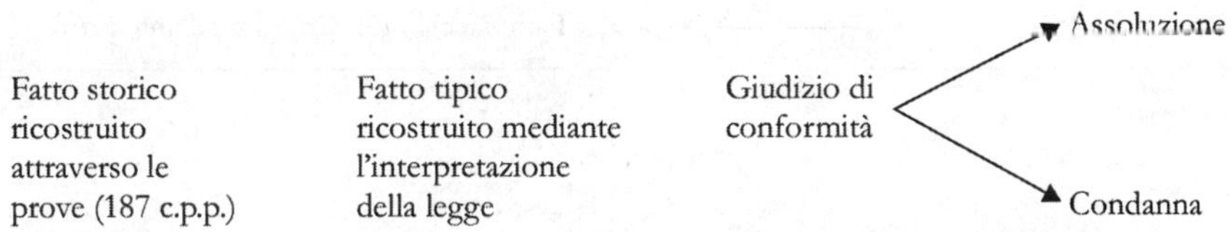

2.3.2. Il procedimento probatorio

Ricerca (326; 327-*bis*) →	Fonte di prova (es. 65.1)
Ammissione (190) →	Mezzo di prova (194-243)
Assunzione (498-499) →	Elemento di prova (es. 65.1)
Valutazione (192) →	Risultato probatorio (192.1)
Decisione (546) →	Fatto storico ricostruito mediante prove

2.3.3. Il ragionamento inferenziale: prova e indizio

Prova rappresentativa	*Indizio o prova critica* (192.2 c.p.p.)
Fatto noto: rappresentazione di un fatto da provare ↓ Valutazione di credibilità e di attendibilità ↓ Fatto da provare	Fatto provato: è la circostanza indiziante ↓ Massima di esperienza o legge scientifica ↓ Fatto da provare

2.3.4. Massima di esperienza: elaborazione ed applicazione

A. Elaborazione con il ragionamento induttivo: da casi particolari si ricava una regola

fatti simili alla circostanza indiziante		valutazione		massima di esperienza
- Alfredo è uscito da un condominio con una valigia alle 3 di notte del 3.2.2002; - Caio è uscito con uno zaino pesante da una abitazione alle 4 di notte del 4.5.2003; - Mevio è uscito dal giardino di una villa con un sacco grande alle 2 di notte del 7.2.2004; - tutti costoro, interrogati, non hanno chiarito che cosa portavano ed il motivo per cui erano in strada. Si è accertato che i predetti avevano rubato in una abitazione.	→	a fatti "simili" corrispondono comportamenti umani identici	→	"chi viene sorpreso con un sacco o altro di notte e non dà spiegazione su cosa porti con sé e per quale motivo, ha commesso un furto"

B. Applicazione con il ragionamento deduttivo: al caso particolare si applica la regola

Circostanza indiziante: fatto provato		massima di esperienza		fatto accertato
Da un condominio, nel quale era stato commesso un furto in una abitazione, Sempronio è uscito con uno zaino alle 2.30 di notte del 4 agosto 2004; non ha chiarito cosa portava nello zaino e per quali motivi	→	"chi viene sorpreso con un sacco o altro di notte e non dà spiegazione su cosa porti con sé e per quale motivo, ha commesso un furto"	→	Sempronio ha commesso il furto nell'abitazione svaligiata

2.3.5. L'onere della prova

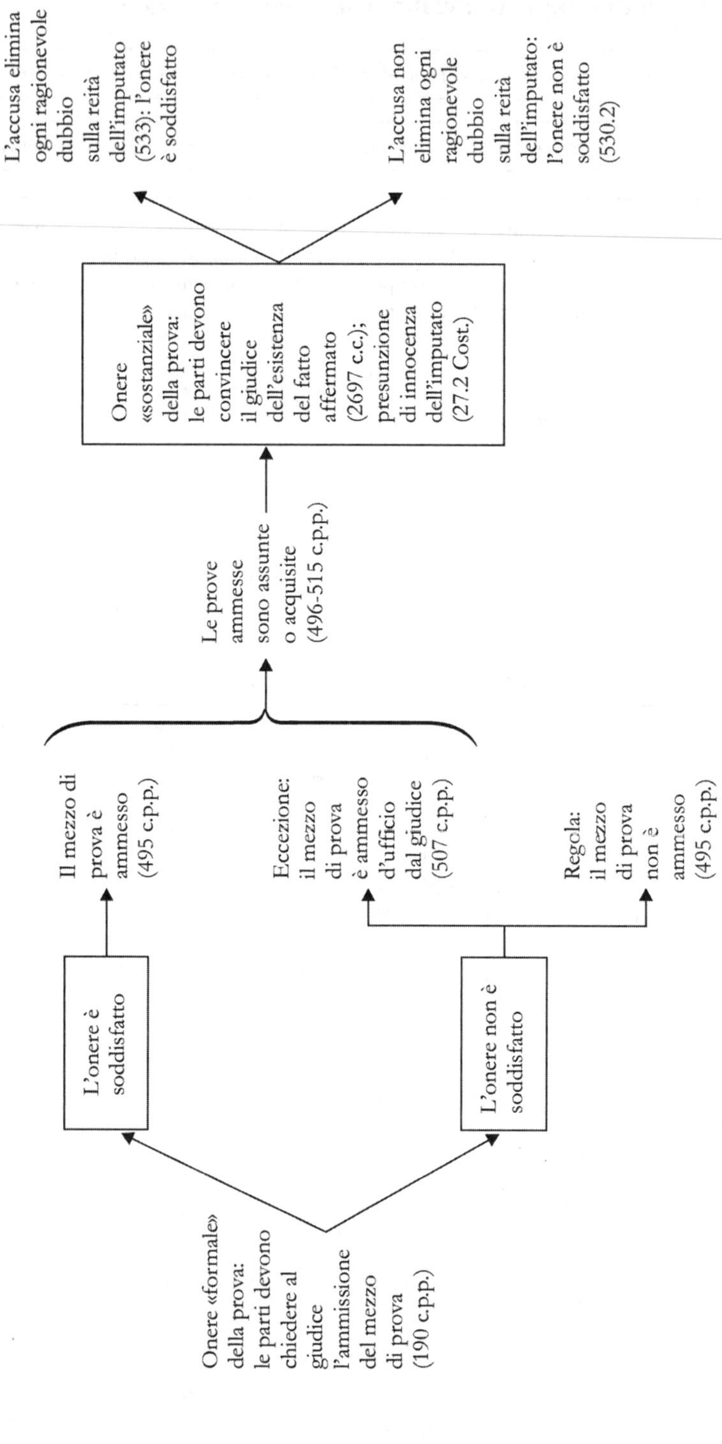

2.3.6. Sistemi probatori

Stato assoluto (1700)	Illuminismo (codice 1808)	*Common Law*	Codice italiano (1988-2016)
— Prova legale	— Convincimento razionale	— Convincimento al di là del ragionevole dubbio	— Convincimento al di là del ragionevole dubbio (533)
— Prova assunta in segreto dall'inquisitore	— Prova assunta in segreto dal giudice istruttore; ripetuta in dibattimento.	— Prova assunta in contraddittorio (esame incrociato)	— Contraddittorio nella formazione della prova (111.4 Cost.)
— La prova legale limita la discrezionalità del giudice	— La decisione deve essere motivata	— Il verdetto immotivato è fondato sul buon senso dei giurati	— Motivazione legale e razionale sulle singole prove (546.e)
— Il giudice decide sulla base di qualsiasi prova (anche la conoscenza privata)	— Il giudice decide in base alle prove assunte nel dibattimento, ed anche nell'istruzione	— Il giudice decide *soltanto* in base alle prove assunte in dibattimento	— regola del contraddittorio ed eccezioni (111.4 e 5 Cost.)
— controllo discrezionale ad opera di una corte superiore	— la cassazione controlla la sola logicità della motivazione	— l'impugnazione controlla il rispetto dei diritti delle parti	— la cassazione controlla che la motivazione sia fedele rispetto alle prove (606)
		Principio dispositivo forte: solo le parti chiedono l'ammissione della prova	Principio dispositivo debole: il giudice supplisce alla inerzia delle parti (507)

2.3.7. Processo civile e processo penale

Processo civile avente ad oggetto diritti disponibili	*Processo penale*
Disponibilità della tutela giurisdizionale (2907 c.c.)	Il pubblico ministero ha l'obbligo di esercitare l'azione penale (112 Cost.)
Legittimazione della parte interessata (99-100 c.p.c.)	Monopolio dell'azione penale (405 c.p.p.), ad eccezione del procedimento presso il giudice di pace.
Principio dispositivo forte (115 c.p.c.): il giudice decide soltanto sulle prove introdotte dalle parti	Principio dispositivo debole (190; 507 c.p.p.): il giudice può ammettere le prove anche d'ufficio
Onere di allegare i fatti estintivi (112 c.p.c.)	Il giudice può prosciogliere anche d'ufficio (129 c.p.p.)
Correlazione tra chiesto e pronunciato (112 c.p.c.)	Correlazione tra fatto storico contestato e sentenza (516-522 c.p.p.)
Onere della prova (2697.1 c.c.): colui che afferma un fatto deve convincere il giudice che la sua esistenza è "più probabile che no"	Presunzione di innocenza (27.2 Cost.): l'accusa deve eliminare ogni ragionevole dubbio sulla reità dell'imputato (533)
Quantum della prova dell'eccezione: il convenuto deve eliminare il dubbio (2697.2 c.c.)	*Quantum* della prova per le cause di giustificazione: *in dubbio pro reo* (530.3)

2.3.8. La prova rappresentativa

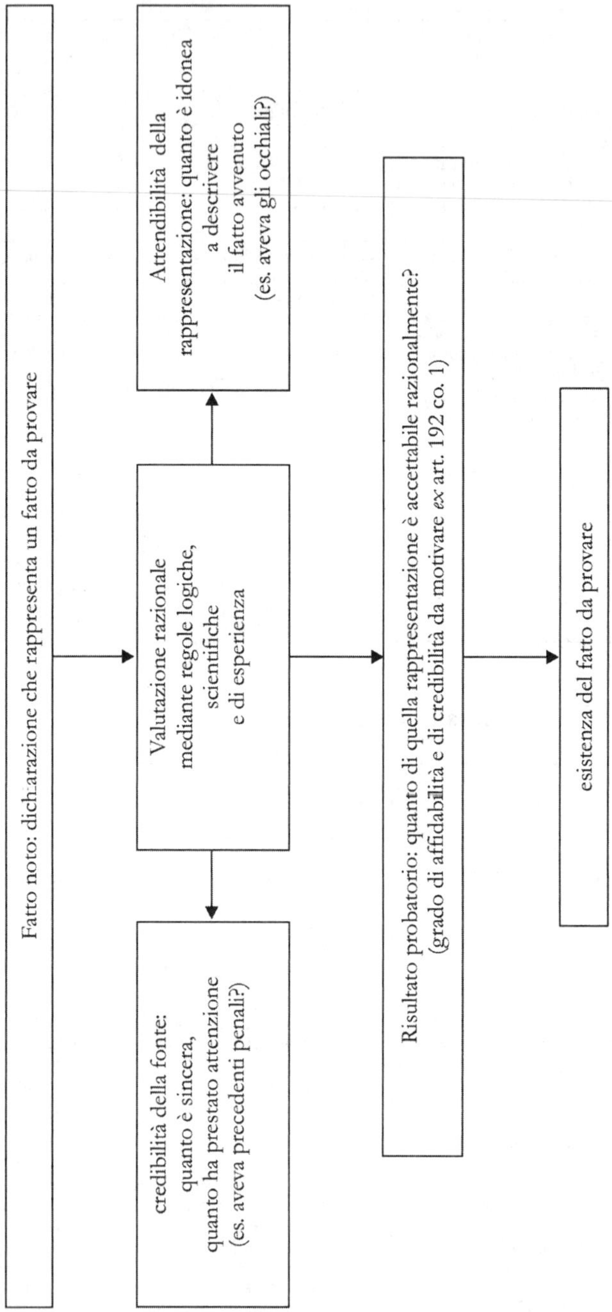

2.3.9. Fatto storico e fattispecie incriminatrice

Fatto storico	*Elementi del singolo reato (art. 575 c.p.)*	*Elementi generali del reato (libro I c.p.)*
Sempronio	« chiunque	soggetto attivo
volontariamente		elemento soggettivo
somministra una bevanda avvelenata		condotta
provocando	cagiona	rapporto di causalità
la morte	la morte	evento
di Gaia	di un uomo	persona offesa
	è punito con la reclusione non inferiore ad anni ventuno »	sanzione penale

Capitolo IV

I MEZZI DI PROVA

2.4.1. Mezzi di prova atipici

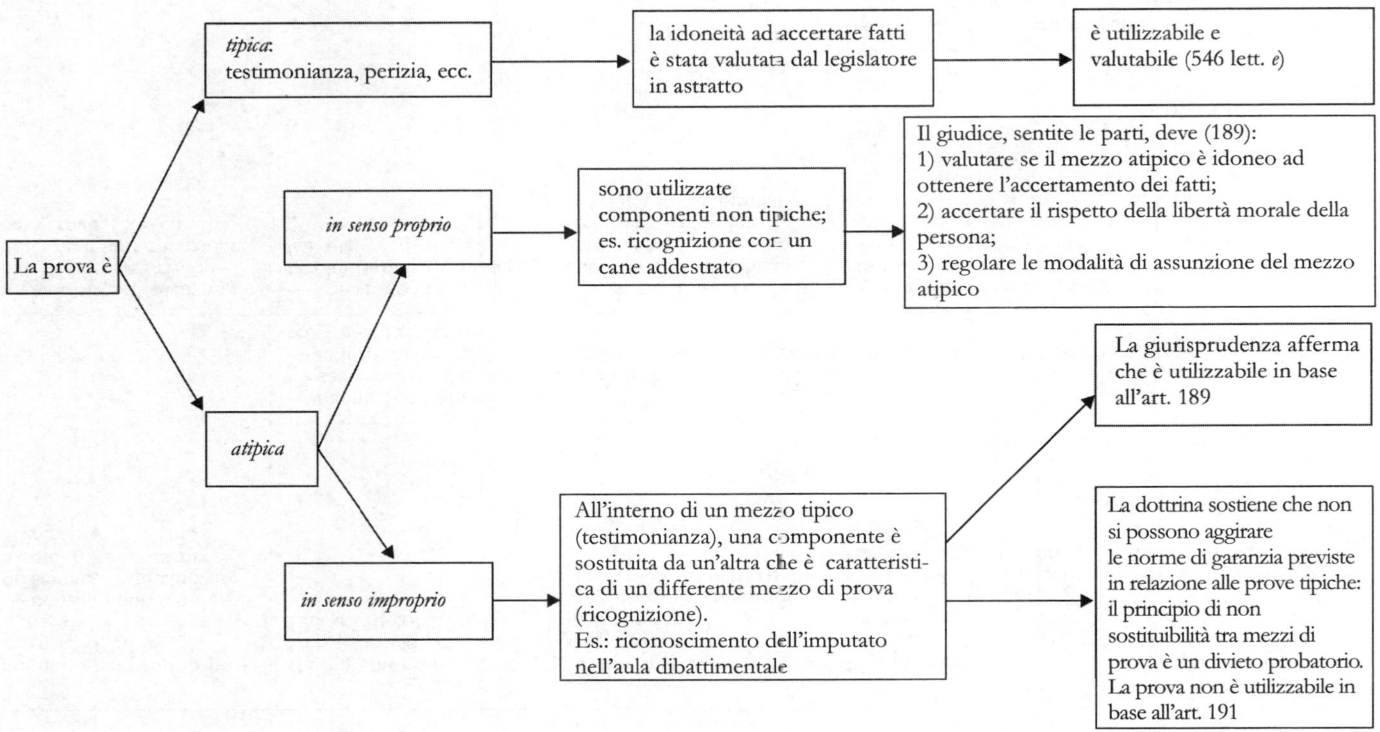

2.4.2. Tipologia degli imputati dichiaranti

Esame dell'imputato	*Esame dell'imputato connesso o collegato*		*Esame del testimone assistito*	
imputato nel proprio processo (208, 209) — non ha l'obbligo di presentarsi; può chiedere o consentire all'esame (208)	(1) imputato *concorrente* (con processo pendente; 12.a e 210 co. 1-5)	(2) imputato *connesso teleologicamente* (12.c) o *collegato* (371.2.b) che *non* ha reso dichiarazioni sul fatto altrui (210 co. 6)	(3) imputato *connesso teleologicamente* (12.*c*) o *collegato* (371 co. 2, *b*) *con processo pendente*, che ha reso dichiarazioni sul fatto altrui (197-*bis* co. 2)	(4) *imputato connesso o collegato* (197-*bis* co. 1) *con sentenza irrevocabile* N.B. gli imputati assolti *per non aver commesso il fatto o perché il fatto non sussiste* sono esaminati senza l'assistenza di un difensore e senza necessità di riscontri esterni
	— hanno l'obbligo di presentarsi (210 co. 2); — sono assistiti dal difensore di fiducia o d'ufficio (210 co. 3; 197-*bis* co. 3); — le loro dichiarazioni sono valutate unitamente agli altri elementi di prova che ne confermano l'attendibilità (192 co. 3 e 4; 197-*bis* co. 6)			
— ha diritto al silenzio; ma, se rifiuta di rispondere, ne è fatta menzione nel verbale (209 co. 2)	— è avvisato che ha la facoltà di non rispondere (210.4)	— è avvisato (64 co. 3, *c*) che, se renderà dichiarazioni su fatti altrui, sarà testimone su tali fatti, salvo le incompatibilità *ex* 197	— deve dire la verità sul fatto altrui già dichiarato — non può essere obbligato a deporre su fatti che concernono la *propria* responsabilità in ordine al reato per cui procede nei suoi confronti (197-*bis* co. 4)	— ha l'obbligo di rispondere secondo verità su fatti *altrui* e *propri* — può essere obbligato a deporre sui fatti attinenti al *proprio* giudicato di condanna se aveva negato la *propria* responsabilità o non aveva reso alcuna dichiarazione (197-*bis* co. 4)
			— le dichiarazioni non possono essere utilizzate contro la persona che le ha rese (197-*bis* co. 5)	

2.4.3. Il documento tradizionale ed informatico

1. fatto rappresentato

2. rappresentazione: è la riproduzione di un fatto reso conoscibile mediante parole, immagini, suoni

3. incorporamento: è l'operazione mediante la quale la rappresentazione è fissata su di una base materiale

Metodo analogico: la rappresentazione è incorporata su di una base materiale mediante grandezze fisiche variabili con continuità.

L'incorporamento è materiale

→ *Il documento tradizionale* è quella rappresentazione di un fatto che è incorporata su di una base materiale con un metodo analogico: es. scrittura, fotografia, registrazione magnetofonica

Metodo digitale: la rappresentazione è incorporata su di una base materiale mediante grandezze fisiche variabili con discontinuità (es. numeri).

L'incorporamento è dematerializzato

→ *Il documento informatico* è quella rappresentazione di un fatto che è incorporata su di una base materiale con un metodo digitale

4. base materiale: è l'oggetto fisico sul quale è incorporata la rappresentazione

2.4.4. Il privilegio contro l'autoincriminazione (art. 198, comma 2 c.p.p.)

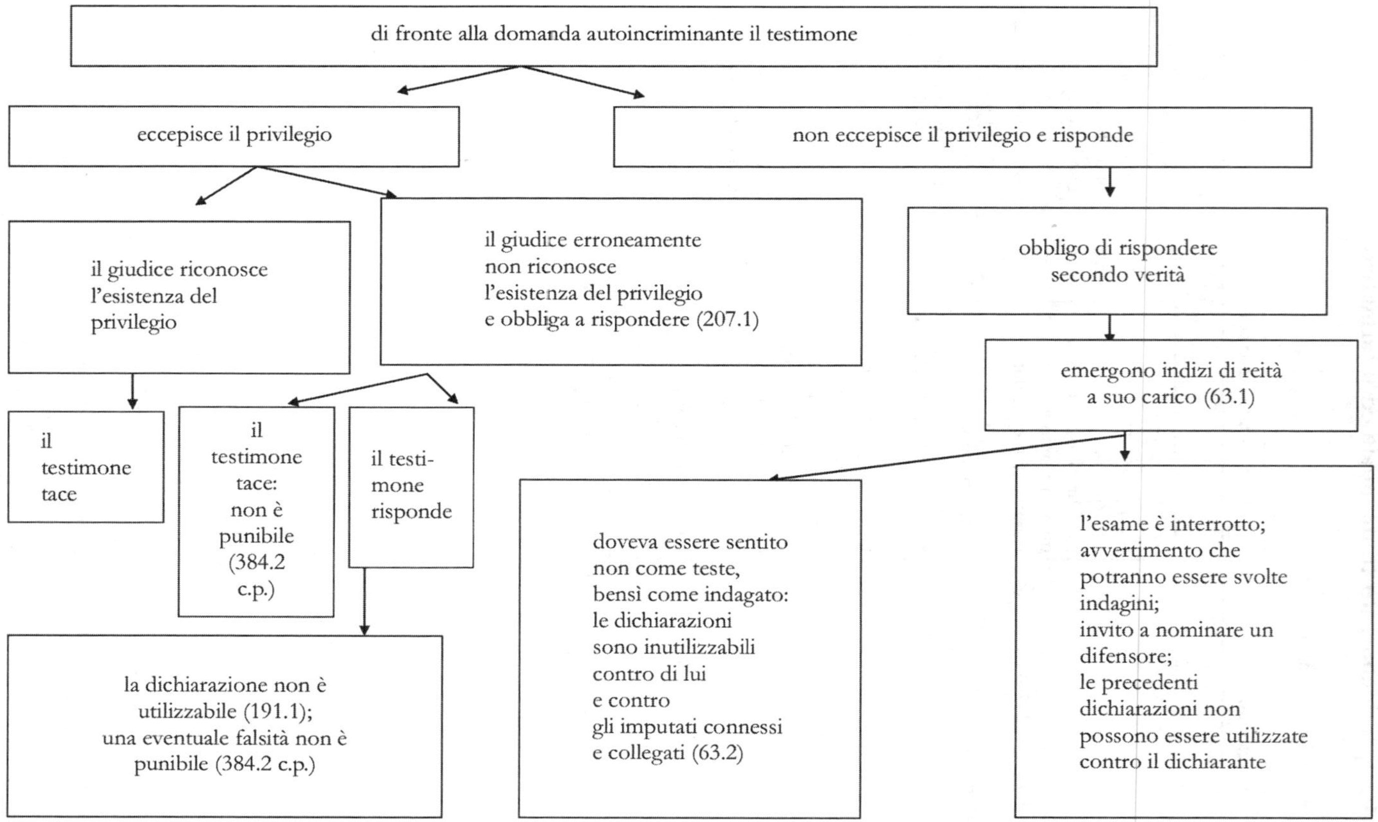

2.4.5. Il testimone prossimo congiunto dell'imputato

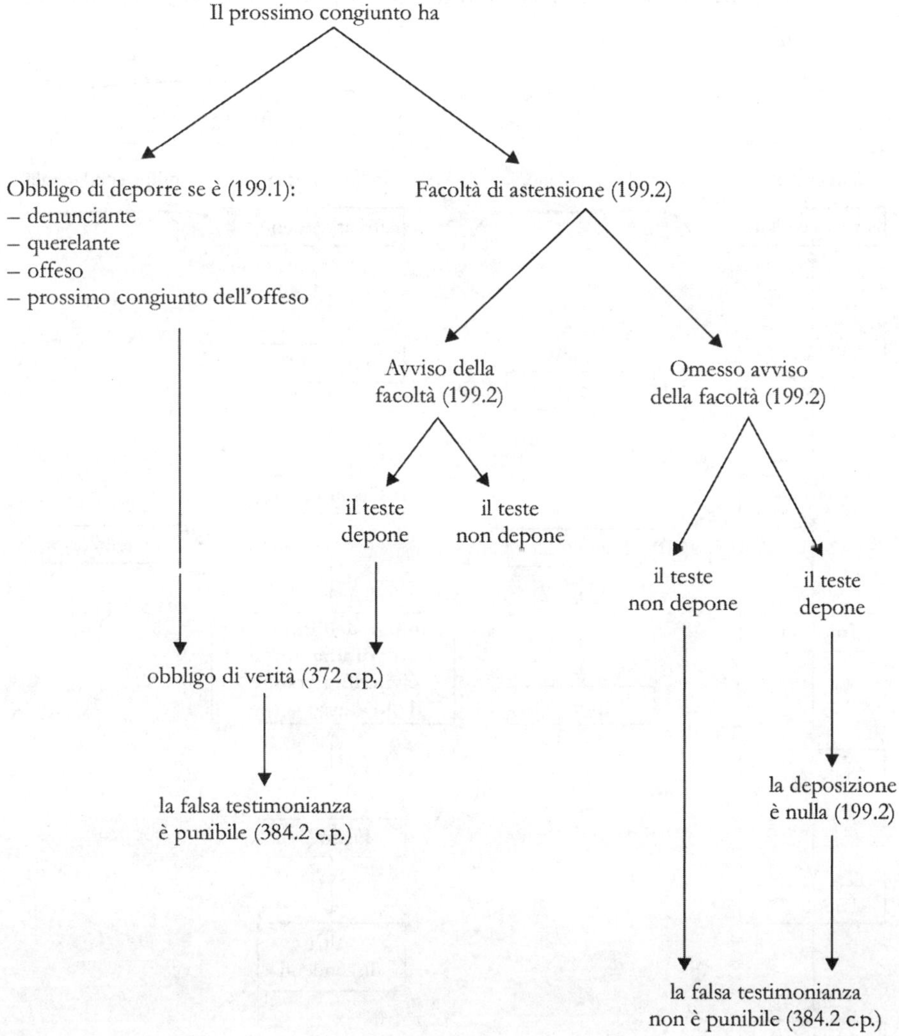

2.4.6. Quadro dei gradi di parentela e di affinità rilevanti ai fini della nozione di prossimo congiunto dell'imputato (art. 307, comma 4 c.p.)

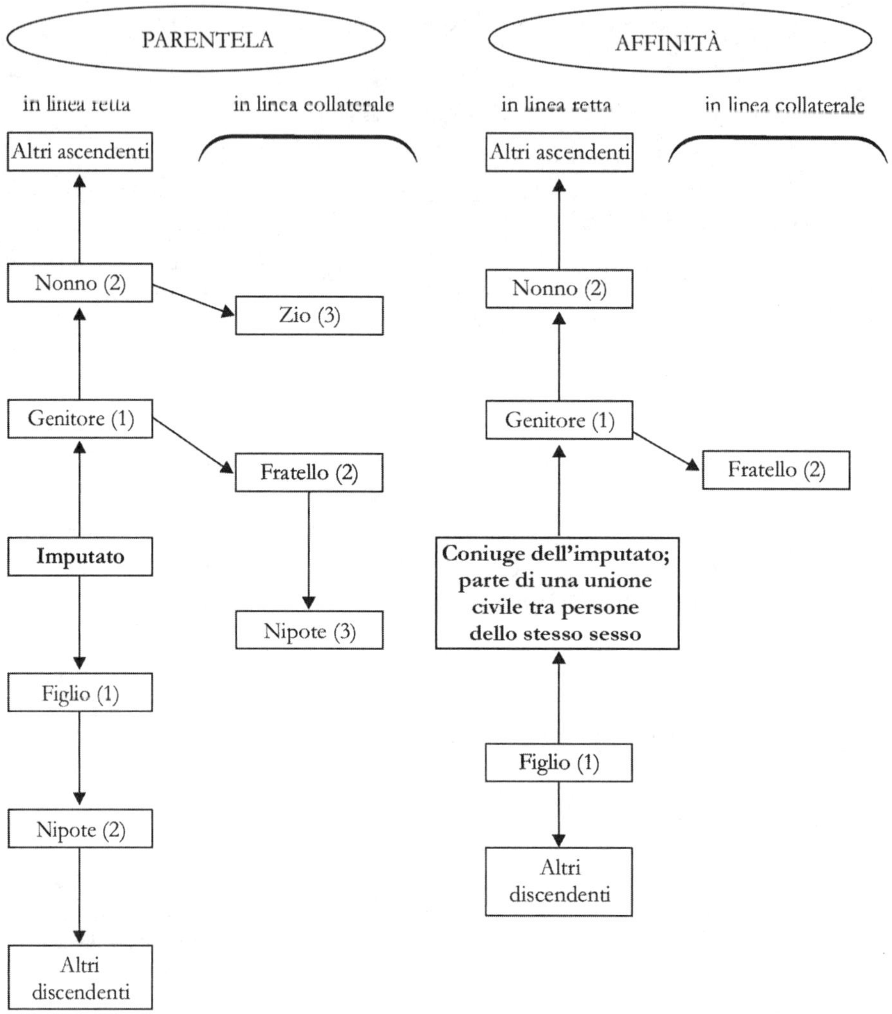

2.4.7. La testimonianza indiretta

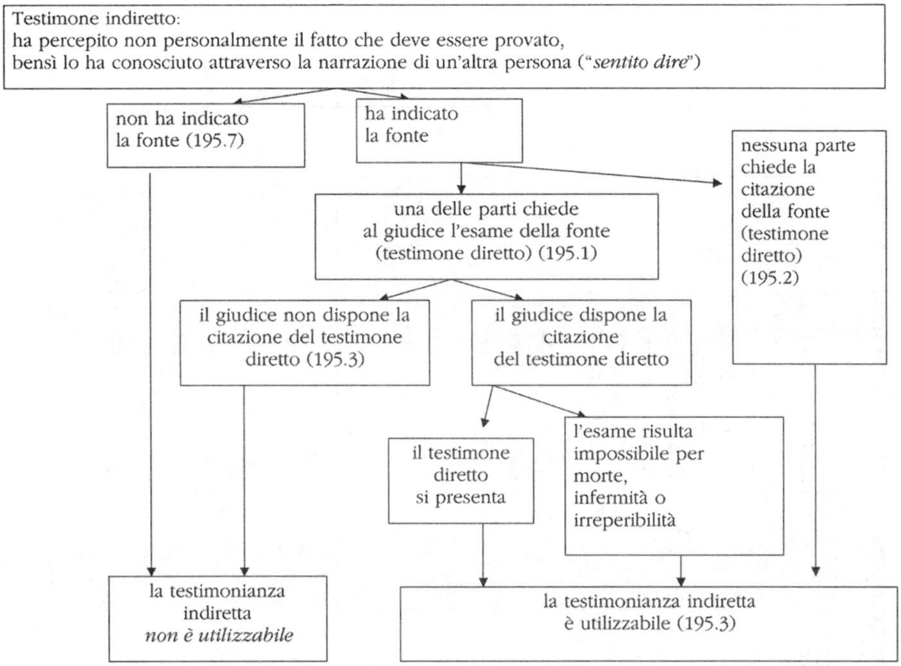

2.4.8. Esempi di testimonianza indiretta

	Testimonianza diretta	*Testimonianza indiretta*
Prova rappresentativa	Caio afferma di aver visto Bernardo uccidere Mario	Il teste Mevio dice di aver sentito dire da Caio che Caio ha visto Bernardo uccidere Mario
Prova critica (o indizio)	Sempronio afferma: Bernardo era amante di Rosa, moglie di Mario	Il teste Tizio dice di aver sentito dire da Sempronio che Bernardo era amante di Rosa, moglie di Mario

2.4.9. Il divieto di testimonianza indiretta della polizia giudiziaria (art. 195, comma 4 c.p.p.)

il sentito dire è *non* utilizzabile nei casi di cui agli artt. 62 e 195, co. 4, e cioè:

- su NARRAZIONI rese da un *imputato* nel corso di un "atto del procedimento" sia a chiunque (art. 62), sia alla polizia giudiziaria (195.4; 357.2, *b*)
- su NARRAZIONI rese da *possibili testimoni* nel corso delle sommarie informazioni di polizia (195.4; 351)
- sul contenuto NARRATIVO di *denunce, querele, istanze* presentate oralmente (195.4; 357.2, *a*)

il sentito dire è utilizzabile *al di fuori dei casi* di cui agli artt. 62 e 195, co. 4, e cioè:

- su NARRAZIONI rese *al di fuori di un "atto del procedimento"*: (es. confidenza ad un amico; es. dichiarazioni di un teste nel corso di rilievi o perquisizioni; Cass. SU Torcasio 2003), o rese in *quel procedimento* nel quale le dichiarazioni costituiscono il *corpo del reato* (es. ingiuria; calunnia; favoreggiamento)
- su affermazioni *NON NARRATIVE* (es. grido)

2.4.10. Incompatibilità dell'imputato connesso o collegato a testimoniare (art. 197 c.p.p.)

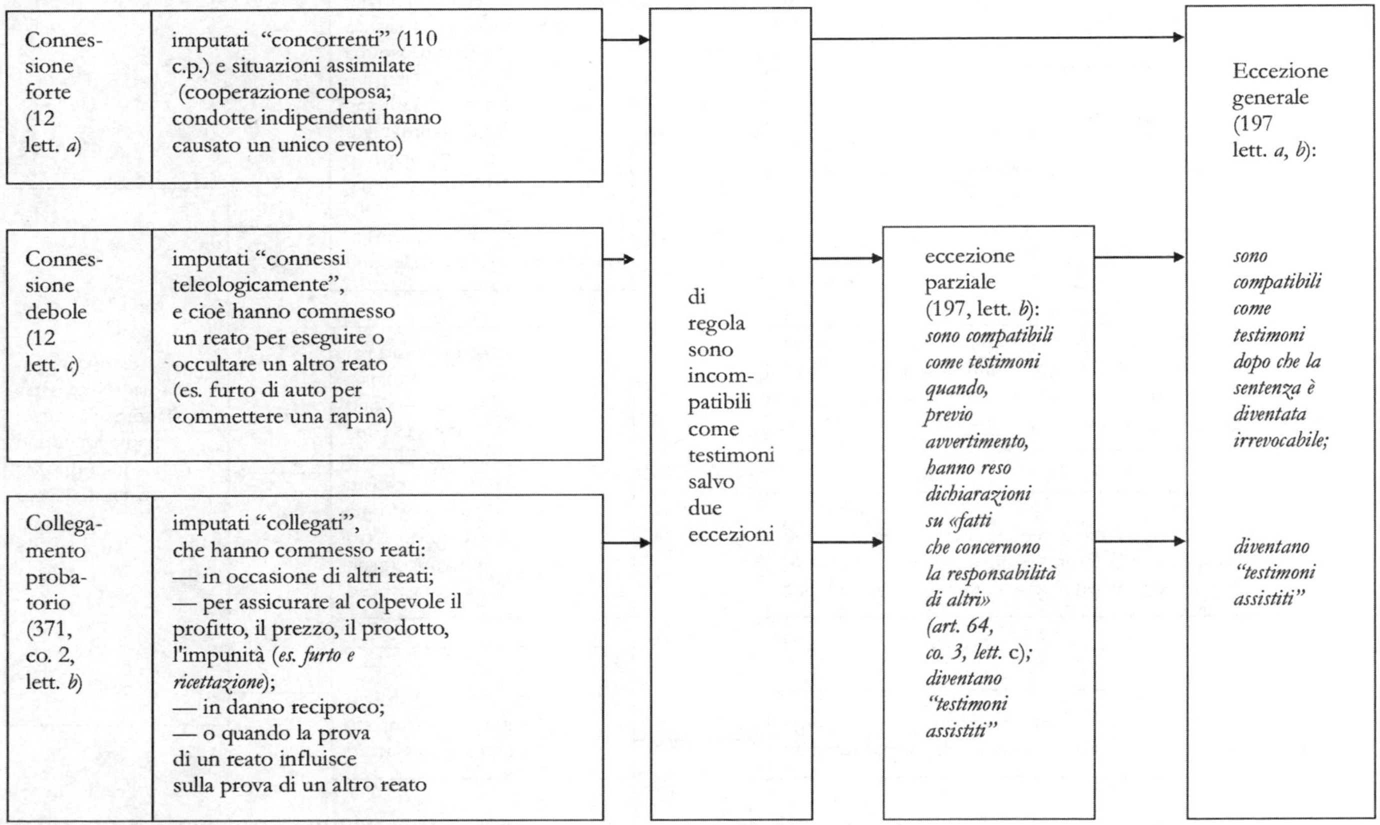

2.4.11. Il segreto professionale e d'ufficio

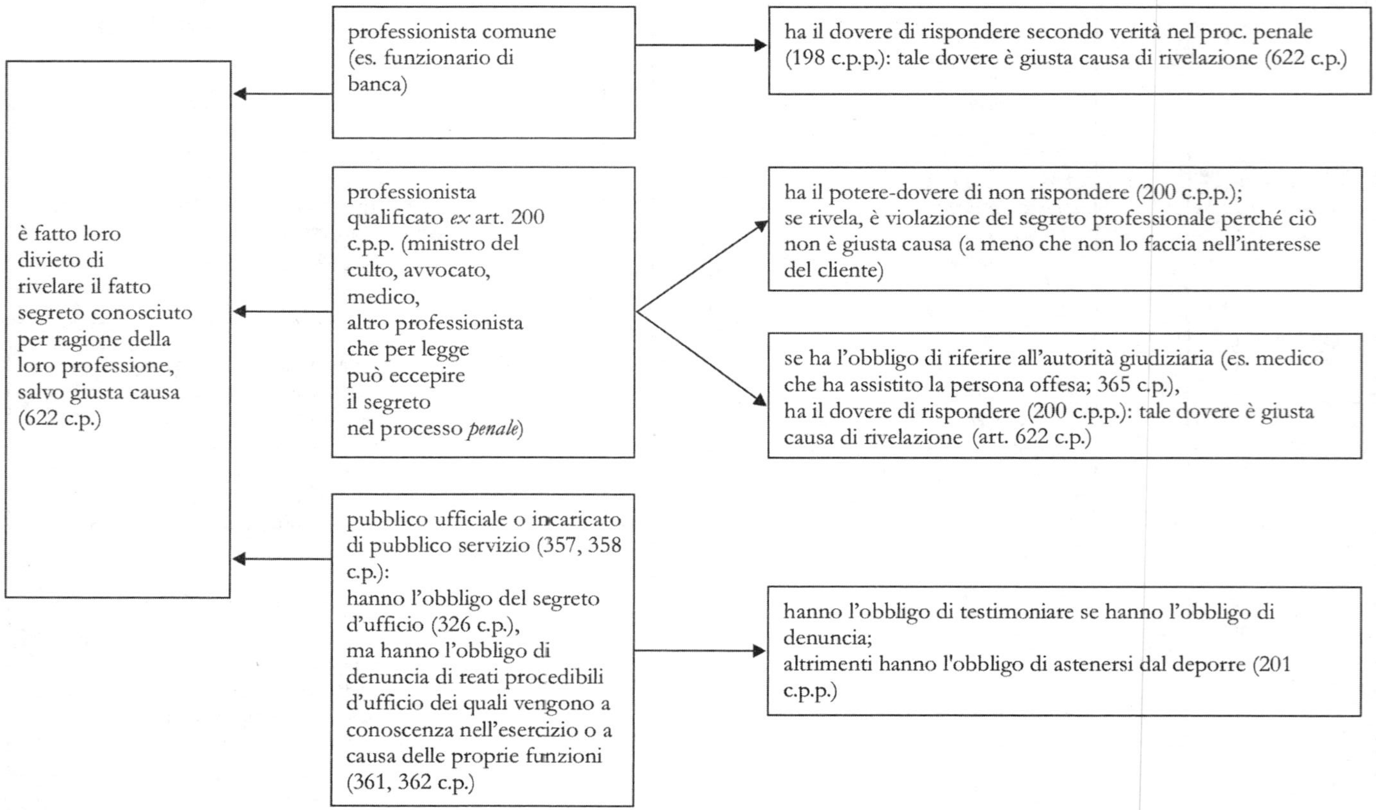

2.4.12. Collaboratore di Giustizia (decreto-legge n. 8 del 1991 e legge n. 45 del 2001)

— il PM conduce le indagini;
— il collaboratore ha l'obbligo di rendere *entro 180 gg.* «tutte le notizie utili alla ricostruzione dei fatti di cui è a conoscenza»: "verbale illustrativo" (art. 16-*quater*, comma 1);
— sono inutilizzabili *contra alios* le dichiarazioni rese a PM e PG dopo 180 gg.

— il giudice accerta i requisiti per l'ammissione ai benefici (art. 9.2):
collaborazione per i delitti mafiosi o assimilati o con finalità di terrorismo o di eversione dell'ordinamento costituzionale.
— il contributo probatorio deve essere attendibile e *nuovo* (altrimenti, *completo* o di *notevole importanza*; 9.3).

— se il collaboratore è in custodia cautelare, il giudice deve accertare che non ci sono collegamenti con l'organizzazione (16-*octies*);
— se "definitivo", deve espiare almeno ¼ della pena o 10 anni se ergastolo.

— spetta all'autorità amministrativa (comitato ministeriale) accertare i requisiti per l'*ammissione* alle misure di protezione:
«grave e attuale pericolo» per effetto della collaborazione

↓

Se il collaboratore tace o dice il falso
perde il diritto alla protezione ed ai benefici (13-*quater*, comma 2)

↓

Se una sentenza definitiva accerta che il collaboratore ha reso dichiarazioni false o reticenti,
inizia la revisione *in peius* (16-*septies*)

2.4.13. Perizia e consulenza tecnica

Perito (220)	*Consulente tecnico delle parti* (230; 233)
il giudice nomina il perito su richiesta di parte (190); eventualmente anche d'ufficio (224.1)	la parte *può* nominare consulenti tecnici, *nella perizia*, in numero non superiore a quello dei periti (225); *fuori della perizia*, in numero non superiore a due per ogni parte (233)
il giudice sceglie il perito *di regola* negli albi (221.1)	la parte sceglie il consulente anche fuori degli albi (*ma per il pubblico ministero si veda 73 att.*)
il perito è incompatibile con il testimone (222.d)	il consulente tecnico è incompatibile con il testimone (225.3; 233.3)
il giudice formula i quesiti e risolve le questioni (226; 228)	(*è un atto di parte*)
la perizia si svolge in contraddittorio (230.2)	(*è un atto di parte*)
il perito ha l'obbligo penale di verità (373 c.p.)	il consulente, quando espone una valutazione, non ha un obbligo di verità penalmente sanzionato
deve formulare un parere orale; eventualmente, su autorizzazione del giudice, una relazione scritta (227)	*può* formulare un parere con memoria scritta (233; 121)
è sentito mediante esame incrociato (501)	è sentito mediante esame incrociato (501)

2.4.14. Distinzione tra documento (art. 234 c.p.p.) e documentazione (art. 134 c.p.p.)

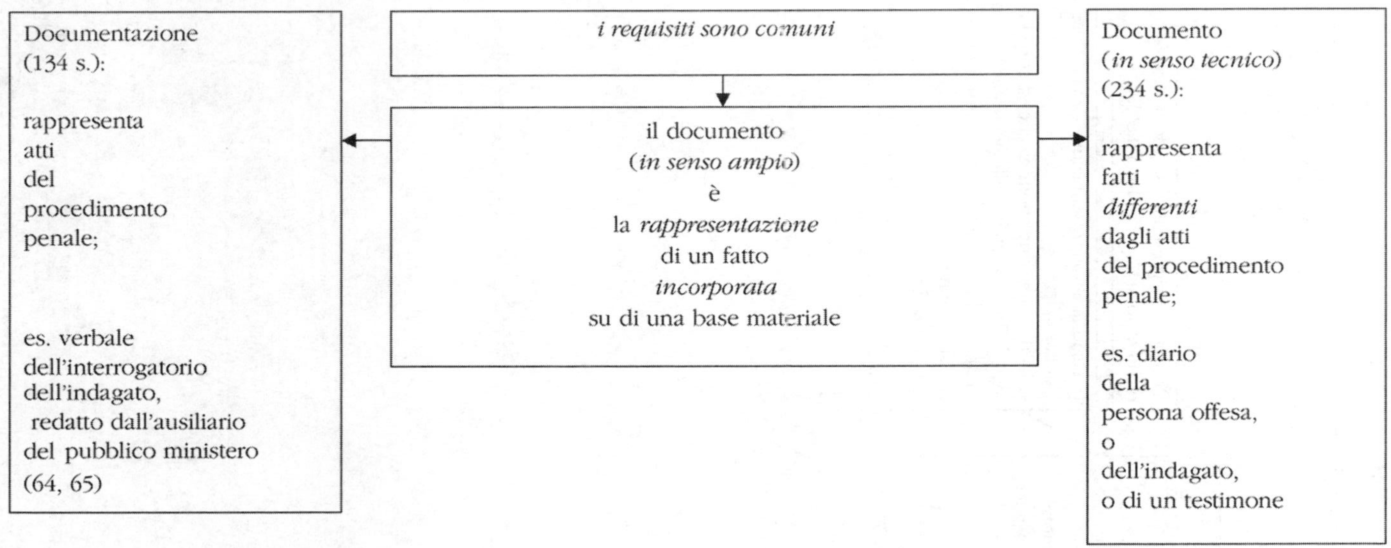

2.4.15. Il documento anonimo

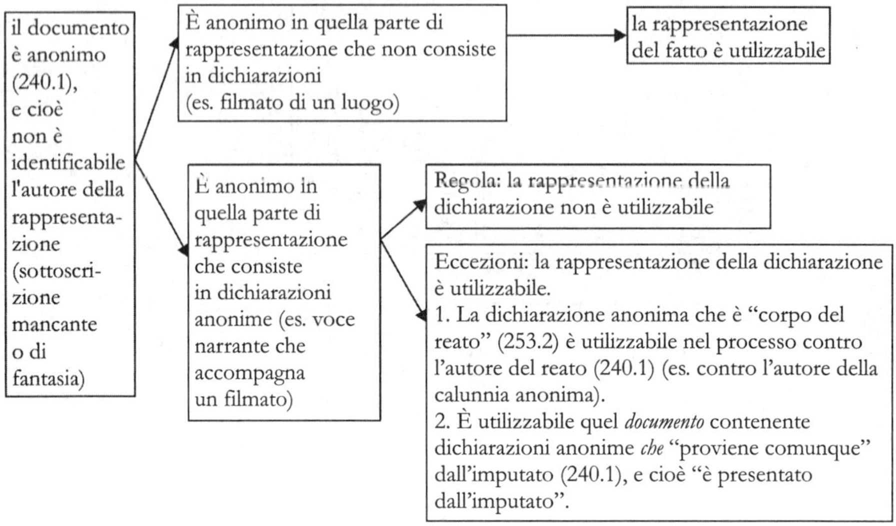

2.4.16. L'uso dibattimentale degli atti di altri procedimenti (art. 238)

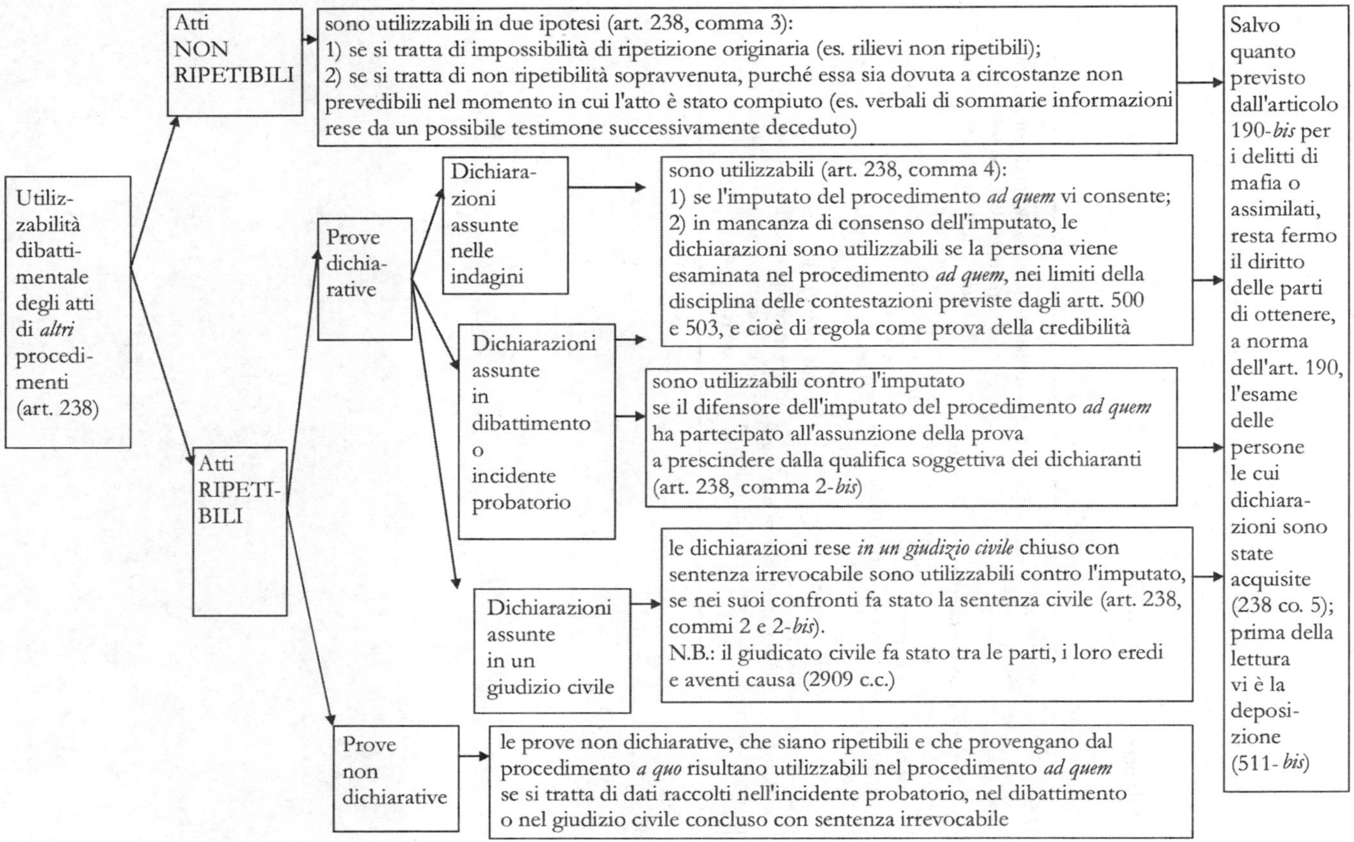

2.4.17. Psicologia della testimonianza e Scuole penalistiche

SCUOLA CLASSICA	SCUOLA POSITIVA
1. La testimonianza è completa;	1. La testimonianza non è completa;
2. Volontarietà della narrazione del vero;	2. Non volontarietà della narrazione;
3. Il testimone è "terzo neutrale"	3. Il testimone non è neutrale
Francesco Carrara, *Programma del Corso di diritto criminale*, Lucca, 1874: «L'esperienza mostra che l'uomo per regola percepisce e narra il vero e solo eccezionalmente si inganna e mente. Codesta regola si avvalora perciò di due presunzioni: 1. presunzione che i sensi non abbiano ingannato il testimone; 2. presunzione di veridicità che assiste ogni uomo, la quale porta a ritenere che egli non voglia ingannare».	– Il testimone ha capacità di percezione limitate: non è in grado di immagazzinare e riferire tutto quello che è davanti ai suoi occhi. – La deposizione è un atto non completamente volontario, poiché è influenzabile dall'inconscio. – Il testimone può dire il falso anche se non ha alcun interesse nel processo; nei momenti fondamentali della testimonianza possono intervenire vari difetti. – Non esistono mai testimonianze neutrali su di un reato.

2.4.18. Dichiarazioni autoincriminanti rese dal testimone

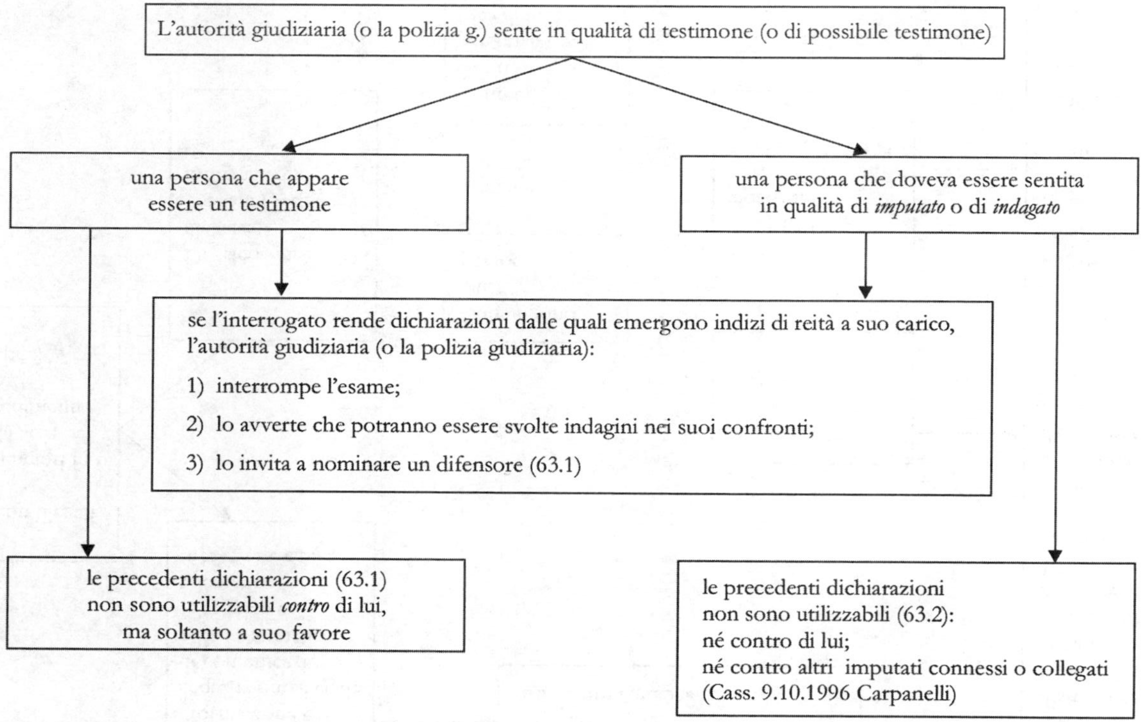

2.4.19. Documenti illegali

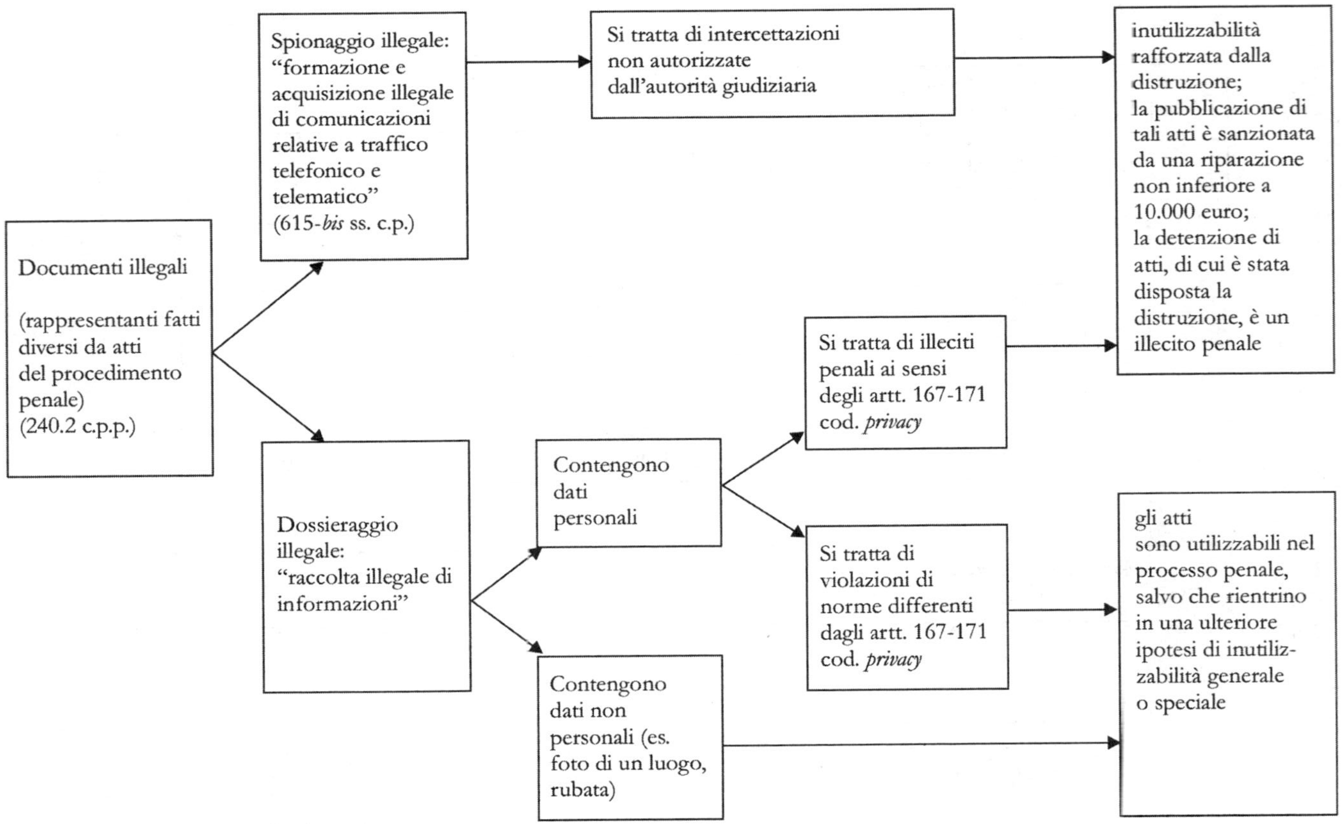

Capitolo V

I MEZZI DI RICERCA DELLA PROVA

Sommario: 2.5.1. Tipi di sequestro. — 2.5.2. Il sequestro probatorio - Questioni sulla legittimità e sul merito. — 2.5.3. Il sequestro probatorio - Questioni sulla necessità di mantenere il sequestro durante le indagini preliminari. — 2.5.4. Le intercettazioni: requisiti. — 2.5.5. Le intercettazioni nei procedimenti iscritti fino al 31 agosto 2020. — 2.5.6. Il captatore informatico nei procedimenti iscritti dopo il 31 agosto 2020. – 2.5.7. Le intercettazioni nei procedimenti iscritti dopo il 31 agosto 2020. — 2.5.8. Ispezioni, perquisizioni e sequestri. — 2.5.9. Videoriprese.

2.5.1. Tipi di sequestro

		Oggetto	*Requisiti*	*Durata*
Mezzo di ricerca della prova	Sequestro probatorio (253); può essere convertito in altre forme di sequestro	Cosa mobile o immobile	Corpo del reato o cose pertinenti al reato	Fino a quando è necessario come prova; comunque fino a sentenza irrevocabile
Misure cautelari	Sequestro preventivo (321); es. una azione di una società, al fine di inibire un'attività	Cosa mobile o immobile o posizioni soggettive il cui uso è necessariamente implicato nell'agire vietato penalmente (104 disp. att.)	1. pericolo che la libera disponibilità di una cosa pertinente al reato possa aggravare o protrarre le conseguenze di esso, o possa agevolare la commissione di altri reati; oppure 2. pericolosità in sé della cosa (confiscabile)	Fino a quando permane la pericolosità; comunque fino alla sentenza di primo grado. Dopo la condanna, permane soltanto se vi è confisca
	Sequestro conservativo (316); es. un saldo di conto corrente	Cosa mobile o immobile e beni materiali e non materiali	Pericolo che si disperdano le garanzie: a) per il pagamento di somme dovute all'erario; b) delle somme dovute per le obbligazioni civili derivanti dal reato	Fino alla offerta di cauzione. Dopo la condanna irrevocabile, si converte in pignoramento

2.5.2. Il sequestro probatorio - Questioni sulla legittimità e sul merito

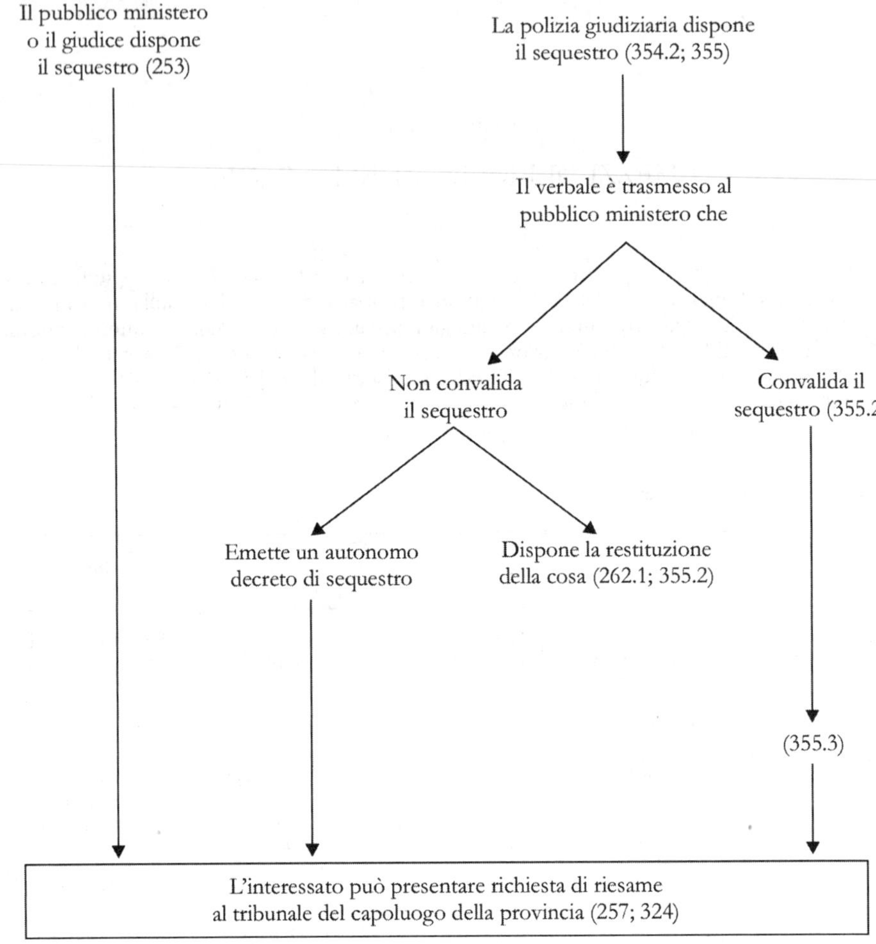

2.5.3. Il sequestro probatorio - Questioni sulla necessità di mantenere il sequestro durante le indagini preliminari

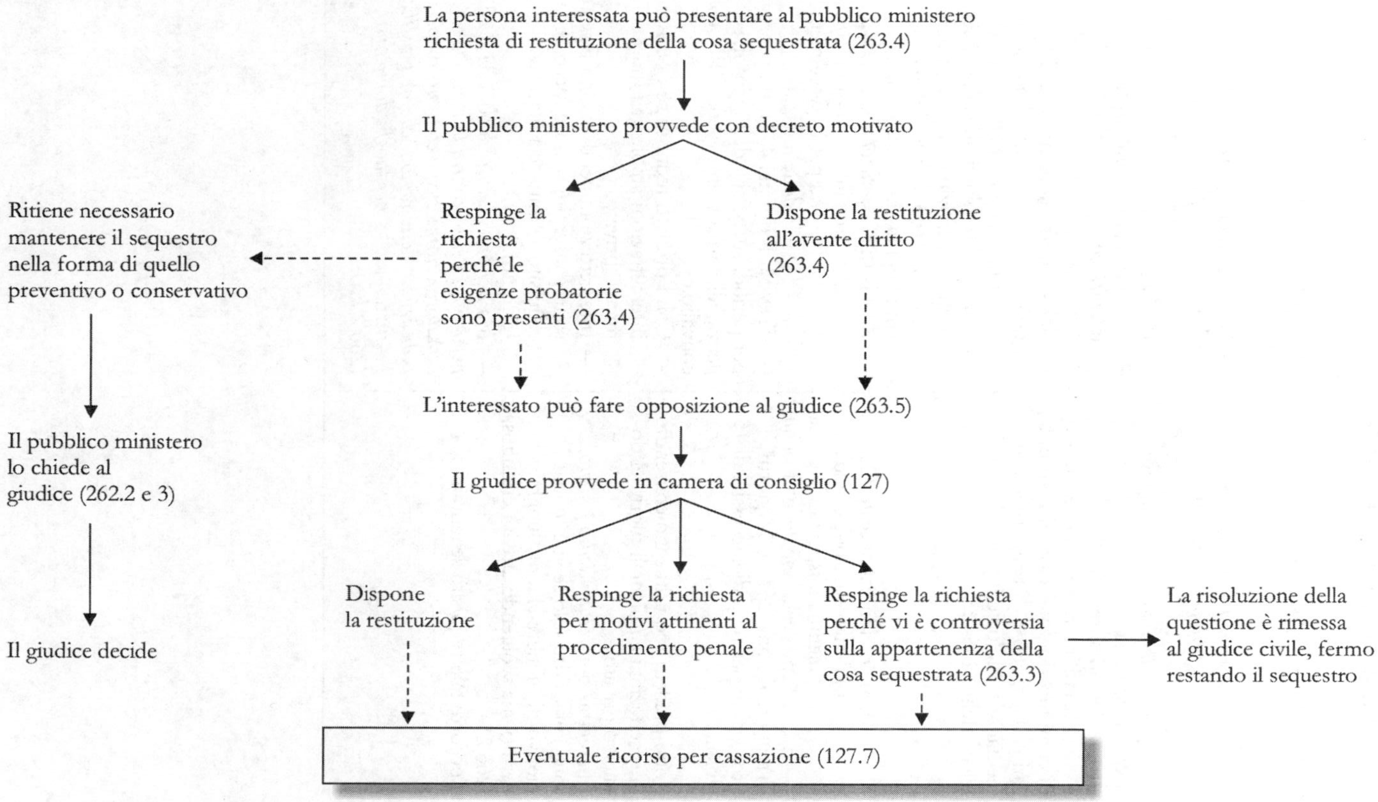

2.5.4. Le intercettazioni: requisiti

Intercettazioni per reati *comuni*:	Intercettazioni per *criminalità organizzata e assimilati*:
REATI INTERCETTABILI: — elenco art. 266; *ma le i. sono ammesse nei proc. iscritti dopo il 31.8.2020 per i delitti commessi con metodo mafioso o per agevolare le associazioni mafiose (lett. f-quinquies).* — ricerca del latitante (art. 295); — è consentita l'intercettazione del flusso di comunicazioni nel caso di reati indicati nell'art. 266 e di reati commessi mediante tecnologie informatiche o telematiche (266-*bis*).	REATI INTERCETTABILI: — "criminalità organizzata" (associazione di più di due persone) o "minaccia col mezzo del telefono" (art. 13 d.l. 1991 n. 152); — terrorismo anche internazionale *ex* art. 407 co. 2 lett. *a*) n. 4 (art. 3 d.l. 2001 n. 374); — delitti contro la libertà individuale (artt. 600-604 c.p.; es. tratta di persone e prostituzione minorile). — delitti dei pubblici ufficiali e incaricati di pubb. servizio contro la pubblica amministrazione, puniti con *almeno* 5 anni nel massimo (l. 2019 n. 9).
— REQUISITI: a) gravi indizi di reato (267.1); b) l'intercettazione è assolutamente indispensabile per la prosecuzione delle indagini.	— REQUISITI: a) *sufficienti* indizi di reato; b) l'intercettazione è *necessaria* per lo svolgimento delle indagini.
— TERMINI di durata (267.3): 15 giorni prorogabili per periodi successivi di 15 giorni.	— TERMINI di durata: *40 giorni* prorogabili per periodi successivi di 20 giorni; se urgenza, alla proroga provvede il PM con convalida.
— Con i predetti requisiti sono consentite intercettazioni ambientali fuori del domicilio privato.	— Con i predetti requisiti sono consentite intercettazioni ambientali fuori del domicilio privato.
— Intercettazioni *nel domicilio privato*: sono consentite solo se vi è fondato motivo di ritenere che nei luoghi predetti si stia svolgendo attività criminosa (266.2) (non occorre tale requisito se latitante)	— Intercettazioni nel domicilio privato: sono consentite sempre (occorre tale requisito se minaccia per mezzo del telefono). — *Ma nei proc. iscritti dopo il 31.8.2020 per i citati delitti contro la P.A. l'uso del captatore informatico è consentito «previa indicazione delle ragioni che ne giustificano l'utilizzo» anche nei luoghi domiciliari (266.2-bis).*

2.5.5. Le intercettazioni nei procedimenti iscritti fino al 31 agosto 2020

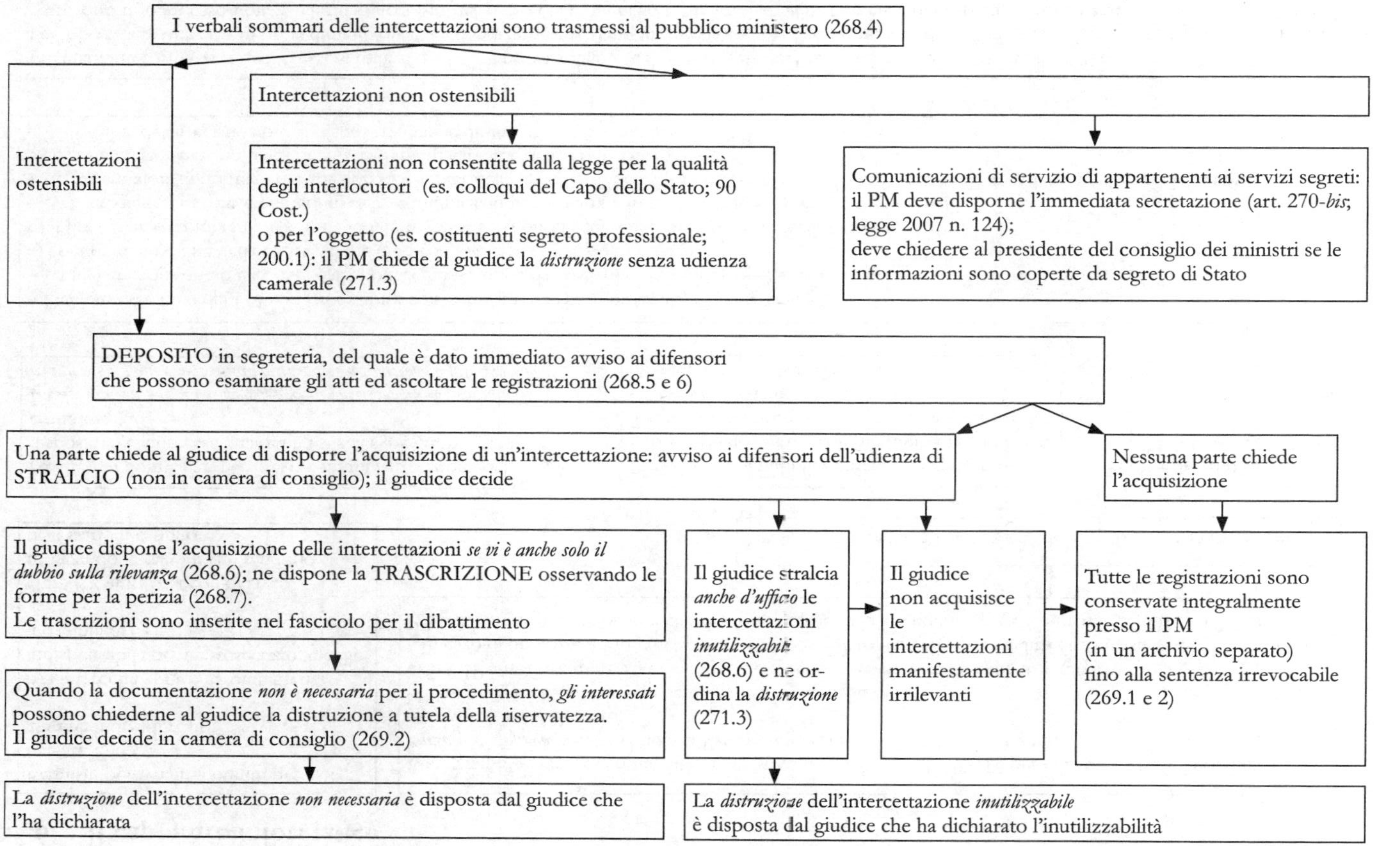

2.5.6. Il captatore informatico

Requisiti per i delitti comuni previsti nell'art. 266:
a) gravi indizi di reato;
b) l'intercettazione è assolutamente indispensabile per la prosecuzione delle indagini (267.1);
c) il GIP autorizza con decreto motivando le ragioni che rendono necessario il captatore (267.1)

↓

Nei luoghi domiciliari per i reati comuni l'attivazione del dispositivo è ammessa qualora ivi si stia svolgendo l'attività criminosa (267.1).
Il GIP indica i luoghi e il tempo, anche indirettamente determinati, in relazione ai quali è consentita l'attivazione del microfono (267.1)

Requisiti per i delitti di criminalità organizzata (art. 13 d.l. 152/1991) e per i delitti dei pubblici ufficiali e *incaricati di pubb. servizio* contro la P.A., puniti con *almeno* 5 anni nel massimo:
a) *sufficienti* indizi di reato;
b) l'intercettazione è *necessaria* per lo svolgimento delle indagini;
c) Il GIP autorizza motivando le ragioni che rendono necessario il captatore (267.1).
- In caso di urgenza, il PM emette decreto (convalidato dal GIP) per i delitti distrettuali e per delitti contro la P.A. cit. (motivando le ragioni che rendono impossibile attendere il provvedimento del GIP; 267.2-*bis*)

↓

Nei luoghi domiciliari l'attivazione del dispositivo è ammessa sempre

↓

Per i delitti dei pubblici ufficiali e incaricati di pubb. servizio contro la P.A., puniti con almeno 5 anni nel massimo occorre la previa indicazione delle ragioni che ne giustificano l'utilizzo anche nei luoghi domiciliari (266.2-*bis*)

Per delitti distrettuali (51.3-*bis* e 3-*quater*) il giudice non deve motivare l'uso in luoghi domiciliari (266.2-*bis*)

↓

– Decreto esecutivo del PM con programmi conformi ai requisiti ministeriali (89 co. 2-*bis* att.).
– La registrazione audio è avviata dalla polizia giudiziaria o da ausiliari di PG (348 co. 4) che sono tenuti ad indicare nel verbale
a) l'ora di inizio e fine della registrazione (268 co. 3-*bis*),
b) il tipo di programma impiegato e i luoghi in cui si svolgono le comunicazioni o conversazioni (89 co. 1 att.).
– Nel verbale è trascritto il contenuto delle comunicazioni intercettate in base ai requisiti e divieti previsti dall'art. 268.
– Le registrazioni sono trasferite solo verso il server della procura (89 co. 2-*ter* att.); se è impossibile, il verbale dà atto delle ragioni tecniche impeditive e della successione cronologica degli accadimenti captati e delle conversazioni intercettate (89 co. 2-*quater* att.).
– Al termine della registrazione il dispositivo viene disattivato e reso inutilizzabile (89 co. 2-*quinquies* att.)

↓

I risultati intercettativi possono essere utilizzati a fini di prova soltanto dei reati oggetto del provvedimento autorizzativo (270 co. 1-*bis*).
Possono essere utilizzati in procedimenti diversi a condizione che siano indispensabili per l'accertamento dei delitti di cui all'art. 380 c.p.p. (270 co. 1-*bis*).
Non sono in ogni caso utilizzabili i dati acquisiti nel corso delle operazioni preliminari all'inserimento del captatore informatico sul dispositivo elettronico portatile e i dati acquisiti al di fuori dei limiti di tempo e di luogo indicati nel decreto autorizzativo (270 co. 1-*bis*)

2.5.7. Le intercettazioni nei procedimenti iscritti dopo il 31 agosto 2020

– La polizia giudiziaria trascrive nel verbale, anche sommariamente, il contenuto delle intercettazioni; non verbalizza le espressioni lesive della reputazione né quelle su dati sensibili, salvo che siano rilevanti per le indagini. Il PM dà indicazioni e vigila (268. 2-*bis*).
– Le intercettazioni sono immediatamente trasmesse al PM e conservate nell'archivio digitale (268.4)

Nel corso delle indagini il PM dispone il deposito di verbali e registrazioni (268.4).
– I difensori delle parti (268.6):
a) sono avvisati che all'interno dell'archivio possono esaminare gli atti ed ascoltare le registrazioni; non possono fare copia.
b) possono indicare le intercettazioni da acquisire;
c) sono avvisati dell'udienza di stralcio almeno 24 ore prima.
– È fatto divieto di pubblicare le intercettazioni anche come sola notizia generica fino a che queste non sono state acquisite dal giudice (114.2-*bis*)

Nell'udienza di stralcio il giudice (268.6):
1) non acquisisce le intercettazioni irrilevanti, né quelle inutilizzabili, né quelle su dati personali particolari di cui non sia dimostrata la rilevanza.
– Le intercettazioni non acquisite sono conservate nell'archivio digitale fino alla sentenza irrevocabile (269); resta il divieto di pubblicazione anche come sola notizia generica (114.2-*bis*).
– I difensori hanno il diritto di accedere all'archivio digitale, ma non possono estrarre copia (arg. *ex* 268.8 e 269.1).
2) acquisisce le comunicazioni rilevanti indicate dalle parti delle quali i difensori hanno diritto di estrarre copia (89-*bis*.4 att.);
– può disporre la trascrizione o rinviarla a dopo il decreto che dispone il giudizio.
– N.B. Delle intercettazioni acquisite può essere pubblicata solo la notizia generica (114.7).
3) con il consenso delle parti, può disporre l'utilizzazione dei verbali trascritti dalla polizia giudiziaria (268.7)

Il PM ottiene dal GIP un ritardo del deposito delle intercettazioni non oltre la chiusura delle indagini (268.5).
– Con l'avviso di conclusione delle indagini il difensore dell'indagato è avvisato che può esaminare gli atti depositati e avere copia delle comunicazioni indicate come rilevanti dal PM (415-*bis*.2-*bis*).
– Il difensore entro 20 gg. può depositare l'elenco delle ulteriori registrazioni ritenute rilevanti e di cui chiede copia al PM.
– Se il PM rigetta l'istanza o se il difensore contesta le valutazioni del PM, il difensore può chiedere al giudice che si proceda con le forme dell'udienza di stralcio

Nell'udienza preliminare, emesso il decreto che dispone il giudizio, al momento della formazione dei fascicoli, il giudice dispone la trascrizione integrale delle registrazioni osservando le forme, i modi e le garanzie previsti per l'espletamento delle perizie (268.7).
– Le trascrizioni sono inserite nel fascicolo per il dibattimento

2.5.8. Ispezioni, perquisizioni e sequestri

Ispezione (244): osserva e descrive persone, luoghi e cose allo scopo di accertare le tracce e gli altri effetti materiali del reato

- Ispezioni diverse da quelle personali (244)
  - sono disposte dal *pubblico ministero* come atto garantito, salvo urgenza, al fine di assicurare la fonte di prova alterabile (364 co. 1 e 3) (364 co. 5: il difensore assiste senza preavviso)
  - sono disposte dalla polizia giudiziaria in caso di urgenza in sede di sopralluogo (354); il difensore dell'indagato ha il diritto di assistere senza preavviso (356)
- Ispezioni personali (245)
  - sono disposte dal pubblico ministero; l'interessato è avvisato che ha diritto di farsi assistere da persona di fiducia, purché prontamente reperibile (245)
  - la polizia giudiziaria non può procedere a ispezione personale (354.3)

Perquisizioni (247): ricercano una cosa da assicurare al procedimento mediante sequestro o una persona da arrestare

- sono disposte dal pubblico ministero come atto a sorpresa, con facoltà del difensore dell'indagato di assistere senza preavviso (365)
- sono disposte dalla polizia giudiziaria in caso di flagranza o di evasione (352); il difensore dell'indagato ha il diritto di assistere senza preavviso (356); la polizia giudiziaria deve trasmettere il verbale al pubblico ministero per la convalida

Sequestro probatorio (253): assicura una cosa mobile o immobile al procedimento per finalità probatorie mediante lo spossessamento coattivo della cosa e la creazione di un vincolo di indisponibilità sulla medesima

- è disposto dal pubblico ministero come atto a sorpresa, con facoltà del difensore dell'indagato di assistere senza preavviso (365)
- è disposto dalla polizia giudiziaria in caso di urgenza (354.2); il difensore dell'indagato ha il diritto di assistere senza preavviso (356); la polizia giudiziaria deve trasmettere il verbale al pubblico ministero per la convalida (355)

2.5.9. Videoriprese

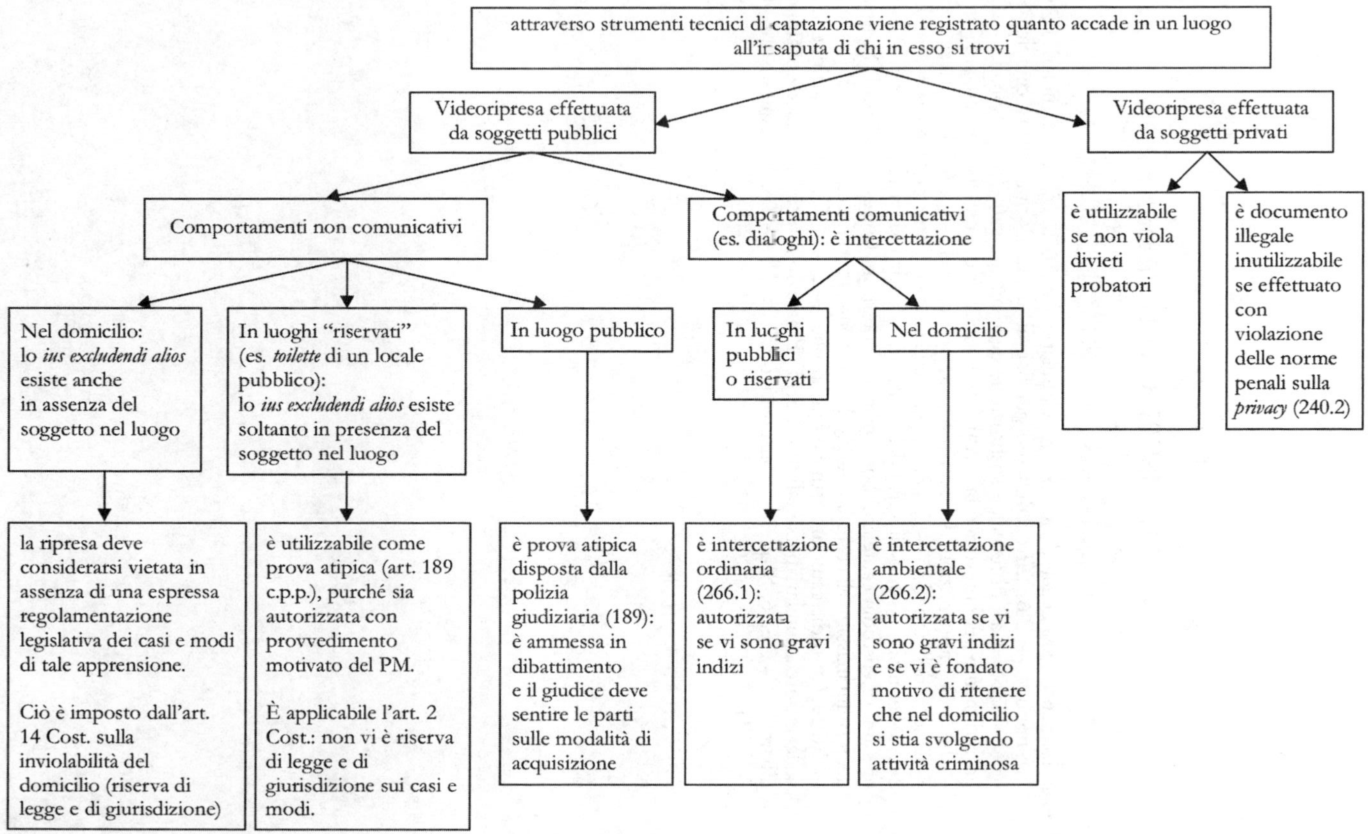

Capitolo VI

LE MISURE CAUTELARI

2.6.1. Tipologia delle misure cautelari

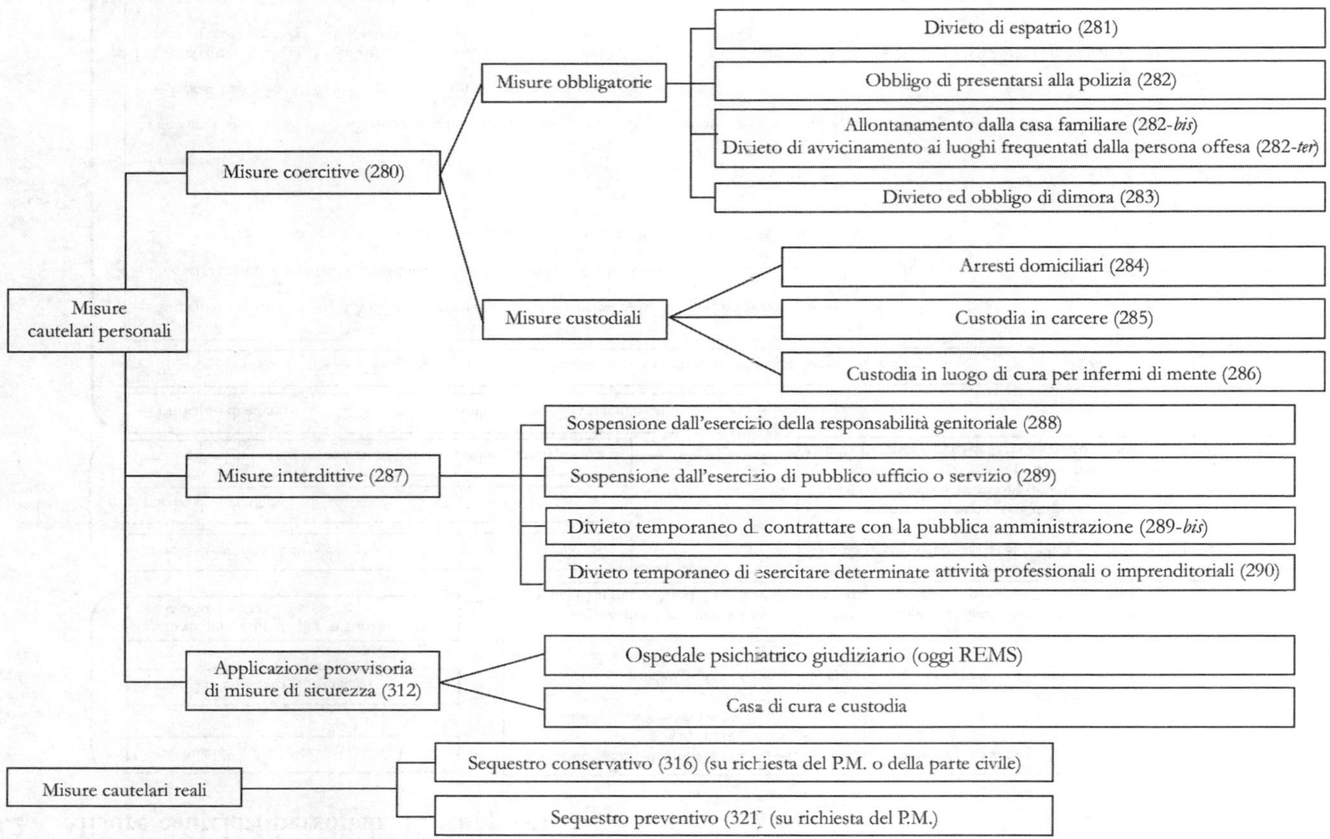

2.6.2. Misure cautelari personali. Presupposti

Condizioni generali di applicabilità (273)

- Gravi indizi di colpevolezza (comma 1)
- Punibilità in concreto (comma 2)
- Limiti di pena edittale per misure applicate per la prima volta →
  - — *prima categoria*: delitti punibili nel massimo con la reclusione fino a 3 anni; non è applicabile alcuna misura coercitiva *né interdittiva*; *sono applicabili soltanto misure cautelari reali.*
  - — *seconda categoria*: delitti punibili nel massimo con la reclusione superiore a 3 anni, ma inferiore a 5; sono applicabili misure coercitive *diverse dalla custodia in carcere.*
  - — *terza categoria*: delitti punibili nel massimo con la reclusione di almeno 5 anni o con l'ergastolo: è possibile l'applicazione della *custodia in carcere*, oltre che delle altre misure

Esigenze cautelari (274)

- Pericolo di inquinamento della prova (lett. *a*)
- Pericolo di fuga (lett. *b*)
- Pericolo che l'imputato commetta determinati delitti (lett. *c*) →
  - Vi è un ulteriore limite, che si applica al *pericolo di commissione di delitti della stessa specie* di quello addebitato:
  - — *l'arresto domiciliare* può essere disposto soltanto quando per tali delitti è prevista la pena della reclusione di almeno 4 anni nel massimo.
  - — *la custodia cautelare in carcere* può essere disposta soltanto quando per tali delitti è prevista la pena della reclusione di almeno 5 anni nel massimo.

Criteri di scelta delle misure (275)

- — Principio di adeguatezza (275.1: indispensabili rispetto alle esigenze cautelari)
- — Principio di proporzionalità (275.2: rispetto alla gravità del reato e della sanzione che potrà essere applicata)
- — Principio di GRADUALITÀ (275.3): carcerazione quale *extrema ratio*, con i seguenti *rafforzamenti*:

  1) le altre misure coercitive o interdittive possono essere applicate *cumulativamente*, al fine di escludere il carcere (c. 3).

  2) se carcerazione, occorre spiegare *perché non è idonea* l'arresto domiciliare con braccialetto (c. 3-*bis*).

  — *Eccezioni*:

  A. Presunzione ASSOLUTA di adeguatezza della carcerazione per i delitti di associazione mafiosa, terroristica e sovversiva (270, 270-*bis* e 416-*bis* c.p.):

  — è possibile soltanto dare la prova che non sussiste *alcuna* esigenza cautelare.

  B. Presunzione RELATIVA di adeguatezza della carcerazione per i delitti previsti dagli artt. 51, co. 3-*bis* e 3-*quater* c.p.p., 575, 600-*bis*, co. 1, 600-*ter*, 600-*quinquies* e, se non attenuati, 609-*bis*, 609-*quater* e 609-*octies* c.p.:

  — la presunzione può essere superata quando vi è la prova che le esigenze cautelari, pur esistenti, risultano attenuate e possono essere soddisfatte con altre misure cautelari, anche se applicate cumulativamente

2.6.3. Procedimento per l'applicazione di una misura cautelare personale

Il pubblico ministero chiede al giudice una misura cautelare e presenta:
A) Gli elementi a carico (sui quali la misura si fonda)
B) *Gli elementi a favore (tutti)* (291.1)

↓

Il giudice per le indagini preliminari decide in segreto con ordinanza

↙ ↘

Dispone *la* misura cautelare richiesta *(o altra meno grave)* con *ampia motivazione* (292)

Non applica alcuna misura

↓

Il P.M. ordina l'esecuzione; *non può interrogare l'indagato in custodia prima che vi proceda il giudice* (294.6)

↓

La polizia esegue la misura e consegna all'indagato copia del provvedimento.

Se è disposta la custodia cautelare, la polizia consegna all'indagato, unitamente al provvedimento, una comunicazione scritta in cui lo informa in una lingua a lui comprensibile (293.1):
a) della facoltà di nominare un difensore e di essere ammesso al patrocinio a spese dello Stato nei casi previsti;
b) del diritto di ottenere informazioni in merito all'accusa;
c) del diritto all'interprete e alla traduzione di atti fondamentali;
d) del diritto di avvalersi della facoltà di non rispondere;
e) del diritto di accedere agli atti sui quali si fonda il provvedimento;
f) del diritto di informare le autorità consolari e di dare avviso ai familiari;
g) del diritto di accedere all'assistenza medica di urgenza;
h) del diritto di essere condotto davanti all'autorità giudiziaria non oltre cinque giorni dall'inizio dell'esecuzione, se la misura applicata è quella della custodia cautelare in carcere ovvero non oltre dieci giorni se la persona è sottoposta ad altra misura cautelare;
i) del diritto di comparire dinanzi al giudice per rendere l'interrogatorio, di impugnare l'ordinanza che dispone la misura cautelare e di richiederne la sostituzione o la revoca.
L'ufficiale o l'agente incaricato di eseguire l'ordinanza informa immediatamente il difensore di fiducia eventualmente nominato o quello di ufficio designato a norma dell'articolo 97; redige verbale di tutte le operazioni compiute; trasmette il verbale al giudice e al pubblico ministero

↓

Il G.I.P. interroga l'indagato (interrogatorio di garanzia);
P.M. e difensore sono preavvisati; il difensore ha l'obbligo di essere presente (294.4)

↓

Il G.I.P. valuta se permangono le condizioni e le esigenze cautelari (294.3)

In corsivo la *legge 8 agosto 1995, n. 332*;
in neretto il d.lgs. 1° luglio 2014, n. 101

2.6.4. Casi di revoca e sostituzione delle misure cautelari personali

Revoca
della
misura cautelare
(299 co. 1)

→ quando vengono meno
le condizioni di applicabilità;
es. gli indizi non sono più gravi oppure il reato è estinto (273)

→ quando vengono meno
tutte le esigenze cautelari
(274, nei limiti dell'art. 275 co. 3)

Sostituzione
della
misura cautelare
in melius
o cumulo
(299 co. 2)

→ quando le esigenze cautelari
sono attenuate
ed una misura meno grave
è adeguata
o è comunque proporzionata
alla gravità della pena
da irrogare in concreto
(nei limiti dell'art. 275 co. 3)

→ – Il giudice deve sentire il PM
e deve assumere l'interrogatorio
dell'indagato che
ne ha fatto richiesta (299 co. 3-*ter*).

– Nei procedimenti per delitti
commessi con *violenza alla persona*
la richiesta di revoca
o di sostituzione *in melius*
di determinati provvedimenti cautelari,
e *comunque* il provvedimento
del giudice
che accolga la richiesta,
devono essere
comunicati al difensore
della persona offesa o,
in mancanza di questo, alla
persona offesa (299 co. 2-*bis* e 3);
– Alla persona offesa
che ne abbia fatto richiesta
devono essere comunicati
la scarcerazione e l'evasione
(90-*ter*).
(N.B.: così sono sintetizzate disposizioni che contengono regole molto varie)

Sostituzione della
misura cautelare
in peius
o cumulo
(299 co. 4)

→ quando le esigenze cautelari
risultano aggravate (299 co. 4)
o quando
sono state trasgredite
le prescrizioni inerenti
ad una misura cautelare (276)

→ Il giudice dispone la sostituzione
soltanto su richiesta del PM
e senza previo contraddittorio

2.6.5. Il procedimento per la revoca o la sostituzione *in melius* di una misura cautelare personale

Il giudice può provvedere di ufficio alla revoca o alla sostituzione *in melius* della misura cautelare personale
— quando assume l'interrogatorio della persona in stato di custodia cautelare
— o quando è richiesto della proroga del termine per le indagini preliminari o dell'assunzione di incidente probatorio
— o quando procede all'udienza preliminare o al giudizio (co. 3)

L'imputato e il pubblico ministero chiedono al giudice la revoca o la sostituzione *in melius* della misura cautelare personale (299 co. 3)

La richiesta di revoca o di sostituzione della misura è stata presentata in sede di interrogatorio di garanzia o in udienza preliminare o in giudizio

Se la richiesta di revoca o di sostituzione è presentata fuori dell'interrogatorio di garanzia o dell'udienza preliminare o del giudizio e concerne una delle misure previste dagli articoli 282-*bis* (allontanamento dalla casa), 282-*ter* (divieto di avvicinamento), 283 (obblighi di dimora), 284 (arresto domiciliare), 285 e 286 (custodia in carcere o in luogo di cura), che siano state applicate nei procedimenti per delitti commessi con violenza alla persona, la parte richiedente deve notificare tale richiesta, contestualmente ed a pena di inammissibilità, al difensore della persona offesa o, in mancanza di questo, alla persona offesa (salvo che in quest'ultimo caso essa non abbia provveduto a dichiarare o eleggere domicilio).
Il difensore e la persona offesa possono, nei due giorni successivi alla notifica, presentare memorie ai sensi dell'articolo 121.
Decorso il predetto termine il giudice procede (co. 3 e 4-*bis*)

Il giudice, prima di emettere un provvedimento, deve sentire il pubblico ministero (co. 3-*bis*).
Se nei due giorni successivi il PM non esprime il proprio parere, il giudice procede

Se l'imputato si sottopone ad un programma di prevenzione della violenza, il responsabile del servizio lo comunica al PM e al giudice (282-*quater*) ai fini della valutazione sulla sostituzione

Il giudice può assumere l'interrogatorio dell'indagato.
Se l'istanza di revoca o di sostituzione è basata su elementi nuovi o diversi rispetto a quelli già valutati, il giudice deve assumere l'interrogatorio dell'indagato che ne ha fatto richiesta (co. 3-*ter*); quindi, provvede con ordinanza:

non revoca né sostituisce *in melius*

revoca o sostituisce *in melius* la misura cautelare personale (299 co. 1 e 2)

I provvedimenti (di revoca o sostituzione), relativi alle misure previste dagli articoli 282-*bis*, 282-*ter*, 283, 284, 285 e 286, applicate nei procedimenti aventi ad oggetto delitti commessi con violenza alla persona, devono essere immediatamente comunicati, a cura della polizia giudiziaria, ai servizi socio-assistenziali e al difensore della persona offesa o, in mancanza di questo, alla persona offesa (co. 2-*bis*)

Nei procedimenti per delitti commessi con violenza alla persona (salvo che risulti il pericolo concreto di un danno per l'autore del reato) sono immediatamente comunicati alla persona offesa, che ne faccia richiesta, ulteriori avvisi che hanno ad oggetto i provvedimenti o i fatti seguenti (90-*ter*):
a) i provvedimenti di scarcerazione e di cessazione della misura di sicurezza detentiva;
b) l'evasione dell'imputato in stato di custodia cautelare o del condannato;
c) la volontaria sottrazione dell'internato all'esecuzione della misura di sicurezza detentiva

2.6.6. Le impugnazioni delle misure cautelari personali

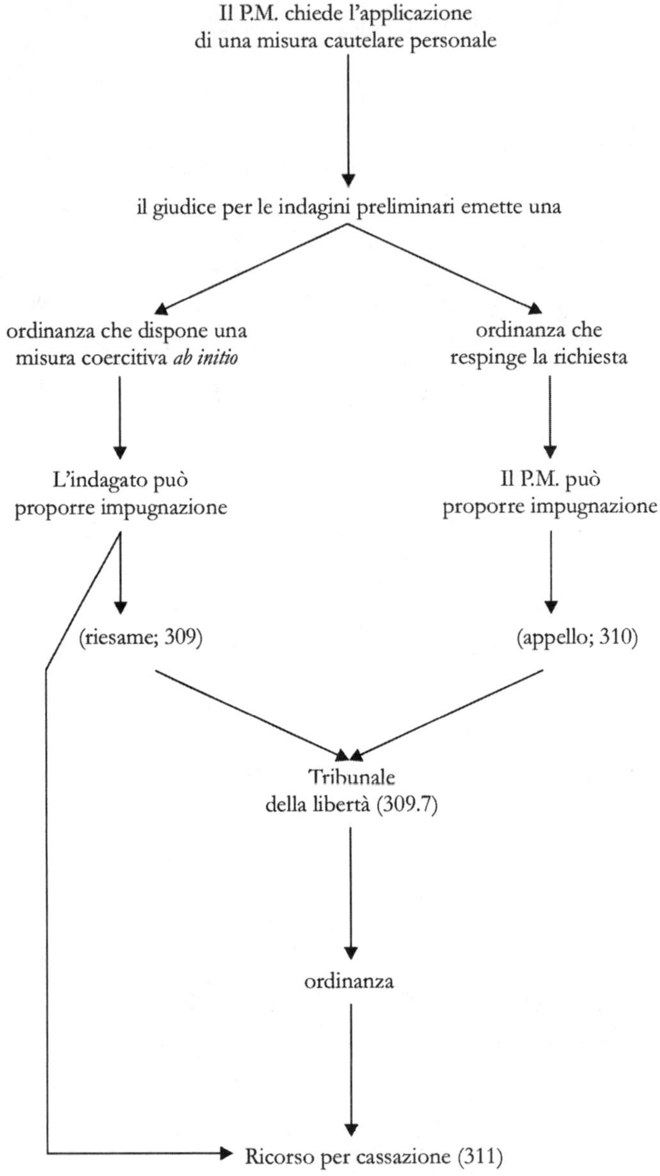

2.6.7. Quadro sinottico del riesame e dell'appello

RIESAME (309)	*APPELLO* (310)
Competenza funzionale: tribunale del capoluogo del distretto di corte d'appello nel cui ambito ha sede il giudice che ha emesso la misura	
Oggetto: le misure *coercitive* applicate *ab initio* (309.1; 313.3)	Tutte le altre ordinanze in materia di misure cautelari personali (310)
Termine per la presentazione: 10 giorni	*Idem*
Soggetti legittimati: imputato e difensore	Soggetti legittimati: PM, imputato e difensore
Richiesta anche non motivata (impugnazione completamente devolutiva)	Impugnazione motivata(l'impugnazione è limitatamente devolutiva)
Il pubblico ministero trasmette entro 5 giorni gli atti presentati al giudice e tutti gli elementi sopravvenuti a favore dell'indagato (309.5)	L'autorità procedente trasmette gli atti
L'imputato, entro due giorni dalla notificazione dell'avviso di udienza, può chiedere per giustificati motivi il differimento della data dell'udienza da un minimo di 5 ad un massimo di 10 giorni (309.9-*bis*)	Nessun differimento
Il tribunale può (309.9): 1) *dichiarare inammissibile* la richiesta di riesame; 2) *riformare* il provvedimento impugnato in senso favorevole all'imputato « anche per motivi diversi da quelli enunciati »; 3) *confermare* il provvedimento impugnato « per ragioni diverse da quelle indicate nella motivazione del provvedimento stesso »; 4) *annullare* il provvedimento impugnato quando l'ordinanza è carente di uno degli elementi essenziali indicati a pena di nullità dall'art. 292, o quando « la motivazione manca », o quando « non contiene l'autonoma valutazione, a norma dell'articolo 292, delle esigenze cautelari, degli indizi e degli elementi forniti dalla difesa »	Il tribunale è vincolato ai punti enunciati dai motivi dell'appello
Decisione entro 10 giorni dalla ricezione degli atti; deposito dell'ordinanza motivata entro 30 giorni dalla decisione (fino a 45 giorni se particolarmente complessa); termini perentori (309.10)	Decisione entro 20 giorni dalla ricezione degli atti; deposito dell'ordinanza motivata entro 30 giorni dalla decisione (fino a 45 giorni se particolarmente complessa); termini ordinatori (310.2)
L'inosservanza dei termini per la trasmissione e la decisione rende inefficace la misura. Essa non può essere rinnovata, salve eccezionali esigenze cautelari specificamente motivate (309.10)	

2.6.8. La immediata esecutività delle misure cautelari

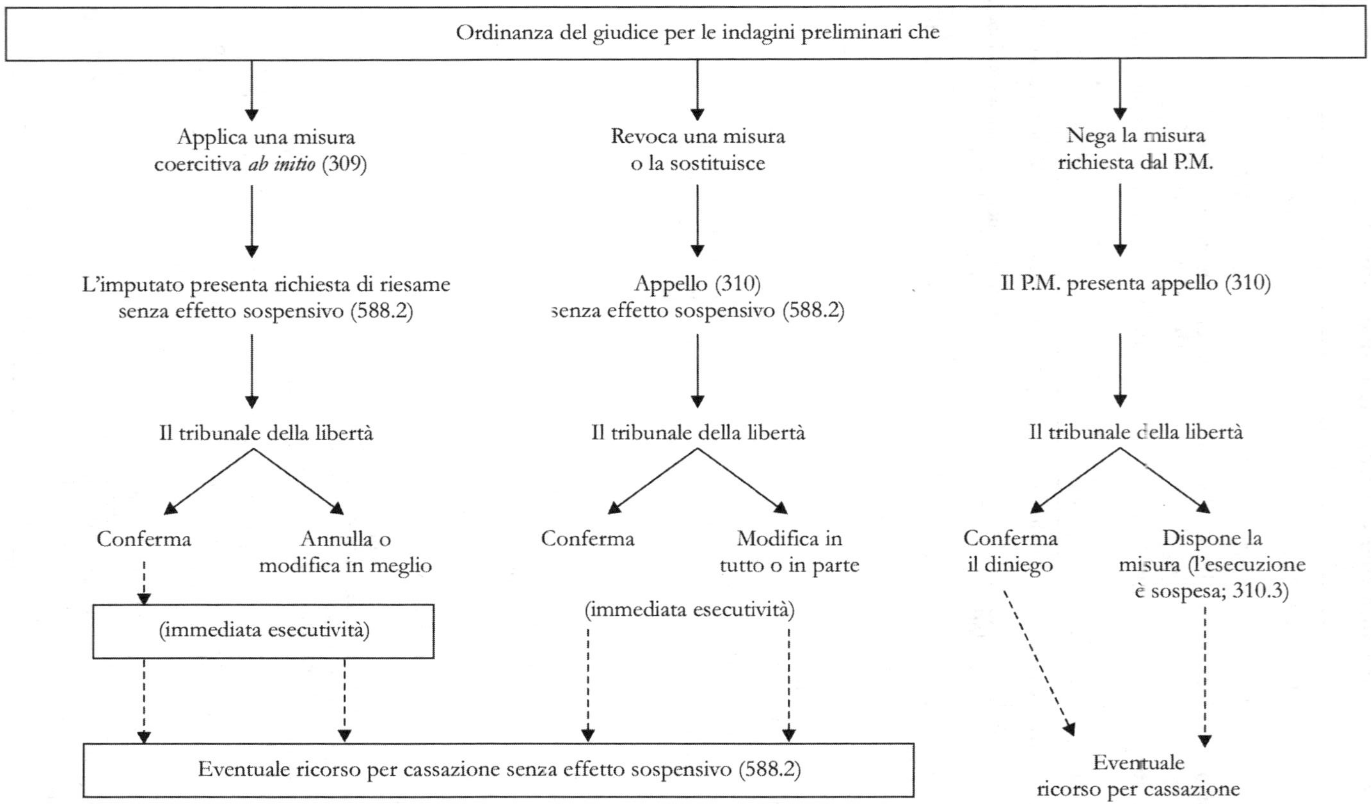

2.6.9. Termini massimi di custodia cautelare (quadro sinottico)

<table>
<tr><th>Pena prevista nel massimo in astratto per il reato contestato</th><th>Indagini (fino al decreto che dispone il giudizio)</th><th>Primo grado</th><th>Pena in concreto irrogata</th><th>Appello</th><th>Cassazione</th><th>Termine complessivo</th></tr>
<tr><td rowspan="2">Fino a 6 anni</td><td rowspan="2">3 mesi</td><td>Rito ordinario 6 mesi</td><td rowspan="2">Fino a 3 anni</td><td rowspan="2">9 mesi</td><td rowspan="2">9 mesi</td><td rowspan="2">2 anni</td></tr>
<tr><td>Rito abbreviato 3 mesi</td></tr>
<tr><td rowspan="2">Fino a 20 anni</td><td rowspan="2">6 mesi</td><td>Rito ordinario 1 anno</td><td rowspan="2">Fino a 10 anni</td><td rowspan="2">1 anno</td><td rowspan="2">1 anno</td><td rowspan="2">4 anni</td></tr>
<tr><td>Rito abbreviato 6 mesi</td></tr>
<tr><td rowspan="2">Superiore a 20 anni</td><td rowspan="2">1 anno</td><td>Rito ordinario 1 anno e 6 mesi</td><td rowspan="2">Superiore a 10 anni</td><td rowspan="2">1 anno e 6 mesi</td><td rowspan="2">1 anno e 6 mesi</td><td rowspan="2">6 anni</td></tr>
<tr><td>Rito abbreviato 9 mesi</td></tr>
<tr><td></td><td>Termine prorogabile dal giudice fino alla metà (art. 305.2)</td><td colspan="3"></td><td>Condanna sia in primo sia in secondo grado o se impugnazione solo del P.M.: si applica solo il termine complessivo</td><td>In caso di sospensione dei termini, non si possono superare della metà i termini suindicati, o comunque i 2/3 della pena massima prevista per il reato contestato</td></tr>
<tr><td></td><td colspan="5">In caso di sospensione dei termini, non si può comunque mai superare il doppio dei termini indicati (art. 304.6). In caso di annullamento con rinvio o comunque di regressione del procedimento, i termini previsti per le singole fasi decorrono nuovamente (art. 303.2). Si applicano comunque i termini intermedi finali previsti dall'art. 304.6 e a tal fine si computano anche i periodi di custodia cautelare sofferti in fasi o in gradi diversi dalla fase o dal grado in cui il procedimento è regredito (C. cost., n. 299/2005).</td><td></td></tr>
</table>

2.6.10. Termini massimi di custodia cautelare. Sospensione dei termini (sintesi)

Termini massimi di custodia cautelare per i delitti più gravi (almeno 20 anni nel massimo)					
Fase (o grado)	Termini intermedi (o di fase) (303, comma 1)	Termini intermedi finali (se vi è *sospensione*): non possono superare il doppio dei termini intermedi (304, comma 6)	Termine complessivo (303, comma 4)	Termine complessivo finale (se vi è *sospensione*): non può superare il termine complessivo aumentato della metà (304, comma 6)	Termine sussidiario (se è disposta *sospensione* ed è più favorevole che altri termini finali) (304, comma 6)
Indagini preliminari e udienza preliminare	1 anno (1 anno e 6 mesi in caso di proroga)	2 anni	6 anni	9 anni	Non può superare i 2/3 del massimo della pena temporanea per il reato contestato o ritenuto in sentenza.
Dibattimento	1 anno e 6 mesi (eventuale *supplemento* fino a 2 anni per reati *ex* 407.2, *a)*	3 anni			
Giudizio abbreviato	9 mesi	1 anno e 6 mesi			
Appello	1 anno e 6 mesi	3 anni			
Cassazione	1 anno e 6 mesi (possono essere ridotti fino a 1 anno se in primo grado è stato disposto il *supplemento* per reati 407.2, *a)*	3 anni			

2.6.11. Sospensione dei termini massimi di custodia

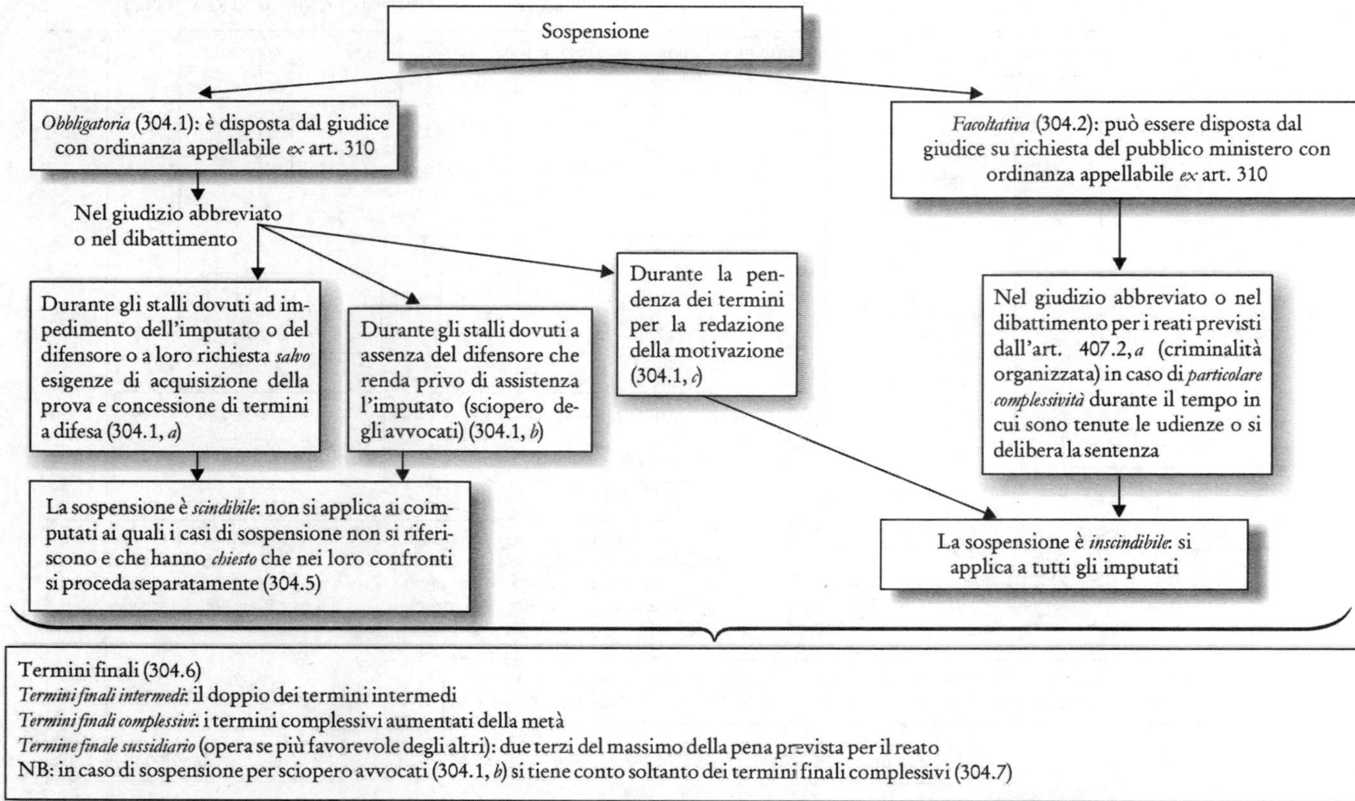

2.6.12. Le contestazioni a catena (art. 297, comma 3)

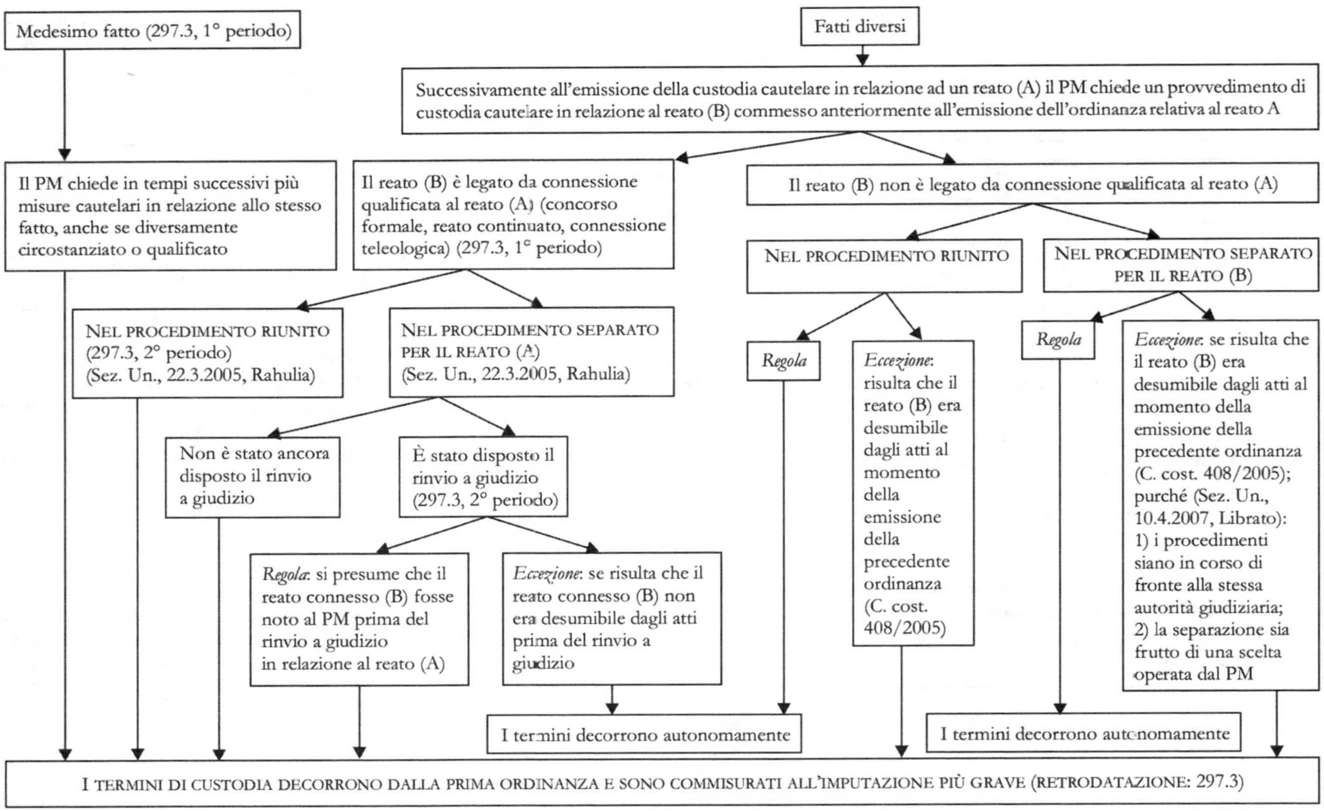

2.6.13. Custodia cautelare errata e riparazione

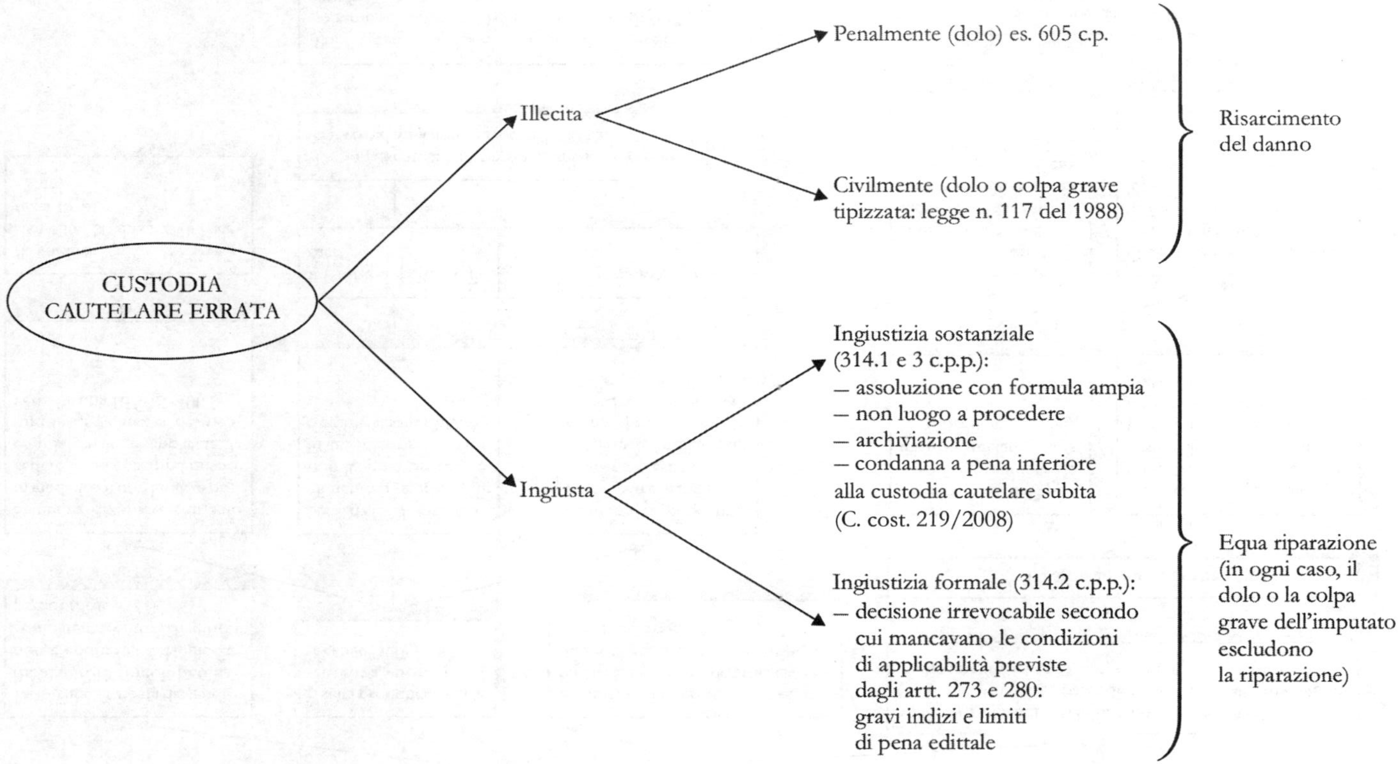

2.6.14. Cause di estinzione di diritto delle misure cautelari personali

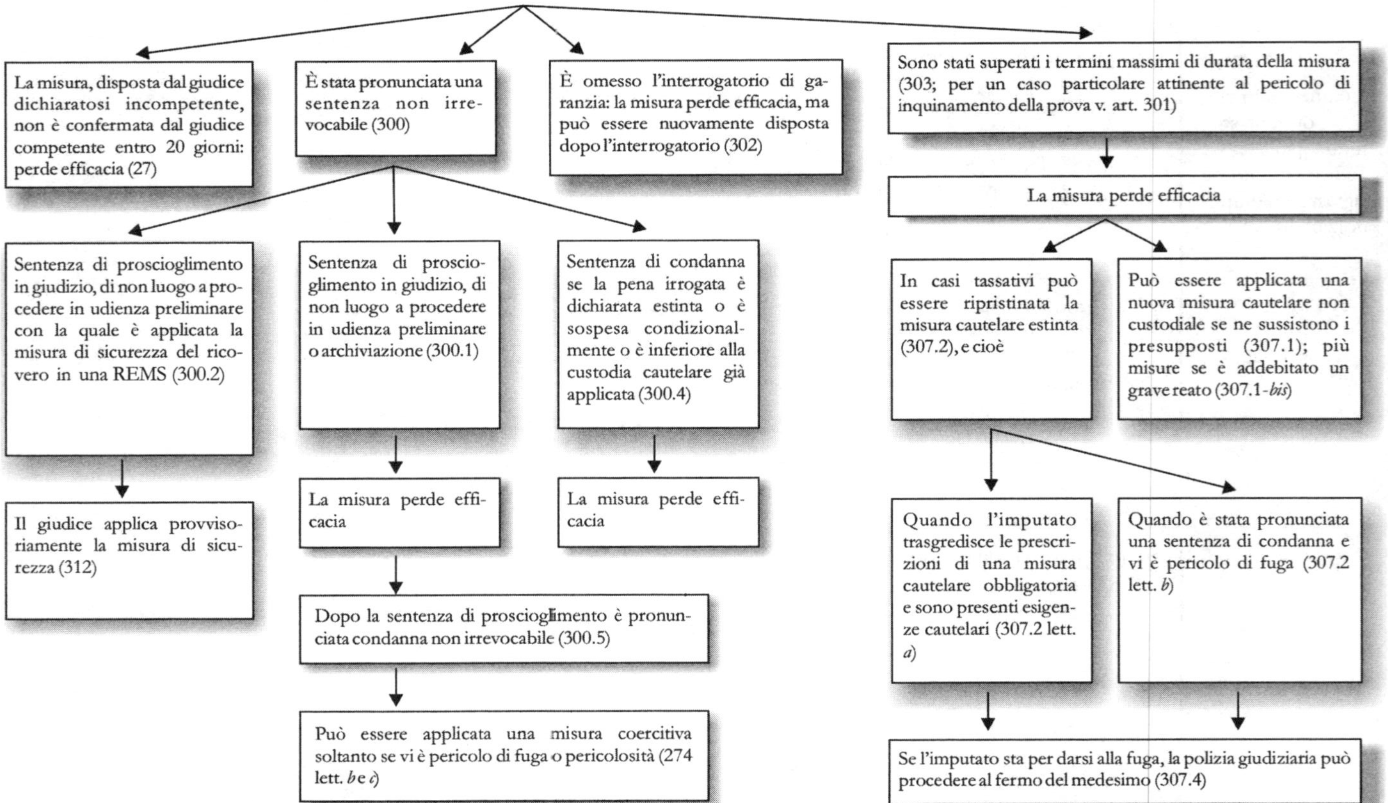

2.6.15. Riparazione per ingiusta detenzione: fase dinamica

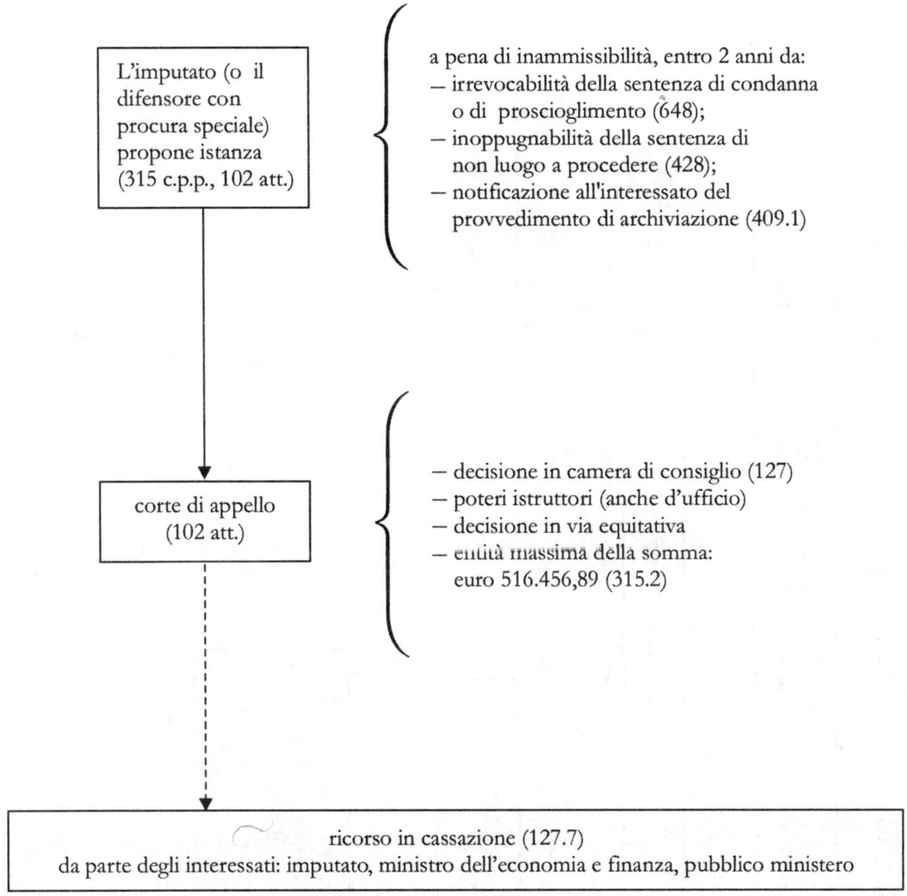

2.6.16. Sequestro conservativo (art. 316)

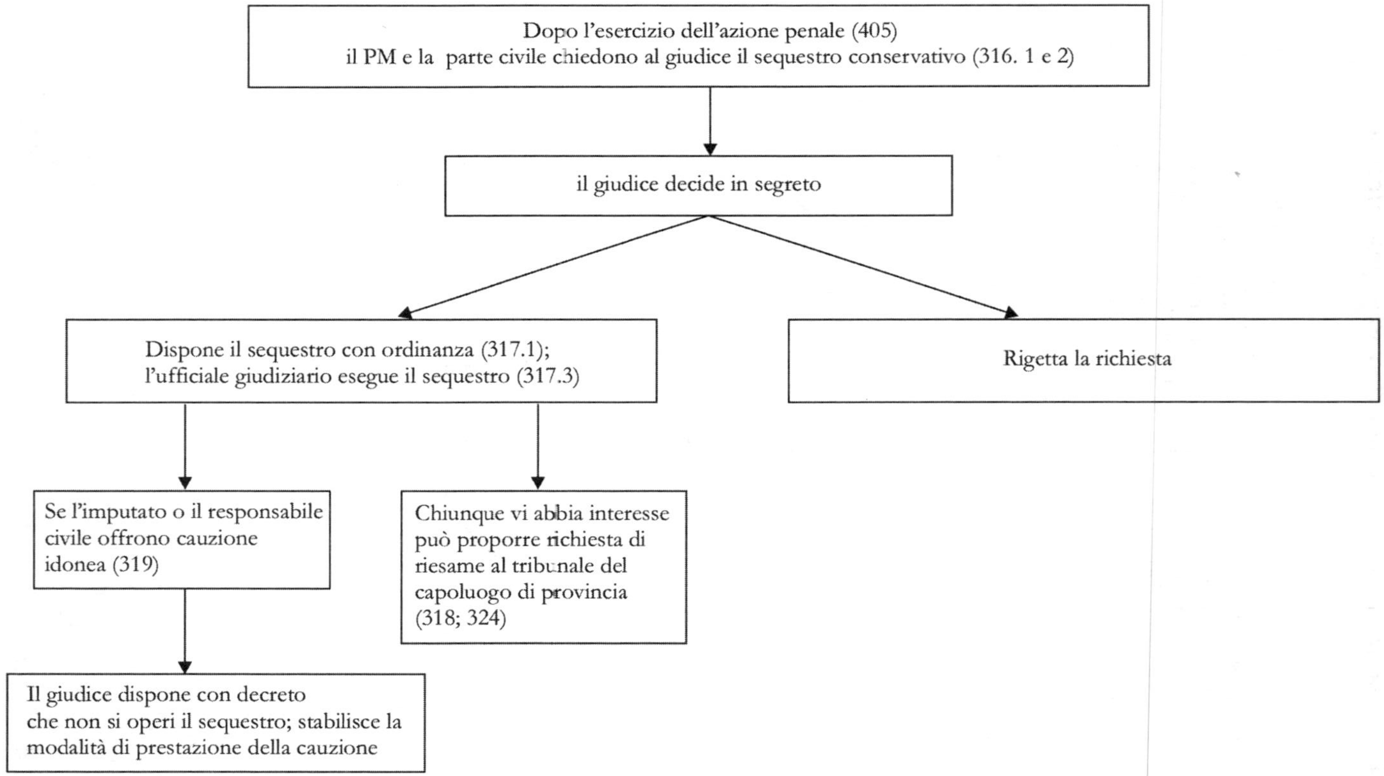

2.6.17. Sequestro preventivo (art. 321)

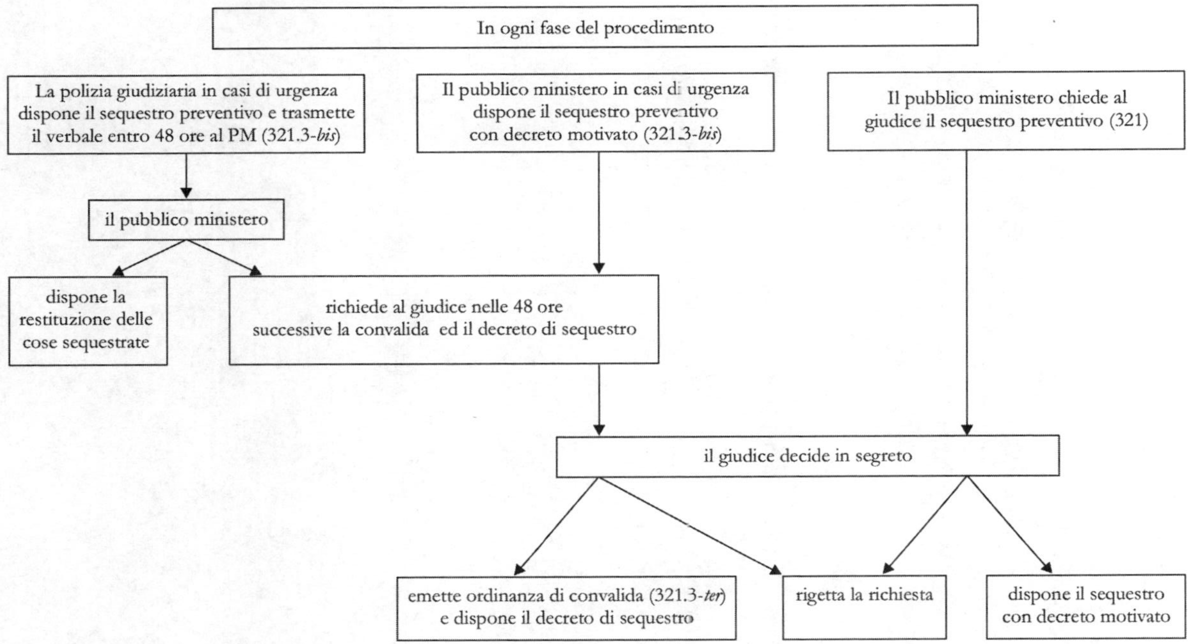

Presupposti:

a) indizi di commissione di un reato;

b) esigenze cautelari (*periculum in mora*):

1. interrompere il reato o evitare conseguenze ulteriori;
2. impedire commissione di nuovi reati;
3. la cosa è pericolosa in se stessa, è collegata all'aggravarsi del reato

Parte Terza

IL PROCEDIMENTO ORDINARIO

Capitolo I

LE INDAGINI PRELIMINARI

3.1.1. Corrispondenza tra atti di indagine e prove

Prove assunte in dibattimento	Atti di iniziativa del pubblico ministero	Atti di iniziativa della polizia giudiziaria
Testimonianza (194 - 203)	Informazioni dal possibile testimone (persona informata; 362)	Sommarie informazioni dal possibile testimone (persona informata; 351)
Esame dell'imputato (208, 209)	Interrogatorio dell'indagato (64, 65)	Sommarie informazioni dall'indagato (350)
Esame dell'imputato connesso (210)	Interrogatorio dell'indagato connesso o collegato (363)	Assunzione di informazioni dall'indagato connesso o collegato (351.1-*bis*)
Ricognizione di persone (213, 214)	Individuazione di persone (361)	
Perizia (220)	Accertamento tecnico del pubblico ministero (359, 359-*bis*, 360)	Operazioni tecniche (348)
Confronto (211)	Confronto (364)	
Esperimento giudiziale (218)		

3.1.2. La notizia di reato

REGOLA: DENUNCIA FACOLTATIVA (333)

ECCEZIONE: DENUNCIA OBBLIGATORIA

- 1) Per la persona privata
  - "Cittadino italiano" se delitto contro la personalità dello Stato punito con la pena dell'ergastolo 364 c.p.
  - "Chiunque" se sequestro di persona a scopo di estorsione (630 c.p.; art. 3 d.l. n. 8 del 1991)
- 2) Per il pubblico ufficiale (361 c.p.) e per l'incaricato di pubblico servizio (362 c.p.)
  - Se vengono a conoscenza di un reato (non procedibile a querela) nell'esercizio o a causa delle proprie funzioni
- 3) Per il professionista sanitario (365 c.p.)
  - Se questi ha prestato la propria opera a favore della persona offesa in casi che possono presentare i caratteri di un delitto per cui si debba procedere d'ufficio

3.1.3. Pubblico ufficiale e incaricato di pubblico servizio

Pubblico ufficiale (357 c.p.)	Incaricato di pubblico servizio (358 c.p.)	Soggetti carenti di tale qualifica
La funzione o attività è disciplinata da norme di diritto pubblico e da atti autoritativi (357.1)		
È esercitata una « funzione » pubblica, e cioè: 1) formazione o manifestazione della volontà della pubblica amministrazione 2) poteri autoritativi 3) poteri certificativi (357.2 c.p.)	È prestato a qualunque titolo un pubblico servizio con esclusione: A) dei poteri tipici della funzione publlica B) delle mansioni d'ordine e della prestazione d'opera esclusivamente materiale	

3.1.4. Denuncia (art. 332 c.p.p.)

ALLA PROCURA DELLA REPUBBLICA
PRESSO IL TRIBUNALE DI . . . .

DENUNCIA

Il sottoscritto . . . . , nato a . . . . il . . . . e residente a . . . ., Via . . . . n. . . . . ., in qualità di Amministratore Unico della Soc. Semplice . . . ., con sede a . . . ., Via . . . . n. . . . . ., munito del potere di rappresentanza della società di fronte ai terzi ed in giudizio in forza del patto sociale n. 6 dell'atto costitutivo del . . . . ai rogiti del Notaio . . . . di . . . . Repertorio n. . . . . . Raccolta n. . . . . ., registrato a . . . . il . . . ., si pregia di esporre quanto segue.

La Soc. Semplice . . . . è proprietaria, fra l'altro, di un fabbricato sito in . . . ., Via . . . . n. . . . . . Il giorno . . . . il sottoscritto ha constatato la messa in opera di una impalcatura edile al fabbricato sito in . . . ., Via . . . . n. . . . . ., di proprietà della Soc. Semplice . . . ., e ha appreso con vivo stupore che una certa . . . . si apprestava ad eseguire lavori edili sulla base di autorizzazione edilizia.

Il sottoscritto ha subito richiesto al Comune di . . . . copia della autorizzazione edilizia e dei relativi allegati.

Esaminando i documenti forniti dal Comune di . . . ., il sottoscritto ha constatato che, senza autorizzazione della proprietà (ed anzi a sua completa insaputa), la Sig.ra . . . . aveva richiesto un'autorizzazione edilizia e l'aveva ottenuta rilasciando in data . . . . « dichiarazione sul titolo di proprietà o equiparato ».

Mansioni d'ordine e prestazione di opera meramente materiale con la quale ha dichiarato di avere titolo al ritiro dell'autorizzazione edilizia n. . . . . . del . . . . in qualità di « *proprietaria* » dell'immobile.

Con la « dichiarazione sul titolo di proprietà o equiparato » del . . . . la Sig.ra . . . ., pur dichiarandosi « a conoscenza delle penalità comminate dall'art. 496 del c.p. per le dichiarazioni mendaci », *ha dichiarato il falso* in quanto proprietaria del fabbricato oggetto dell'autorizzazione edilizia n. . . . . . del . . . . è la Soc. Semplice . . . . e la Sig.ra . . . . comunque non aveva né ha alcun titolo che legittimi l'esecuzione di lavori.

Il sottoscritto ha allora inviato all'Ufficio Tecnico del Comune di . . . ., all'Ufficio Urbanistica del Comune di . . . ., alla Polizia Municipale del Comune di . . . ., alla Azienda U.S.L. . . . ., alla Sig.ra . . . ., al Direttore dei lavori Geom. . . . . ed alla ditta esecutrice dei lavori . . . . la raccomandata a.r. . . . . con la quale:
— ha chiesto che l'autorizzazione edilizia n. . . . . . . del . . . . venisse immediatamente revocata e che i lavori venissero immediatamente fermati;
— ha diffidato formalmente sia il Direttore dei lavori sia la ditta esecutrice a non intraprendere alcuna attività edilizia sul fabbricato ed a rimuovere immediatamente le impalcature ed ogni materiale e/o oggetto;
— ha invitato le Autorità competenti ad adottare i provvedimenti previsti dalla legge, provvedendo altresì alla segnalazione della notizia di reato a carico di . . . . alla competente Procura della Repubblica.

A seguito della segnalazione del sottoscritto, il Comune di . . . ., constatato che la Sig.ra . . . ., non essendo proprietaria del fabbricato, aveva reso una dichiarazione mendace, con ordinanza n. . . . . . del . . . . Prot. . . . ., ritenuta la necessità e l'urgenza della sospensione dei lavori, ha ordinato alla Sig.ra . . . . ed al Direttore dei Lavori Geom. . . . . l'immediata sospensione dei lavori di cui alla autorizzazione n. . . . . ., si è riservato di adottare gli ulteriori opportuni provvedimenti e ha trasmesso copia del provvedimento al Procuratore della Repubblica di . . . ., in quanto il comportamento della Sig.ra . . . . appare chiaramente illegittimo ed integra gli estremi del delitto previsto e punito dall'art. 496 c.p. (False dichiarazioni sulla identità o su qualità personali proprie o di altri).

Al sottoscritto . . . . preme evidenziare che, commettendo tale delitto con la presentazione al Comune di . . . . della dichiarazione mendace di essere proprietaria del fabbricato sito in . . . ., Via . . . . n. . . . . ., la Sig.ra . . . . ha posto in essere un artifizio che, inducendo in errore il Comune, le ha consentito di ritirare una autorizzazione edilizia che non aveva alcun titolo per ritirare, fatto questo potenzialmente idoneo a procurare un ingiusto vantaggio alla Sig.ra . . . . ed una interferenza sulla proprietà, dal momento che la società a sua insaputa si sarebbe trovata di fronte al fatto compiuto, vale a dire all'esecuzione di opere edilizie non autorizzate.
Soltanto l'intervento del sottoscritto, che con la raccomandata a.r. . . . . ha prontamente segnalato l'illecito, ha per ora impedito alla Sig.ra . . . . di portare

a compimento il suo proposito, evitando una illegittima interferenza sul fabbricato di proprietà della Soc. Semplice . . . .

Il sottoscritto . . . . pertanto

PRESENTA FORMALE DENUNCIA

contro la Sig.ra . . . ., nata a . . . . il . . . ., residente a . . . ., Via . . . . n. . . . . ., per il delitto di « False dichiarazioni sulla identità o su qualità personali proprie o di altri », previsto e punito dall'art. 496 c.p., e comunque per tutti i reati che saranno ravvisati nei fatti esposti.

Allega al presente atto i seguenti documenti in fotocopia:

1. « dichiarazione sul titolo di proprietà o equiparato » del . . . . a firma . . . .;
2. autorizzazione edilizia Comune . . . . n. . . . . . del . . . .;
3. raccomandata a.r. . . . . inviata dal sottoscritto . . . . all'Ufficio Tecnico del Comune di . . . ., all'Ufficio Urbanistica del Comune di . . . ., alla Polizia Municipale del Comune di . . . ., alla Azienda U.S.L. . . . ., alla Sig.ra . . . ., al Direttore dei lavori Geom. . . . . ed alla ditta esecutrice dei lavori . . . .;
4. ordinanza n. . . . . . del . . . . Prot. . . . . . del Comune di . . . .

Luogo; data; firma

3.1.5. Querela, atti di indagine e informativa al pubblico ministero

3.1.6. Querela (art. 336 c.p.p.)

ALLA PROCURA DELLA REPUBBLICA
PRESSO IL TRIBUNALE DI . . . .

ATTO DI QUERELA

Il sottoscritto Mario Rossi, nato a (. . . . .) il (. . . . .), residente a (. . . . .) espone quanto segue.

Sul quotidiano (. . . . .) del giorno (. . . . .) è stato pubblicato nella cronaca locale l'articolo, a firma del Sig. Bianchi, intitolato (. . . . .). L'autore dell'articolo afferma in termini di certezza che il sottoscritto è responsabile di una truffa ai danni di tale Neri e di suoi parenti ed amici. La pubblicazione dell'articolo ha provocato e sta provocando al sottoscritto gravi conseguenze nell'ambito dei rapporti familiari, sociali e di lavoro.

Il sottoscritto, ritenendo che nel caso di specie sussistano gli estremi del reato di diffamazione consistente nell'attribuzione di un fatto determinato, alla presenza di più persone, offensivo dell'onore e della reputazione (art. 595 c.p. e art. 13 l. 8 febbraio 1948 n. 47) e che non sussistano gli estremi della scriminante dell'esercizio del diritto di cronaca poiché i fatti narrati sono oggettivamente falsi e non derivanti da fonte attendibile,

PROPONE FORMALE QUERELA.

Chiede che venga perseguito penalmente il Sig. Bianchi o chiunque altro risulterà responsabile, a qualsiasi titolo, dei fatti esposti, per il reato di diffamazione commessa col mezzo della stampa, consistente nell'attribuzione di un fatto determinato (art. 595 c.p. e art. 13 l. 8 febbraio 1948 n. 47), e comunque per tutti quei reati che dovessero emergere nel corso delle indagini con riferimento al fatto suesposto. Con riserva di costituzione di parte civile per il risarcimento dei danni materiali e morali subiti in conseguenza della condotta sopra descritta, il sottoscritto resta a disposizione per qualsiasi ulteriore chiarimento dovesse rendersi necessario e chiede che la S.V. intervenga nella maniera più celere possibile nei confronti del predetto soggetto al fine di evitare ulteriori conseguenze del reato.
Il sottoscritto chiede di essere informato, *ex* art. 406, comma 3, c.p.p., di ogni eventuale richiesta di proroga delle indagini. Chiede, altresì, di essere avvisato, *ex* art. 408, comma 2, c.p.p., di un'eventuale richiesta di archiviazione.
Ove il Pubblico Ministero ritenga di procedere con decreto penale, il sottoscritto dichiara di opporvisi. Si indicano quali persone informate dei fatti i sig.ri: . . . .

Nomina quale difensore l'Avv. (...) con studio in (...) ed espressamente lo delega al deposito del presente atto.

Firma della persona offesa
. . . .

È autentica; luogo, data

Firma dell'avvocato
. . . .

Si allegano i seguenti documenti . . . .

3.1.7. Attività della polizia giudiziaria e del pubblico ministero

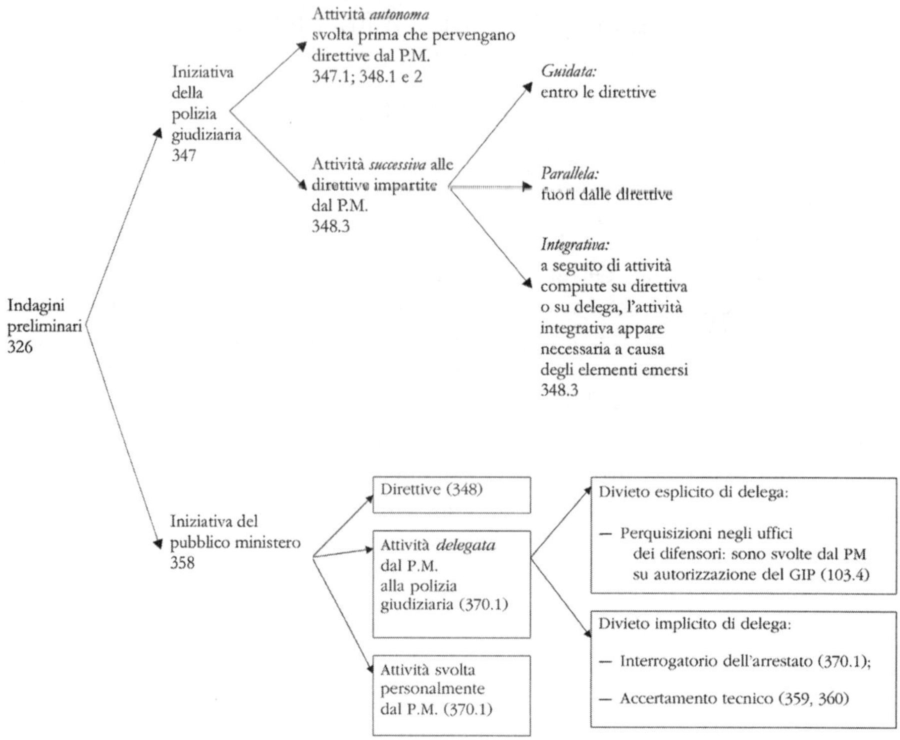

3.1.8. Registri delle notizie di reato

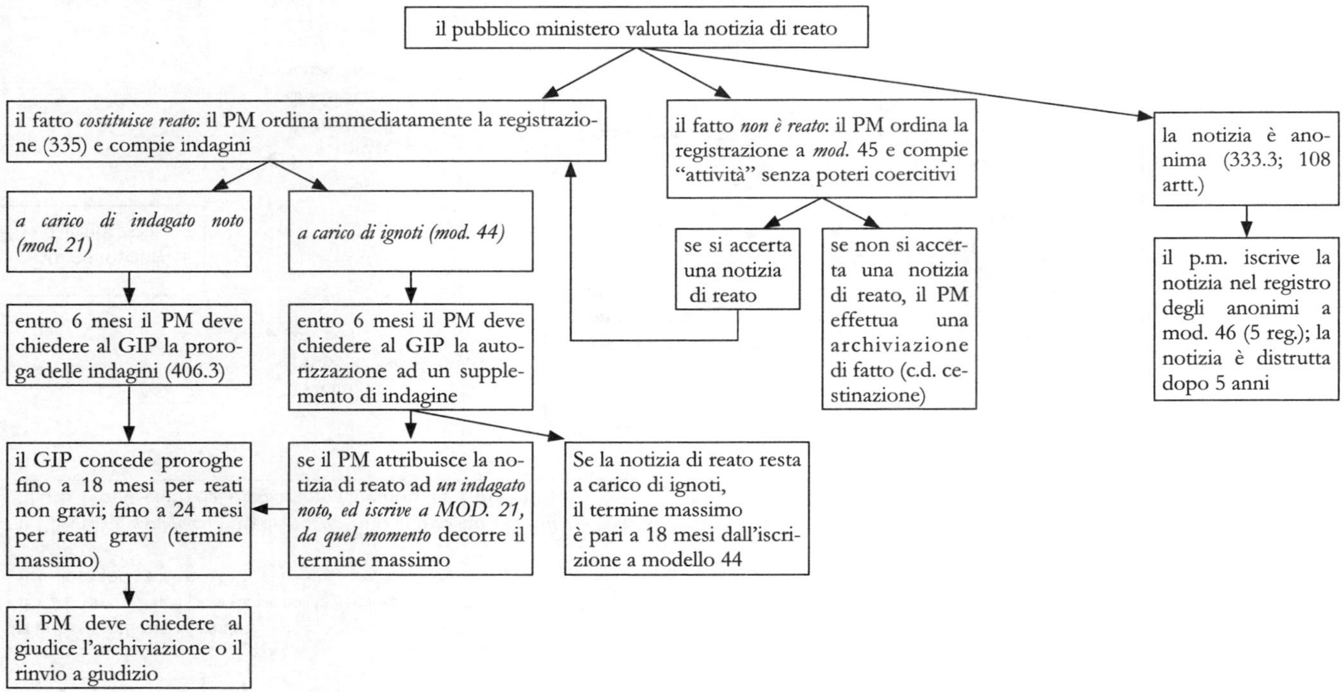

3.1.9. Atti segreti e conoscibili: divieto di pubblicazione

Atti segreti (art. 329 c.p.p.)
- Es. informazioni da possibili testimoni (art. 362)

Atti conoscibili ma secretati:
1) il P.M. (art. 329.3) può disporre la secretazione dell'"atto" del procedimento (es. domande e risposte);
2) il P.M. (391-*quinquies*) può disporre (fino al massimo di due mesi) la secretazione del "fatto" conosciuto dal dichiarante (che non deve rivelarlo)

→ Vietato pubblicare il testo dell'atto e la notizia generica (art. 114.1)

Atti conoscibili dall'indagato
- "Garantiti" con preavviso al difensore (art. 364.3)
  - Interrogatorio dell'indagato (art. 364.1)
  - Accertamento tecnico non ripetibile (art. 360)
- "A sorpresa" con diritto del difensore di assistere senza preavviso
  - Perquisizione e sequestro (art. 365)

→ È lecito pubblicare la notizia generica (art. 114.7)
È vietato pubblicare il testo dell'atto (art. 114.2)

→ Reato: pubblicazione arbitraria (art. 684 c.p.) Contravvenzione oblazionabile con 129 euro

3.1.10. Informazione di garanzia e sul diritto di difesa (artt. 369 e 369-*bis* c.p.p.)

PROCURA DELLA REPUBBLICA DI . . . .

Al Sig. Mario X
Si informa la persona sopraindicata, in quanto può avervi interesse *quale persona sottoposta alle indagini*, ai sensi degli artt. 369 e 369-*bis* c.p.p., che questo Ufficio sta procedendo ad indagini in ordine al reato previsto dall'art. 588, comma 1 c.p., commesso in data 13 gennaio . . . . ., in . . . .;
E, pertanto, *la si invita* a:
— dichiarare o eleggere domicilio per le notificazioni nei modi di legge con avvertimento che vi è obbligo di comunicare ogni mutamento del domicilio dichiarato od eletto e che in mancanza, insufficienza od inidoneità della dichiarazione o elezione, le successive notificazioni verranno eseguite nel luogo di notifica del presente atto
ed inoltre, *la si avvisa* che:
— la difesa tecnica nel processo penale è obbligatoria;
— è sua facoltà nominare non più di due difensori di fiducia ai sensi dell'art. 96 c.p.p.; in mancanza sarà assistito dal difensore d'ufficio Avv. XY, con studio in . . . . e tel. n. . . . .;
— ha il diritto di presentare memorie e di nominare consulenti tecnici di parte; ha facoltà di presentarsi al P.M. e rilasciare dichiarazioni;
— ha diritto al deposito degli atti alla conclusione delle indagini preliminari e al relativo avviso per compiere le attività previste dall'art. 415-*bis* c.p.p.;
— ha i diritti previsti dalla legge 7 dicembre 2000 n. 397, concernente le « Disposizioni in materia di indagini difensive »;
— ha il diritto di essere informato riservatamente dei motivi e della natura dell'accusa; di chiedere che siano sentite persone a sua difesa; di acquisire ogni mezzo di prova a suo favore; di farsi assistere da un interprete se non capisce o non parla la lingua italiana;
— ha l'obbligo di retribuire il difensore d'ufficio ove non sussistano le condizioni per l'ammissione al patrocinio a spese dello Stato, con l'avvertimento che in caso di insolvenza si procederà ad esecuzione forzata;
— può essere ammesso al patrocinio a spese dello Stato, se titolare di un reddito imponibile ai fini dell'imposta personale sul reddito, risultante dall'ultima dichiarazione, non superiore a € 11.493,82, calcolato ai sensi dell'art. 76 d.p.r. n. 115 del 2002, salvo le ipotesi di convivenza di cui alla stessa norma;
— ha diritto ove ne faccia richiesta (ad eccezione per i gravi delitti di cui all'articolo 407, co. 2, lett. *a*), alla comunicazione delle iscrizioni dei delitti per i quali è indagato, previste nei commi 1 e 2 dell'art. 335;
— ha diritto all'interprete e alla traduzione di atti fondamentali.
Luogo, data

Il procuratore della Repubblica

. . . .

3.1.11. Sommarie informazioni e interrogatorio dell'indagato

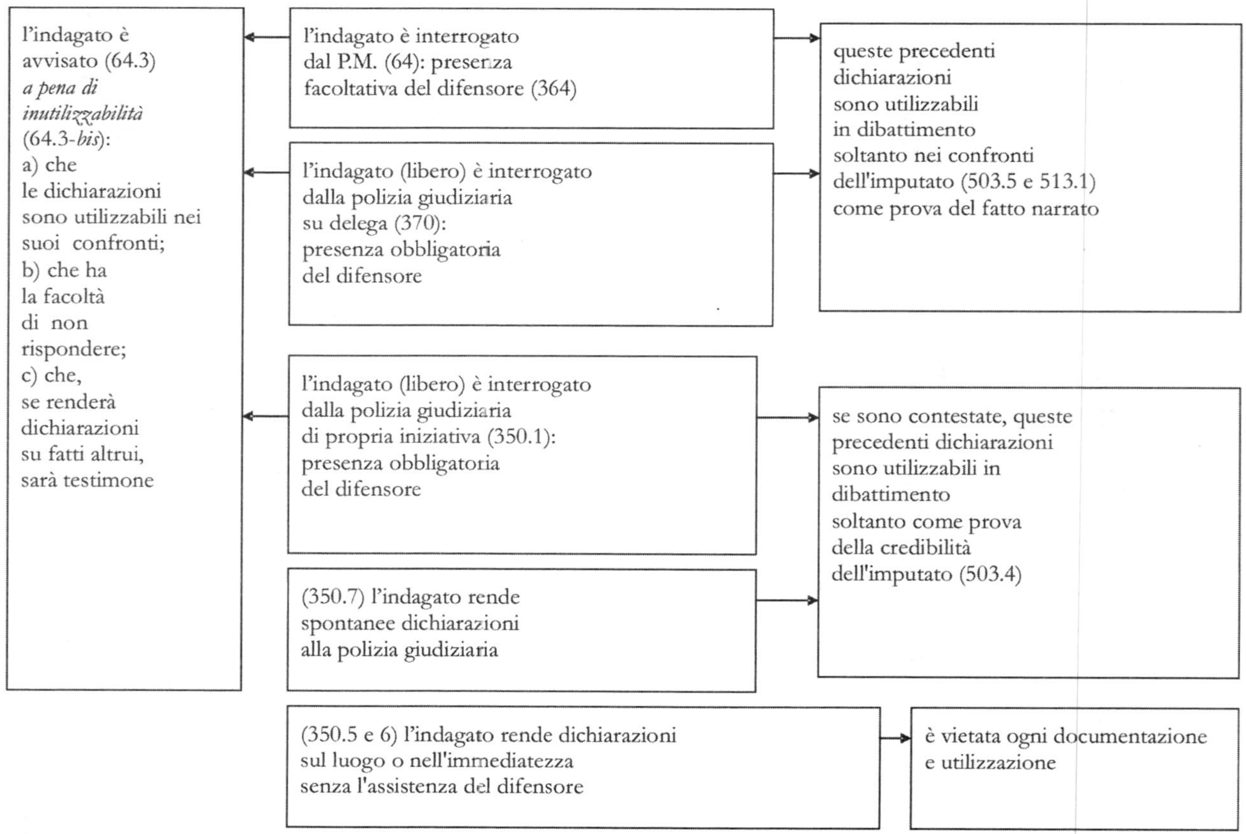

3.1.12. Invito a presentarsi per rendere interrogatorio (art. 375 c.p.p.)

PROCURA DELLA REPUBBLICA
PRESSO IL TRIBUNALE DI . . . .

n. . . . . . R.G.N.R.

INVITO PER LA PRESENTAZIONE
DI PERSONA SOTTOPOSTA AD INDAGINI

L'Ufficiale di P.G. sottoscritto, su delega del Pubblico Ministero Dr. . . . .

Visti gli atti del procedimento n. . . . . . r.g.n.r. nei confronti di:

Mario X, nato il . . . . a . . . ., ivi residente ed elettivamente domiciliato in via . . . . difeso d'ufficio dall'Avv. Ludovico Y di . . . .;

In ordine al reato previsto e punito dall'art. 73 d.p.r. 309/1990 per avere detenuto a fine di spaccio numero 6 involucri contenenti sostanza stupefacente del tipo eroina per complessivi gr. 1,52, in . . . . il giorno . . . .;

premesso che alla persona come sopra generalizzata è già stata inviata l'informazione di garanzia e la informazione sui diritti della difesa;

INVITA

la persona come sopra generalizzata, a presentarsi il giorno . . . . alle ore . . . . . in . . . . per essere interrogata in qualità di persona sottoposta ad indagini e ad esercitare la facoltà di nominare un difensore nelle forme di legge.

AVVISA

che, in caso di mancata presentazione senza che sia stato addotto legittimo impedimento, potrà disporsi a norma dell'art. 133 c.p.p. l'accompagnamento coattivo;

che potrà essere presentata richiesta di giudizio immediato a norma dell'art. 453, comma 1;

COMUNICA

le fonti e gli elementi di prova di seguito elencati: . . . .

L'Ufficiale di p.g. delegato dal P.M.

. . . .

Luogo e data

3.1.13. Avviso di conclusione delle indagini preliminari (schema)

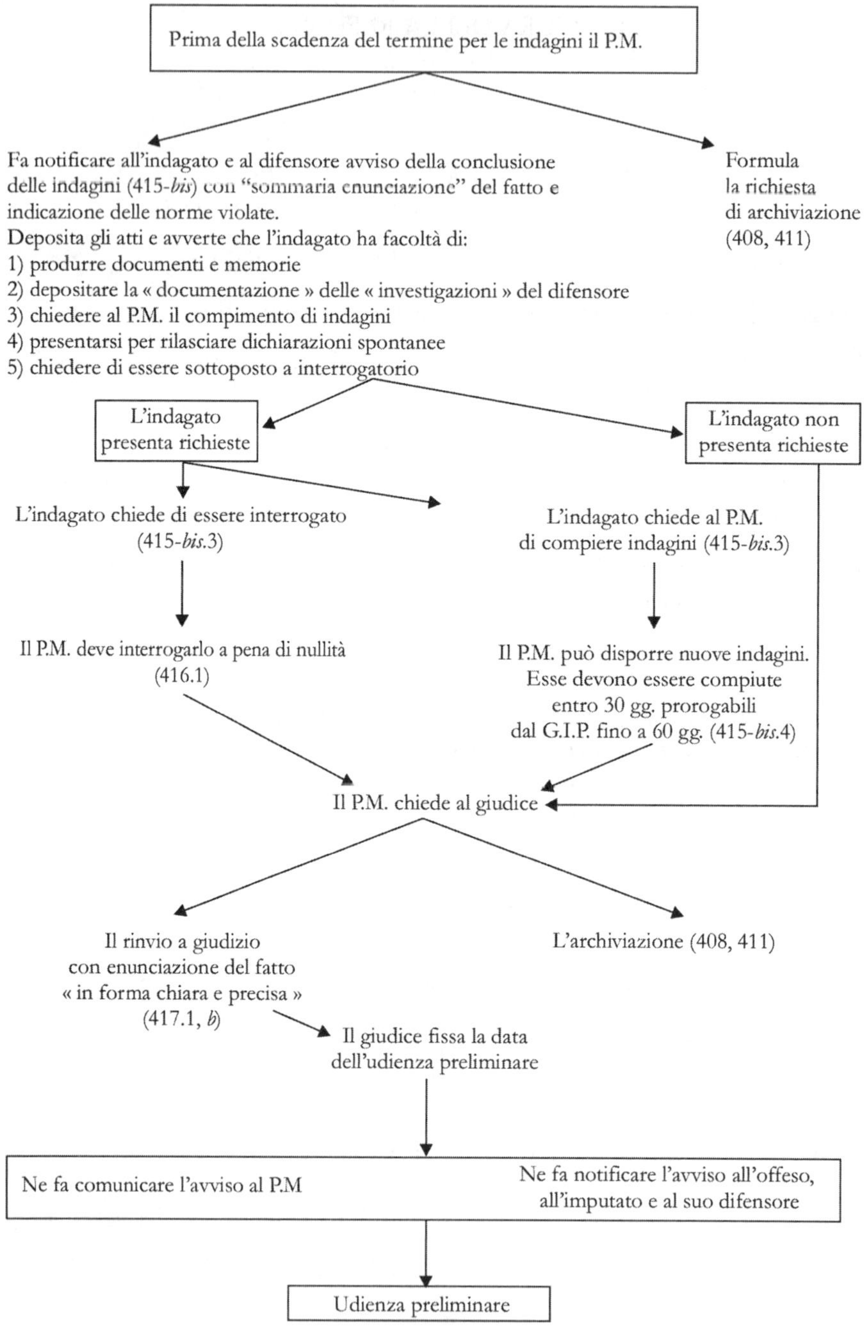

3.1.14. Avviso di conclusione delle indagini preliminari (testo)

PROCURA DELLA REPUBBLICA DI . . . .

AVVISO DI CONCLUSIONE INDAGINI PRELIMINARI

Proc. n. . . . . .

Il P.M., visti gli atti del procedimento in epigrafe indicato, a carico di:

1) Mario X, nato il . . . ., a . . . . elettivamente domiciliato *ex* art. 161 c.p.p. presso il difensore di fiducia nominato Avv. . . . . del Foro di . . . . con studio in via . . . .

2) Giovanni Y, nato il . . . ., a . . . ., difeso di ufficio dall'Avv. . . . . del Foro di . . . . con studio in via . . . ., tel. . . . . nominato *ex* art. 97 c.p.p., come da indicazione telefonica in data odierna da parte del preposto centralino unificato predisposto dal Consiglio dell'Ordine di . . . . ai sensi della l. n. 60/2001;

INDAGATI

a) del reato di cui agli artt. 110, 477 e 482 c.p., per aver formato, in concorso tra loro, una autorizzazione « trasporto merci settore A » integralmente falsa ed apparentemente rilasciata con il n. 1032 per il veicolo con targa . . . . Contraffazione seguita mediante fotocopia di una autorizzazione autentica e con le stesse dimensioni e dello stesso colore.

Fatto accertato in . . . . il . . . .

Ritenuto di non dover formulare richiesta di archiviazione ai sensi degli artt. 408 e 411 c.p.p. in relazione ai fatti sopra specificati; premesso che alle persone come sopra generalizzate è già stata inviata l'informazione di garanzia e l'informazione sui diritti della difesa; visto l'art. 415-*bis* c.p.p.

AVVISA

gli indagati ed i difensori indicati che:

a) la documentazione relativa alle indagini espletate è depositata presso la segreteria del Pubblico Ministero e che hanno facoltà di prendere visione degli atti ed estrarne copia;

b) ogni indagato ha facoltà, nel termine di giorni venti dall'avvenuta notifica (o atto equipollente) del presente provvedimento, di presentare memorie, produrre documenti, depositare documentazione relativa ad investigazioni del difensore, chiedere al pubblico ministero il compimento di atti di indagine, nonché di presentarsi per rilasciare dichiarazioni ovvero di chiedere di essere sottoposto ad interrogatorio;

c) ogni indagato, qualora non abbia già provveduto, è invitato a nominare un difensore di fiducia.

Manda alla segreteria per gli adempimenti ed in particolare per la notifica a ciascun indagato e ad ogni difensore del presente atto a mezzo:

— ufficiali giudiziari per il difensore e per l'indagato Mario X

— Polizia Municipale . . . . per l'indagato Giovanni Y con richiesta di generalizzazione, elezione domicilio e nomina difensore di fiducia. In assenza, ricerche per l'eventuale dichiarazione di irreperibilità. Con facoltà di subdelega se necessario.

Data, luogo

Il Sostituto Procuratore della Repubblica

. . . .

3.1.15. Testimone e possibile testimone

Codice di procedura penale		*Codice penale*
198.1 Dibattimento Udienza preliminare Incidente probatorio	Il « testimone » (davanti al giudice) ha l'obbligo di rispondere secondo verità	372. Delitto di falsa testimonianza
362 Atti di iniziativa del P.M.	Si applicano gli articoli 197-203; e cioè, il « possibile testimone » ha l'obbligo di rispondere secondo verità al P.M. ed alla polizia g. delegata	371-*bis*. False informazioni al pubblico ministero — È delitto dire il falso soltanto davanti al P.M.
351 Atti di iniziativa della polizia giudiziaria	Si applicano gli articoli 197-203; e cioè, il « possibile testimone » ha l'obbligo di rispondere secondo verità alla polizia g.	— Non è prevista una specifica incriminazione — Può essere applicato l'art. 378 c.p. (favoreggiamento personale)

3.1.16. False informazioni rese dal possibile testimone

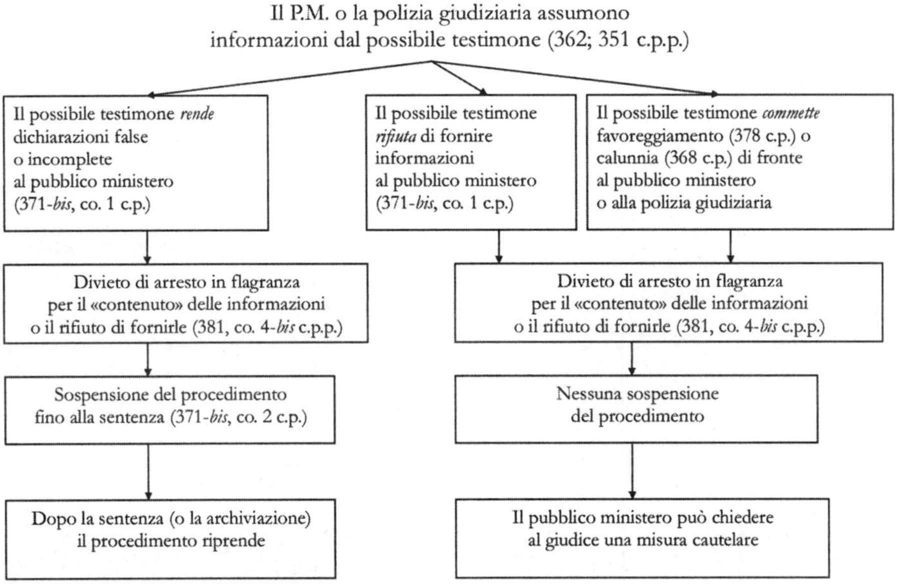

3.1.17. Poteri del pubblico ministero nelle indagini preliminari

Chiede determinate decisioni al giudice (328)	Chiede al G.I.P. atti limitativi di libertà fondamentali	Dispone atti coercitivi a sorpresa	Compie atti conoscibili	 atti segreti
Es.: richiesta di rinvio a giudizio o di archiviazione	Es.: misure cautelari (291) Es.: intercettazioni (266)	Es.: perquisizioni (247) Es.: sequestro probatorio (253)	Es.: interrogatorio dell'indagato (64, 65)	Es.: informazioni da possibili testimoni (362)

3.1.18. L'accertamento tecnico non ripetibile

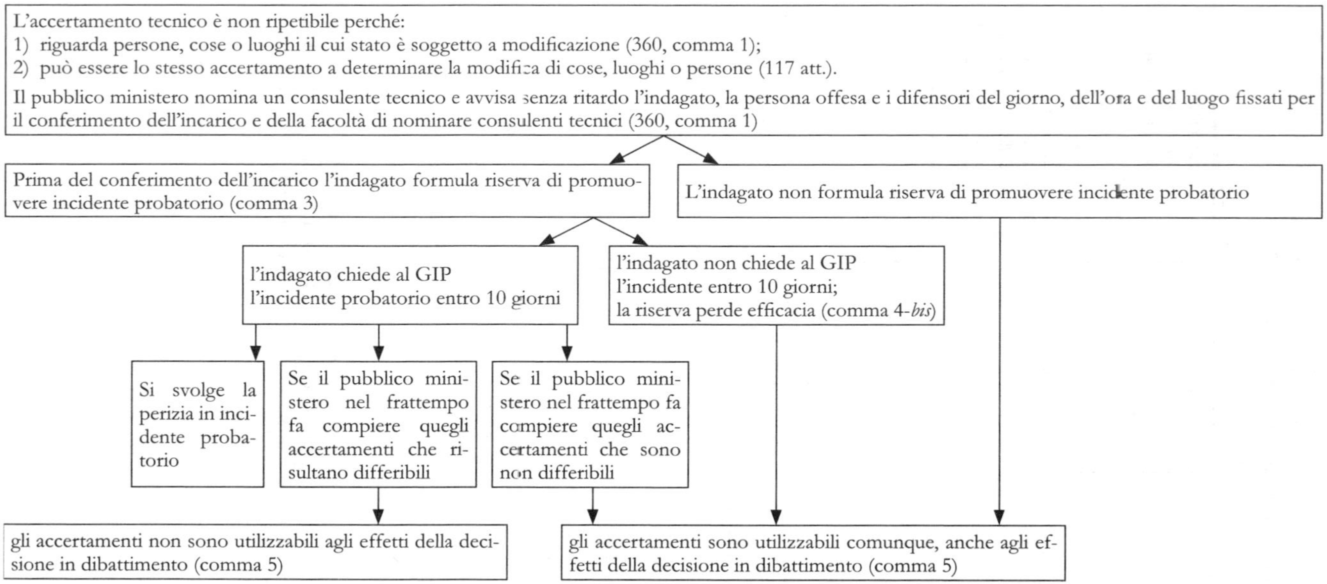

3.1.19. Arresto in flagranza e fermo per i reati di competenza della corte d'assise e del tribunale collegiale

La polizia giudiziaria arresta in flagranza (380, 381)	Il P.M. o la P.G. fermano la persona gravemente indiziata, se vi è pericolo di fuga (384)

I. Gli ufficiali e gli agenti che hanno eseguito le misure precautelari consegnano all'arrestato o al fermato una comunicazione scritta (e, se questi non conosce la lingua italiana, tradotta in una lingua a lui comprensibile) in cui lo informano (386, comma 1):

a) della facoltà di nominare un difensore di fiducia e di essere ammesso al patrocinio a spese dello Stato nei casi previsti dalla legge;
b) del diritto di ottenere informazioni in merito all'accusa;
c) del diritto all'interprete ed alla traduzione di atti fondamentali;
d) del diritto di avvalersi della facoltà di non rispondere;
e) del diritto di accedere agli atti sui quali si fonda l'arresto o il fermo;
f) del diritto di informare le autorità consolari e di dare avviso ai familiari;
g) del diritto di accedere all'assistenza medica di urgenza;
h) del diritto di essere condotto davanti all'autorità giudiziaria per la convalida entro novantasei ore dall'avvenuto arresto o fermo;
i) del diritto di comparire dinanzi al giudice per rendere l'interrogatorio e di proporre ricorso per cassazione contro l'ordinanza che decide sulla convalida dell'arresto o del fermo ».

Gli ufficiali e gli agenti hanno i seguenti doveri:

1) danno immediata notizia del provvedimento al pubblico ministero del luogo ove l'arresto o il fermo è stato eseguito (386, comma 1);
2) pongono l'arrestato o il fermato a disposizione del pubblico ministero;
3) se non è nominato un difensore di fiducia, chiedono al pubblico ministero la designazione del difensore d'ufficio (386, comma 2 che rinvia all'art. 97);
4) informano immediatamente dell'arresto o del fermo il difensore (art. 386 comma 2);
5) senza ritardo e con il consenso dell'arrestato danno ai familiari di quest'ultimo notizia dell'esecuzione della misura (387);
6) trasmettono al pubblico ministero il verbale dell'arresto anche per via telematica.

II. Entro 48 ore il P.M. chiede la convalida al giudice (390) Il P.M. può *interrogare* l'arrestato (388);
il difensore deve essere preavvisato e ha facoltà di assistere (364); il P.M. può ordinare la liberazione (389)

III. Entro le successive 48 ore *il giudice decide* se convalidare l'arresto (391).
All'udienza in camera di consiglio deve essere presente il difensore;
possono essere presenti il P.M. e l'arrestato.
Il giudice interroga l'arrestato, se presente. Il giudice decide:

A. Se convalidare l'arresto (391.4)
B. Se applicare una misura cautelare (391.5)

3.1.20. Casi di incidente probatorio (art. 392)

richiesta di incidente probatorio in presenza di requisiti espressi di non rinviabilità al dibattimento	— testimonianza e confronto: grave impedimento del dichiarante o minaccia al dichiarante (lett. *a*, *b*); — esperimento giudiziale "urgente" (lett. *f*); — perizia "urgente" (lett. *f*); — ricognizione "urgente" (lett. *g*).

la sola richiesta di un mezzo di prova rilevante è sufficiente nei casi elencati	— esame dell'indagato sulla responsabilità altrui (lett. c); — esame dell'imputato connesso o collegato (lett. d); — esame del testimone di giustizia (lett. *d*); — perizia di lunga durata (superiore a 60 gg.) (392.2); — perizia coattiva che comporta accertamenti su persona vivente (224-*bis*; 392.2); — esame testimoniale della persona offesa minorenne o maggiorenne in relazione ai delitti di violenza contro la persona (392.1-*bis*); — esame della persona offesa in condizione di particolare vulnerabilità (90-*quater*) — 391-*bis*.11: quando nell'intervista difensiva il dichiarante non ha risposto.

3.1.21. Incidente probatorio - procedimento

L'indagato ed il P.M. possono chiedere
l'incidente probatorio
al giudice per le indagini preliminari (393)

Contraddittorio scritto sulla richiesta (396)

Decisioni del giudice per le indagini preliminari

Dichiara la richiesta
non ammissibile
o non accoglibile (398)

Accoglie
la richiesta
(398)

Su richiesta del P.M.
differisce
l'incidente (397)

Incidente probatorio in udienza non pubblica (401)

3.1.22. Utilizzabilità delle prove assunte nell'incidente probatorio

PROVE RACCOLTE IN INCIDENTE PROBATORIO:
UTILIZZABILITÀ IN DIBATTIMENTO (403)

Utilizzabili contro gli
indagati i cui difensori
hanno partecipato
all'incidente

Non utilizzabili contro l'indagato
i cui difensori non hanno
partecipato all'incidente
(403.1)

Successivamente
emergono indizi di reità
contro una persona (A):
occorre ripetere l'incidente

Se è ripetibile,
ma non è stato
ripetuto

Inutilizzabili
contro A
(403.1-*bis*)

Se non è
ripetibile

Utilizzabili
contro A
(403.1-*bis*)

3.1.23. L'esame protetto del testimone vulnerabile

PRIMA PROTEZIONE (498, co. 4): ESAME FILTRATO DAL GIUDICE.
In dibattimento (498, co. 4) e in incidente probatorio (401, co. 5).
– L'esame testimoniale del minorenne è condotto dal presidente su domande e contestazioni proposte dalle parti.
– Nell'esame il presidente può avvalersi dell'ausilio di un familiare del minore o di un esperto in psicologia infantile.
- La disposizione è stata estesa al maggiorenne infermo di mente (Corte cost. 283/1997)

← Per tutti i reati

SECONDA PROTEZIONE (398, co. 5-*bis*): LUOGO DIVERSO DAL TRIBUNALE.
In incidente probatorio (398, co. 5-*bis*) e in dibattimento (498, co. 4-*bis*).

– Modalità dell'esame:
1) la prova è assunta in un luogo diverso dal tribunale, eventualmente in strutture specializzate di assistenza;
2) per le dichiarazioni testimoniali vi è l'obbligo di documentazione integrale con mezzi di riproduzione fonografica o audiovisiva .

– Soggetti interessati «all'assunzione della prova» (anche non persone offese), ai quali è applicabile:
a) minorenni (398, co. 5-*bis*), con la particolarità che la protezione scatta se il giudice lo ritiene necessario;
b) maggiorenni in condizione di particolare vulnerabilità, desunta anche dal tipo di reato per cui si procede (398, co. 5-*ter*), con la particolarità che la protezione scatta su richiesta di parte

← – adescamento di minorenne (609-*undecies*);
– corruzione di minorenne (609-*quinquies*)

← Delitti di "violenza contro la persona" richiamati dal c.p.p. a vari effetti (es. avviso della richiesta di archiviazione; 408);
572 (maltrattamenti contro familiari);
600 (riduzione in schiavitù);
600-*bis* (prostituzione minorile);
600-*ter* (pornografia minorile);
600-*quater* (detenzione di materiale pornografico);
600-*quinquies*: iniziative turistiche per prostituzione minorile;
601 (tratta di persone);
602 (acquisto di schiavi);
609-*bis* (violenza sessuale);
609-*quater* (atti sessuali con minorenne);
609-*octies* (violenza sessuale di gruppo);
612-*bis* (atti persecutori)

TERZA PROTEZIONE (498, co. 4-ter): VETRO SPECCHIO CON IMPIANTO CITOFONICO, a richiesta della persona offesa o del suo difensore.
– In dibattimento (498, co. 4-ter) e in incidente probatorio (401, co. 5).
– Atti ai quali è applicabile: esame della «vittima» minorenne o maggiorenne inferma di mente (498.4-*ter*)

← (stessi delitti di "violenza contro la persona" sopra elencati)

QUARTA PROTEZIONE: MODALITÀ PROTETTE NON PRE-DETERMINATE, da attuarsi nei confronti della persona offesa in condizione di "particolare vulnerabilità". Le modalità sono disposte dal giudice d'ufficio o a richiesta della persona offesa o del suo difensore (498, co. 4-*quater*).
– In dibattimento (498, co. 4-*quater*) e in incidente probatorio (398, co. 5-*quater*)

← Per tutti i reati

3.1.24. I registri presso il pubblico ministero

Registro	Modello	Destinazione
Registro delle notizie di reato (335)	Ignoti Modello 44 Noti Modello 21	Destinazione: richiesta di archiviazione o di rinvio a giudizio
Registro delle notizie non costituenti reato (109 disp. att.; circolare 8.10.1989 n. 533)	Modello 45	Destinazione: a. non sono compiute indagini: cestinazione. b. sono compiute indagini: occorre richiesta di archiviazione. c. il P.M. può ordinare di trasferire la iscrizione al registro delle notizie di reato (335).
Registro degli anonimi (108 disp. att.; 5 regolamento)	Modello 46	Distruzione dopo cinque anni (5 reg.)

3.1.25. Indagini e udienza preliminare

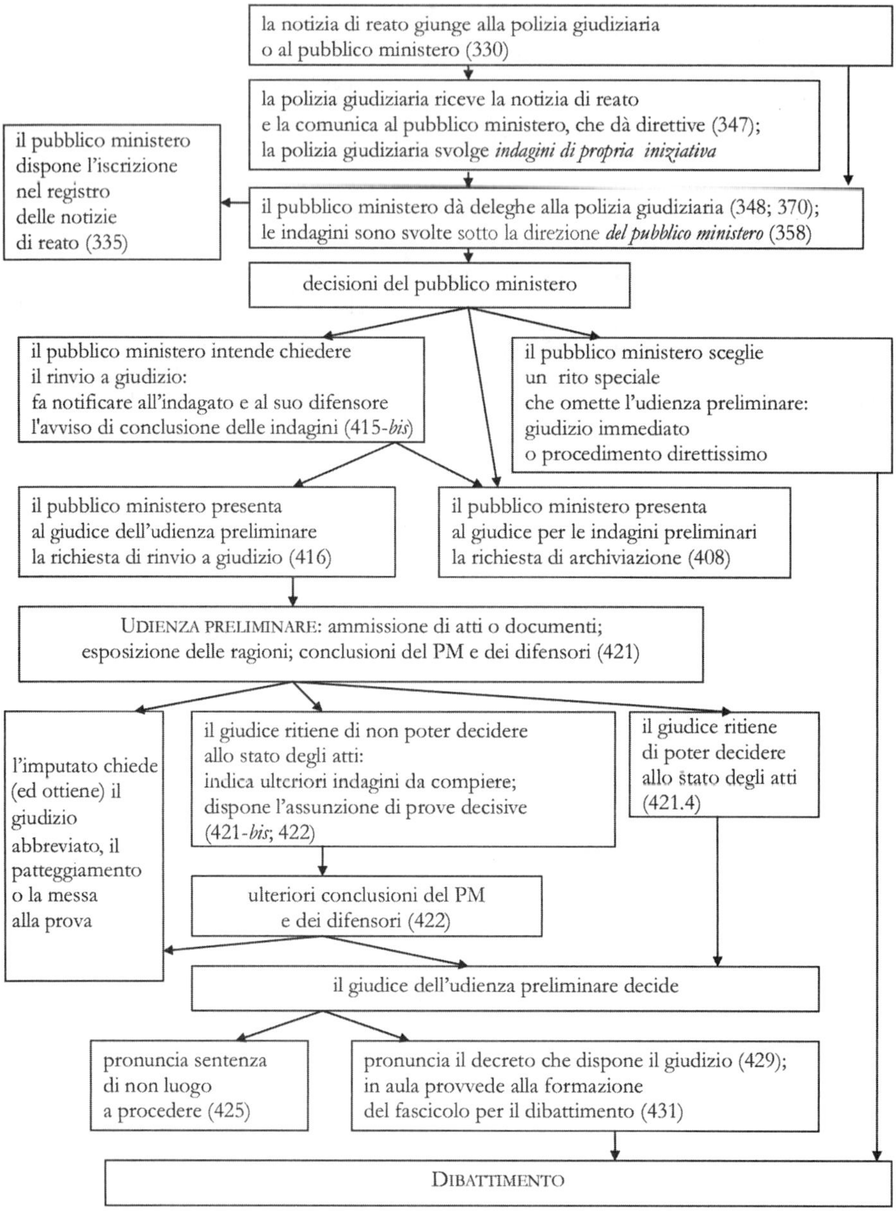

3.1.26. Sopralluogo, accertamenti tecnici ed investigazioni difensive

INDAGINI PRELIMINARI	INIZIATIVA DELLA POLIZIA GIUDIZIARIA	INIZIATIVA DEL PUBBLICO MINISTERO	INCIDENTE PROBATORIO (392) *richiesto dal pubblico ministero o dall'indagato*
	Persone idonee compiono operazioni tecniche richieste dalla polizia giudiziaria: atti segreti (348 co. 4)	Accertamenti tecnici *ripetibili* compiuti dal consulente tecnico del pubblico ministero: atto segreto (359)	
	Accertamenti e rilievi operati dalla polizia giudiziaria sul posto: il difensore può assistere senza preavviso (354)	Accertamenti tecnici *non ripetibili*: il difensore, l'indagato, l'offeso ed i loro consulenti tecnici *possono assistere con preavviso* (360)	Perizia: esperto nominato dal giudice (220). I consulenti di parte possono assistere (230 co. 2)
INVESTIGAZIONI DIFENSIVE	Il consulente tecnico ed il difensore possono compiere rilievi in sede di accesso ai luoghi (391-*sexies*); il pubblico ministero può assistere senza preavviso (391-*decies* co. 3)	Il difensore intende far compiere al consulente tecnico accertamenti tecnici *non ripetibili*: occorre il *preavviso* al pubblico ministero, che può assistere (391-*decies* co. 3)	

3.1.27. Indagini preliminari: garanzie ed utilizzabilità in dibattimento

Atto	Garanzie	Utilizzabilità in dibattimento
Informazioni dal possibile testimone (351; 362)	*Atto segreto* (329)	Atto in origine ripetibile: verbale nel fascicolo del PM (433); di regola non utilizzabile in dibattimento come prova del fatto narrato
Accertamento tecnico ripetibile del PM (359)	*Atto segreto* (329)	Atto in origine ripetibile: verbale nel fascicolo del PM (433); di regola non utilizzabile in dibattimento come prova del fatto narrato
Raccolta di ogni elemento utile alla ricostruzione del fatto e alla individuazione del colpevole (348)	*Atto segreto* (329)	Atto in origine ripetibile: verbale nel fascicolo del PM (433); di regola non utilizzabile in dibattimento come prova del fatto narrato
Interrogatorio dell'imputato connesso o collegato (363; 351.1-*bis*)	*Atto segreto* (ma garantito per l'imputato connesso o collegato)	Atto in origine ripetibile: verbale nel fascicolo del PM (433); di regola non utilizzabile in dibattimento come prova del fatto narrato
Interrogatorio (64), ispezione (244), individuazione di persone (361), confronto (211) ai quali deve partecipare l'indagato (364.1)	Atto garantito con preavviso (364.3 e 5)	Atto in origine ripetibile: verbale nel fascicolo del PM (433); di regola non utilizzabile in dibattimento come prova del fatto narrato
Ispezione alla quale non deve partecipare l'indagato (244)	Atto garantito con preavviso (364.3 e 5)	Atto in origine ripetibile: verbale nel fascicolo del PM (433); di regola non utilizzabile in dibattimento come prova del fatto narrato
Perquisizione (247; 352)	Se compiuti su iniziativa della polizia giudiziaria, occorre convalida del PM. Atto a sorpresa (356; 365): il difensore può assistere senza preavviso	Atto in origine non ripetibile: verbale nel fascicolo per il dibattimento (431). Può essere letto (511); è utilizzabile in dibattimento come prova del fatto narrato
Sequestro (253)	Se compiuti su iniziativa della polizia giudiziaria, occorre convalida del PM. Atto a sorpresa (356; 365): il difensore può assistere senza preavviso	Atto in origine non ripetibile: verbale nel fascicolo per il dibattimento (431). Può essere letto (511); è utilizzabile in dibattimento come prova del fatto narrato
Intercettazioni di conversazioni (266)	*Atto segreto* (329)	Atto in origine non ripetibile: verbale nel fascicolo per il dibattimento (431). Può essere letto (511); è utilizzabile in dibattimento come prova del fatto narrato
Accertamento tecnico non ripetibile del PM (360)	Atto garantito con preavviso	Atto in origine non ripetibile: verbale nel fascicolo per il dibattimento (431). Può essere letto (511); è utilizzabile in dibattimento come prova del fatto narrato
Incidente probatorio (392); verbale nel fascicolo per il dibattimento (431)		Lettura

3.1.28. Atti idonei ad incidere sulla libertà personale senza il consenso dell'interessato

PRESUPPOSTI:

a) si procede per delitto doloso o preterintenzionale punito con l'ergastolo o la reclusione superiore nel massimo a 3 anni e negli altri casi espressamente previsti dalla legge;

oppure, si procede per i delitti colposi di omicidio stradale o di lesioni personali stradali (589-*bis* e 590-*bis* c.p.).

b) l'accertamento è assolutamente indispensabile per la prova dei fatti (224.*bis*, co. 2)

→ PERIZIA COATTIVA disposta dal GIUDICE *in contraddittorio* (224-*bis*, co. 1)

→ ACCERTAMENTO COATTIVO richiesto dal PM e disposto dal GIUDICE (359-*bis*, co. 1)

→ ACCERTAMENTO COATTIVO disposto dal PM in caso di urgenza e convalida del GIP (359-*bis*, co. 2)

→ - Atti idonei ad incidere sulla libertà personale quali il prelievo di capelli, di peli o di mucosa del cavo orale ai fini della determinazione del DNA o accertamenti medici.

- L'interessato è avvertito della facoltà di farsi assistere da un difensore o da persona di fiducia (224.*bis*, co. 2)

→ (224-*bis*, co. 4 e 5)

- DIVIETI: operazioni che contrastano con divieti posti dalla legge
o che possono mettere in pericolo la vita, l'integrità fisica o la salute della persona o del nascituro
o che possono provocare sofferenze di non lieve entità.

- LIMITI: le operazioni sono eseguite nel rispetto della dignità e del pudore.
- Sono prescelte le tecniche meno invasive

- In caso di OMICIDIO STRADALE O LESIONI PERSONALI STRADALI (589-*bis* e 590-*bis* c.p.)
SE il conducente si rifiuta di sottoporsi agli accertamenti (alcool o droga)
e SE vi è urgenza (359- *bis*, co. 3-*bis*),
il PM ordina con decreto motivato alla polizia giudiziaria (eventuale ordine orale con successiva conferma per iscritto) di procedere all'accompagnamento coattivo del conducente presso il presidio ospedaliero più vicino e di far eseguire coattivamente il necessario prelievo o accertamento.
- La polizia chiede alla persona interessata se è assistita da un difensore di fiducia e, qualora questa ne sia priva, designa un difensore d'ufficio.
- Del decreto e delle operazioni da compiersi è data tempestivamente notizia al difensore, il quale ha facoltà di assistervi senza che ciò possa comportare pregiudizio nel compimento delle operazioni (365)

→ Entro le 48 ore successive, il PM chiede la convalida al GIP, che provvede entro le 48 ore successive, dandone immediato avviso al PM e al difensore

3.1.29. La Banca dati nazionale del DNA (legge n. 85 del 2009)

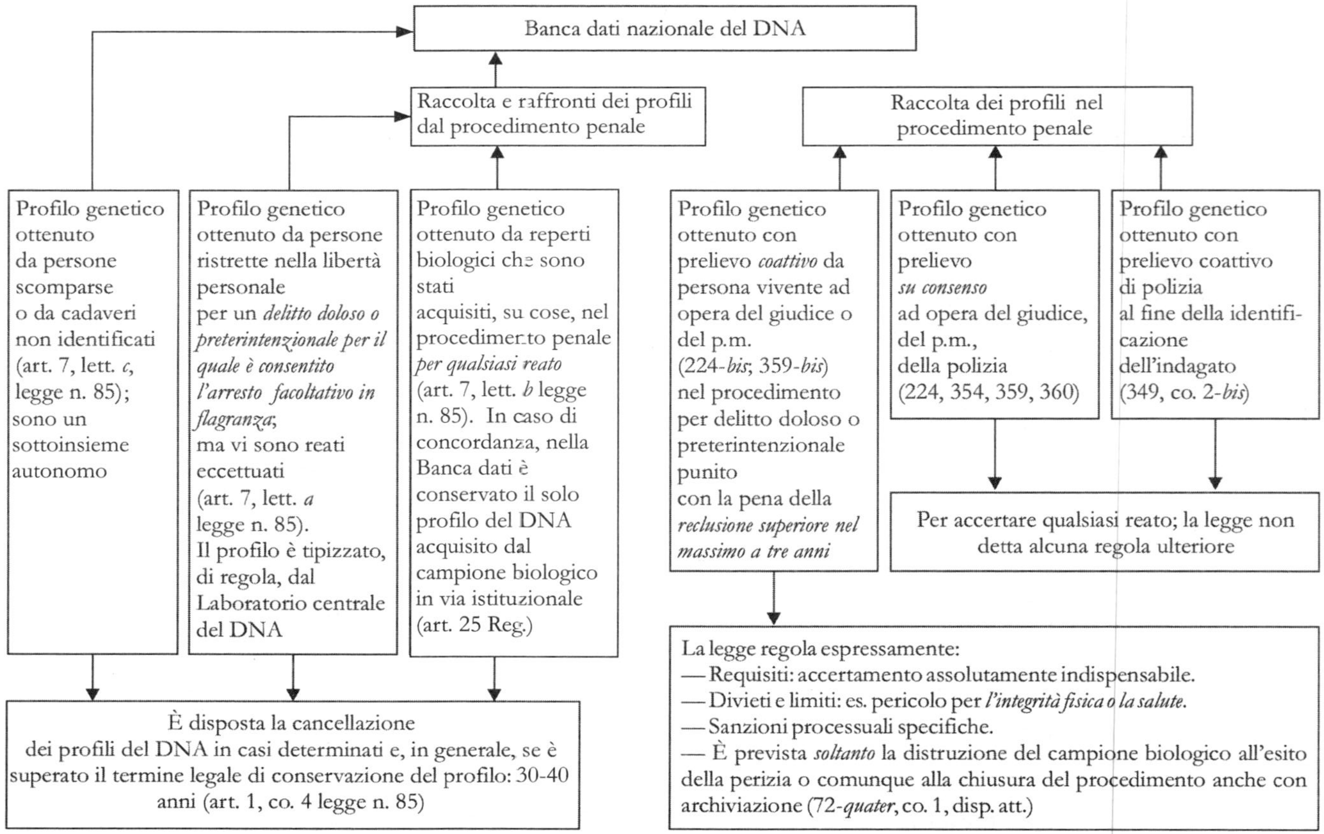

Capitolo II

CONCLUSIONE DELLE INDAGINI PRELIMINARI

3.2.1. Riapertura delle indagini e revoca della sentenza di non luogo a procedere

Riapertura delle indagini dopo l'archiviazione (414)	Revoca della sentenza di non luogo a procedere e riapertura delle indagini (434)
Il P.M. presenta richiesta motivata dalla esigenza di nuove investigazioni	Il P.M. presenta richiesta motivata quando sopravvengono o si scoprono nuove fonti di prova che possono determinare il rinvio a giudizio
Decisione del G.I.P. senza contraddittorio	Decisione del G.I.P. in camera di consiglio (435.3)
Se il giudice autorizza la riapertura delle indagini, il P.M. procede a nuova iscrizione del nome dell'indagato (335) Termine ordinario di 6 mesi prorogabile	Se il giudice accoglie la richiesta di riapertura delle indagini, stabilisce un termine improrogabile non superiore a 6 mesi (436.3)

3.2.2. Richiesta di proroga delle indagini preliminari contro un indagato

Entro sei mesi dalla iscrizione del nome dell'indagato nel registro (335) il P.M. presenta al G.I.P. richiesta di proroga delle indagini per giusta causa (406.1). Il giudice cura che tale richiesta sia notificata all'indagato ed alla persona offesa che vuole esserne informata (406.3)

↓

Il giudice per le indagini preliminari

- Autorizza la proroga *de plano* per un termine non superiore a sei mesi (406.4)
- Non ritiene di concedere la proroga (406.5); fissa la data dell'udienza in camera di consiglio (127) a seguito della quale decide
  - Il giudice autorizza il P.M. a proseguire le indagini (406.6)
  - Il giudice respinge la richiesta di proroga (406.7); se il termine è scaduto fissa un termine per la formulazione delle richieste del P.M

Le indagini proseguono

- Il P.M. chiede nuovamente una proroga allo scadere del termine in caso di particolare complessità delle indagini ovvero di oggettiva impossibilità di concluderle entro il termine prorogato. La durata delle indagini non può essere superiore a diciotto mesi (407.1); non può essere superiore a due anni nei casi previsti dall'art. 407 co. 2
- Il P.M. formula richiesta di archiviazione ovvero esercita l'azione penale

3.2.3. Richiesta di archiviazione nei confronti di un indagato

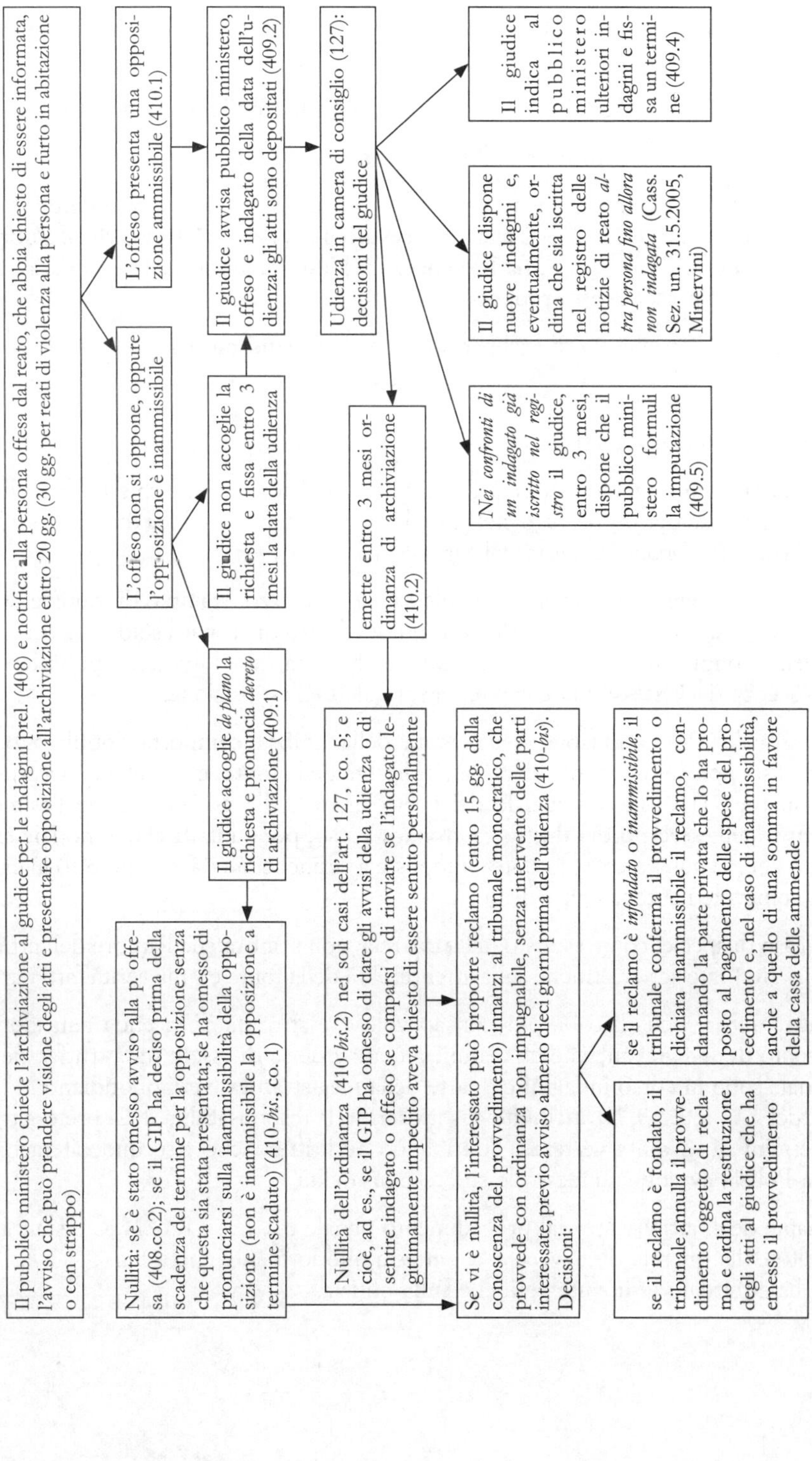

3.2.4. Opposizione alla richiesta di archiviazione (art. 410 c.p.p.)

AL GIUDICE PER LE INDAGINI PRELIMINARI PRESSO IL TRIBUNALE DI

. . . .

OPPOSIZIONE ALLA RICHIESTA DI ARCHIVIAZIONE

Procedimento n. . . . . . R.N.R. P.M. Dott. . . . .

Il sottoscritto . . . ., nato a . . . . il . . . ., residente a . . . ., Via . . . . n. . . . . ., avendo ricevuto il . . . . avviso che il Pubblico Ministero Dott. . . . . ha presentato richiesta di archiviazione in data . . . ., con il presente atto propone

opposizione alla richiesta di archiviazione per i seguenti motivi:

MOTIVI

I) Mancanza di lecito esercizio del diritto di cronaca

Contrariamente a quanto afferma il Pubblico Ministero nella richiesta di archiviazione, ad avviso del sottoscritto, nel caso di specie non può parlarsi di lecito esercizio del diritto di cronaca da parte del Sig. . . . .

Per costante giurisprudenza la divulgazione a mezzo stampa di notizie lesive dell'onore può considerarsi lecito esercizio del diritto di cronaca solo se ricorrono le seguenti condizioni: la verità oggettiva dei fatti narrati, l'interesse pubblico alla conoscenza degli stessi e la correttezza formale dell'esposizione.

In particolare la condizione della verità della notizia comporta l'obbligo per il giornalista non solo di controllare l'attendibilità della fonte, ma anche di accertare e di rispettare la verità sostanziale dei fatti oggetto della notizia. Anche l'esimente putativa dell'esercizio del diritto di cronaca presuppone infatti che le notizie siano vere o che, se non vere, siano state sottoposte a verifiche tali da aver indotto in errore non colpevole l'autore dell'articolo.

Nel caso di specie, come esposto nella querela, non sembra che l'autore dell'articolo abbia effettuato serie verifiche sulla attendibilità della fonte e sulla verità fatti narrati.

Infatti l'autore dell'articolo, pur consapevole che si tratta di vicenda nata dopo il racconto di una giovane che ha denunciato alla Polizia di essere stata truffata, e per la quale sono in corso indagini da parte della magistratura (vedi quotidiano . . . . del . . . .), ha attribuito al sottoscritto la responsabilità della pretesa truffa in termini di assoluta certezza, affermando addirittura che « secondo il racconto della Polizia avrebbe ammesso le sue responsabilità ».

L'esame degli atti estratti dal procedimento penale n. . . . . . R.G.N.R. instaurato a seguito della querela di . . . . attesta ulteriormente che il Sig. . . . . non ha effettuato le dovute verifiche sulla notizia.

Dalla querela e dagli altri atti non emergono elementi per poter affermare che il Sig. . . . . abbia lecitamente esercitato il diritto di cronaca, tenuto anche conto del fatto che l'articolo si conclude affermando che il sottoscritto « secondo il racconto della Polizia avrebbe ammesso le sue responsabilità ».

II) Richiesta di prosecuzione delle indagini

Il sottoscritto . . . . chiede che siano proseguite le indagini al fine di controllare se il Sig. . . . . abbia effettuato verifiche sulla attendibilità della fonte e sulla verità dei fatti narrati, procedendo alle seguenti investigazioni suppletive:

1 interrogatorio del Sig. . . . . al fine di apprendere la fonte della notizia e dei dettagli riportati nell'articolo, nonché le verifiche eventualmente compiute sulla attendibilità della fonte e sulla verità dei fatti narrati;

2 audizione quale persona informata dei fatti per cui si procede del querelante . . . . al fine di apprendere se ha fornito al Sig. . . . . la notizia ed i dettagli riportati nell'articolo (peraltro diversi da quanto esposto nella querela) e se è stata interpellata dal Sig. . . . . per verificare la verità della notizia.

* * *

Il sottoscritto . . . . conferma di nominare proprio difensore di fiducia l'Avv. . . . ., con Studio in . . . ., Via . . . . n. . . . . . ., che delega espressamente a depositare la presente opposizione all'archiviazione.

Luogo, data, firma

3.2.5. Archiviazione per particolare tenuità del fatto

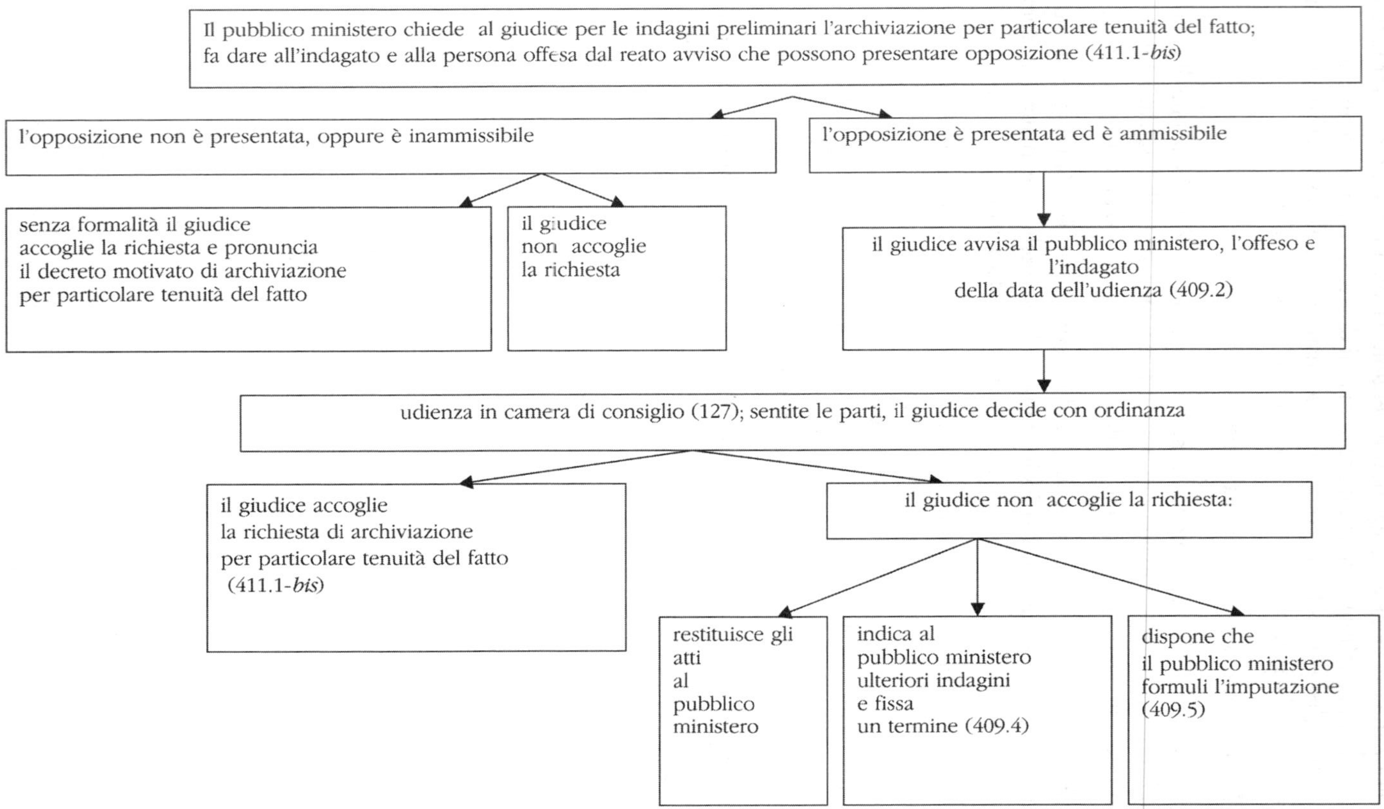

3.2.6. Termine massimo per le indagini preliminari

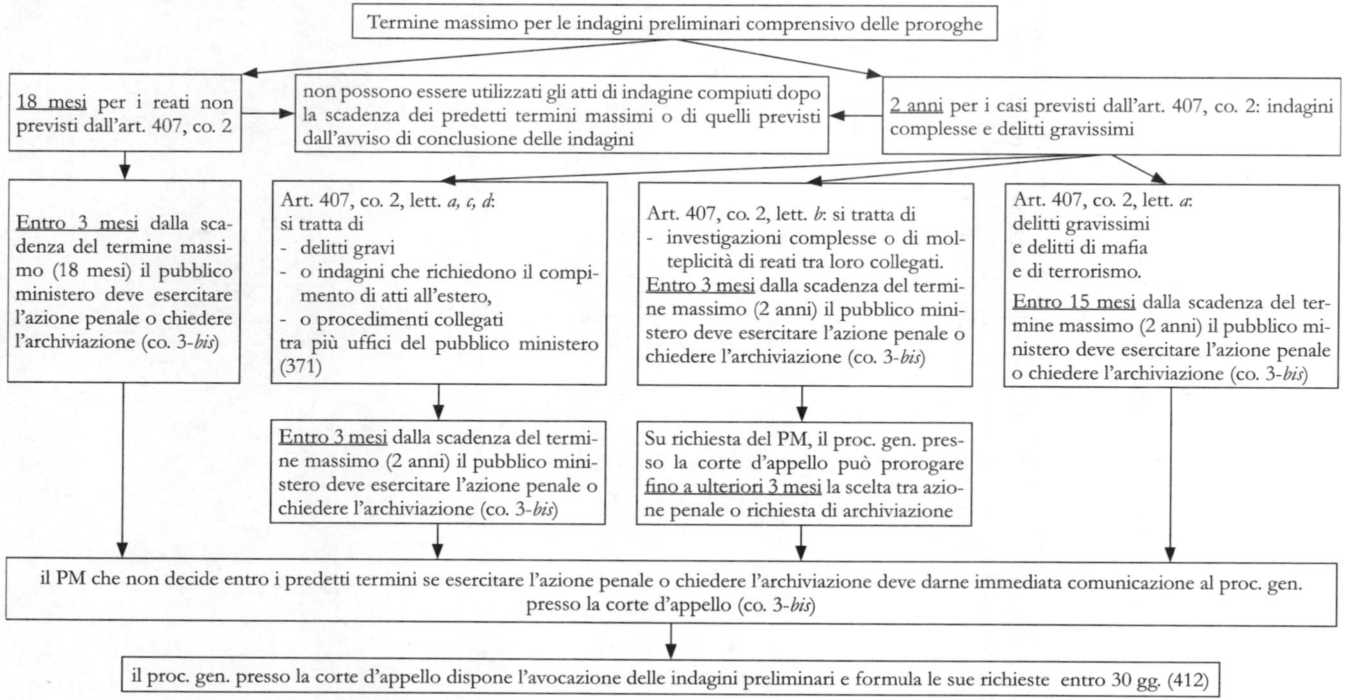

Capitolo III

L'UDIENZA PRELIMINARE

3.3.1. L'udienza preliminare

a) ammissione di atti o documenti;
b) esposizione del pubblico ministero;
c) dichiarazioni spontanee ed eventuale interrogatorio dell'imputato;
d) esposizione dei difensori delle parti private;
e) conclusioni del PM e dei difensori

f) il giudice ritiene di poter decidere allo stato degli atti (*procedura ordinaria*; 421)

f) il giudice ritiene di NON poter decidere allo stato degli atti e dispone la *procedura eccezionale* dell'udienza;

g) ordina al PM nuove indagini (421-*bis*).
h) ammette nuove prove e le assume (422).
i) eventuale interrogatorio dell'imputato.
l) conclusioni delle parti

m) decisioni del giudice: 1. pronuncia la sentenza di non luogo a procedere (425)
2. pronuncia il decreto che dispone il giudizio (429); forma il fascicolo per il dibattimento (431)

3.3.2. Il fascicolo del pubblico ministero ed il fascicolo per il dibattimento

Fascicolo delle indagini

↓

Terminata l'udienza preliminare, dopo che è stato emesso il decreto che dispone il giudizio, il giudice provvede nel contraddittorio delle parti alla formazione dei due fascicoli (431.1)

↙	↘
Verbali di atti ripetibili compiuti da polizia giudiziaria, pubblico ministero, difensore, giudice della udienza preliminare (fascicolo residuale)	Verbali di atti indicati tassativamente. Ad esempio atti all'origine non ripetibili e verbali dell'incidente probatorio; atti inseriti su accordo delle parti
↓	↓
Fascicolo del pubblico ministero (433)	Fascicolo per il dibattimento (431)
↓	↓
Conoscibile soltanto dalle parti (433.2)	Conoscibile dalle parti e dal giudice (432)
↓	↓
Di regola gli atti non possono essere letti in dibattimento (514)	Gli atti possono essere letti in dibattimento (511)

3.3.3. Fascicoli del procedimento penale

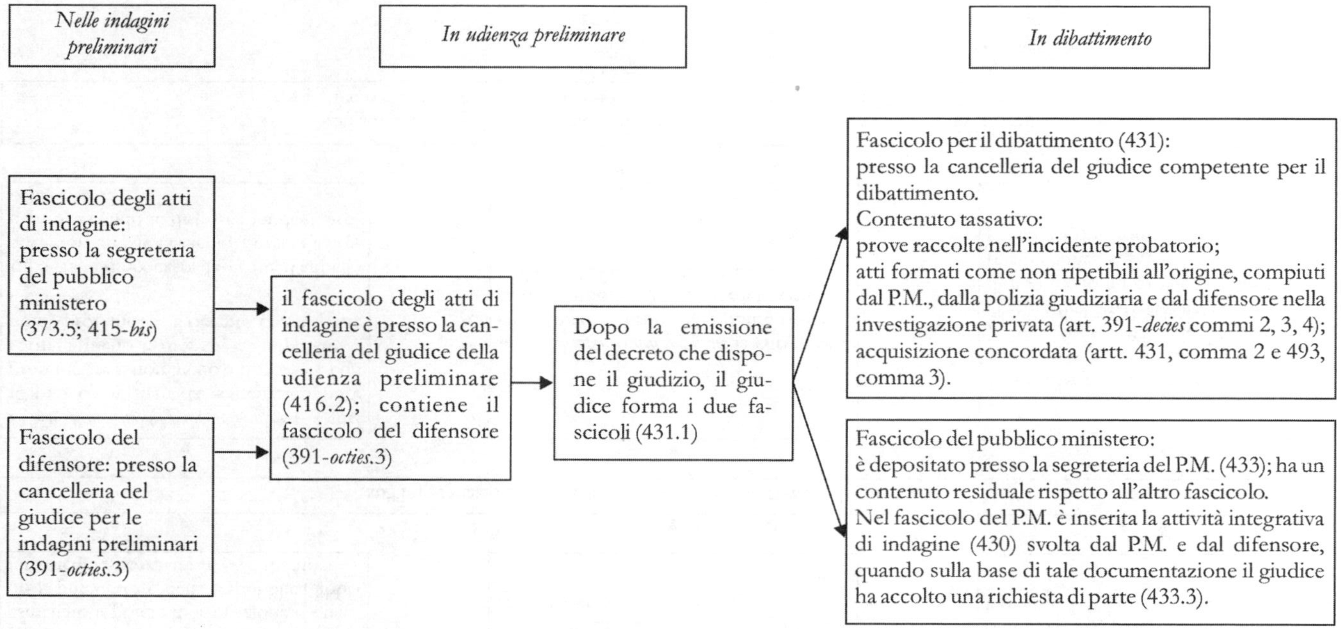

3.3.4. Impugnabilità della sentenza di non luogo a procedere (art. 428)

Contro la sentenza di non luogo a procedere possono proporre appello (428):

- Il procuratore della Repubblica; anche il procuratore generale presso la corte di appello soltanto nei casi nei quali egli abbia esercitato il potere di avocazione o quando il procuratore della Repubblica abbia fatto acquiescenza al provvedimento
- L'imputato, salvo che con la sentenza sia stato dichiarato che il fatto non sussiste o che l'imputato non lo ha commesso
- La persona offesa nei casi di nullità es. per omesso avviso della data dell'udienza preliminare (419.7)

sull'impugnazione decide la corte di appello in camera di consiglio (127)

- *In caso di appello del pubblico ministero* la corte può confermare la sentenza, oppure pronunciare il non luogo a procedere con formula meno favorevole all'imputato, o infine pronunciare il decreto che dispone il giudizio.

  In quest'ultimo caso, la corte d'appello deve formare il fascicolo per il dibattimento secondo le disposizioni degli articoli 429 e 431
- *In caso di appello dell'imputato* la corte potrà confermare la sentenza, oppure pronunciare un non luogo a procedere con formula più favorevole all'imputato
- *In caso di appello della persona offesa* la corte può rigettarlo, confermando la sentenza di non luogo a procedere, oppure accoglierlo e dichiarare la nullità della sentenza di non luogo a procedere, disponendo la trasmissione degli atti al giudice perché proceda a rinnovare l'udienza preliminare

Non sono appellabili le sentenze di non luogo a procedere relative a contravvenzioni punite con la sola pena dell'ammenda o con pena alternativa (art. 428, comma 3-*quater*)

3.3.5. Provvedimenti che dichiarano l'assenza dell'imputato o sospendono il processo per esito negativo del tentativo di notifica personale

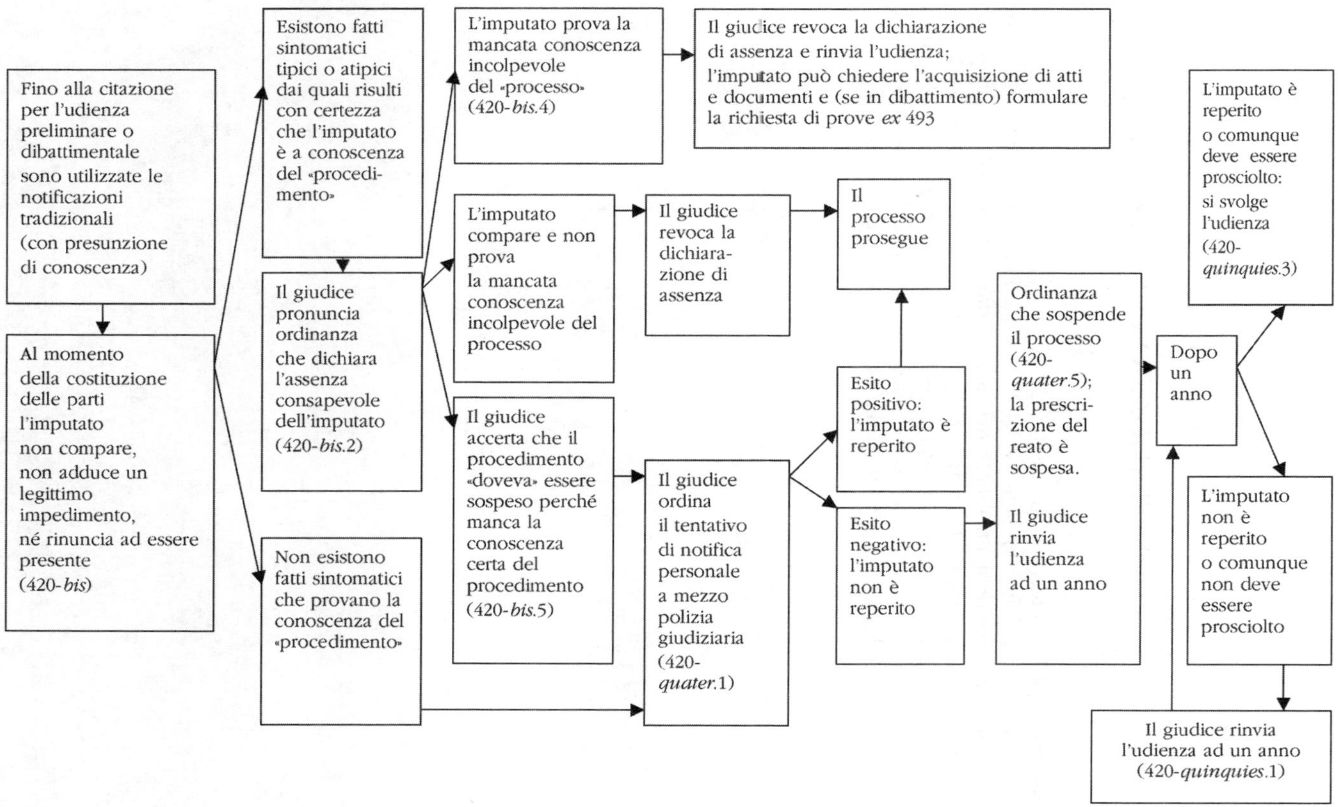

Capitolo IV

L'INVESTIGAZIONE DIFENSIVA

3.4.1. L'intervista difensiva (art. 391-*bis* c.p.p.): colloquio, ricezione di dichiarazioni e assunzione di informazioni

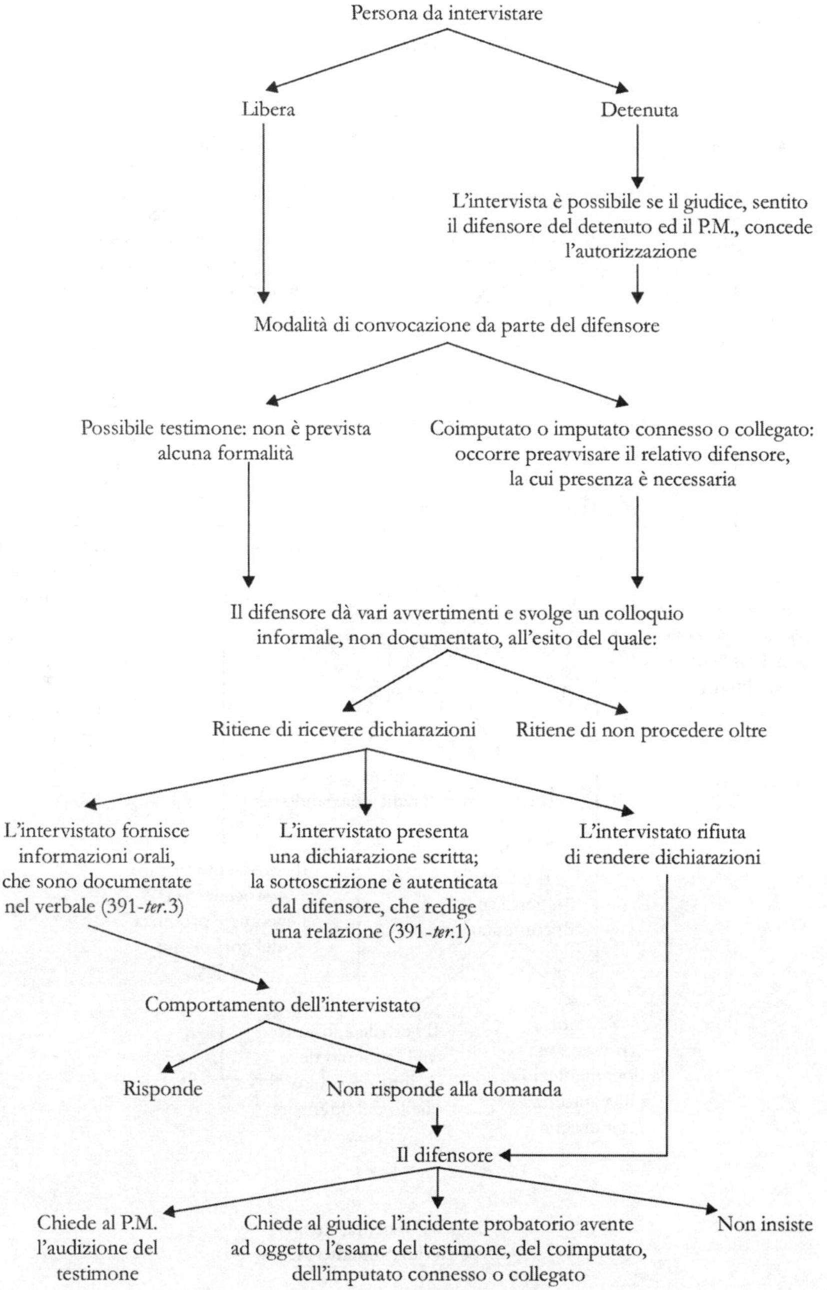

3.4.2. Investigazioni difensive attuabili direttamente

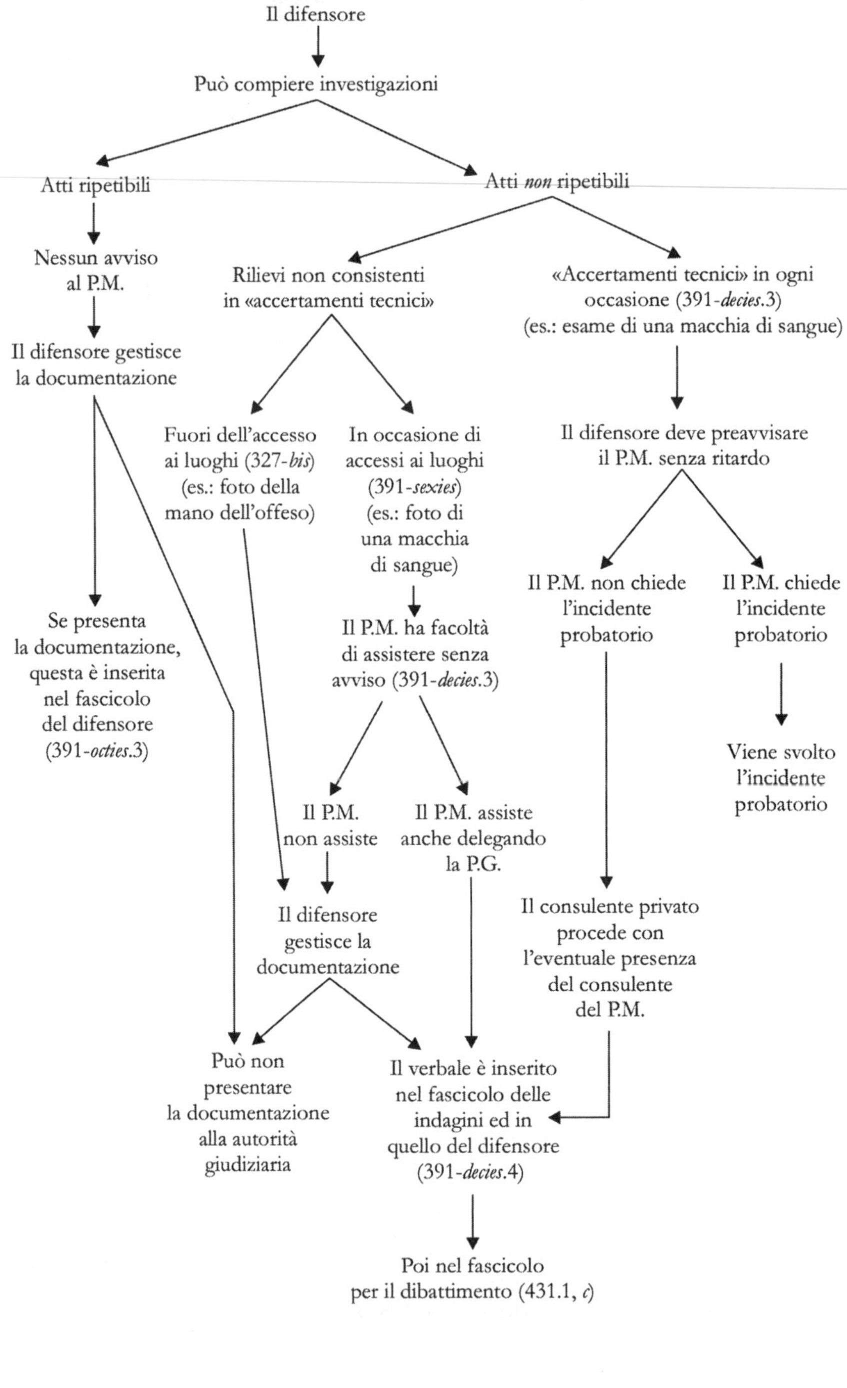

3.4.3. Investigazioni attuabili su richiesta del difensore

Il difensore

Chiede al P.M. il compimento di atti

(Con un possibile controllo da parte del giudice *senza contraddittorio*)

Il difensore:
Chiede il sequestro probatorio (368)
- Chiede documenti rifiutati dalla pubblica amministrazione (391-*quater*)

Il P.M., se non provvede, trasmette gli atti al giudice, che decide *inaudita altera parte* (368)

(Con un possibile controllo da parte del giudice in contraddittorio)

Il difensore:
- Chiede di esaminare le cose sequestrate, delle quali il P.M. ritarda l'esame (366)
- Chiede che il proprio consulente tecnico sia autorizzato ad intervenire alle ispezioni, a esaminare l'oggetto delle stesse e le cose sequestrate, e il P.M. nega l'autorizzazione (233.1-*bis*)

(366.2)
(233.1-*bis*)
Il difensore propone opposizione al giudice che decide in camera di consiglio (127)

Chiede al giudice il compimento di atti

- Chiede l'autorizzazione ad accedere a luoghi privati quando il proprietario non consente (391-*septies*); il giudice autorizza con decreto e specifica le modalità
- Chiede l'incidente probatorio per esaminare la persona che non ha risposto nell'intervista difensiva (391-*bis*.11)

3.4.4. Segreto investigativo e potere di segretazione (artt. 379-*bis* c.p. e 391-*quinquies* c.p.p.)

Gli atti di indagine, di regola,
sono segreti (329 c.p.p.)
«fino a quando l'imputato
non ne può avere conoscenza»

379-*bis*, 1° periodo, c.p.
Rivelazione
di un "atto" di indagine segreto:
colui che ha appreso notizie segrete
per aver *partecipato* all'atto
(anche come parte privata o dichiarante)
non deve rivelare
il contenuto dell'atto
(e cioè, le domande e le risposte).

Sanzione: reclusione fino ad un anno

Atti diventati conoscibili,
ma il PM ha ordinato
alle persone sentite
la segretazione dell'atto
(329 co. 3 c.p.p.)

per esigenze delle indagini
il PM ha disposto
(per 2 mesi al massimo)
la secretazione del "fatto"
conosciuto dal dichiarante
(391-*quinquies* c.p.p.).
……………………………………

In mancanza di secretazione,
la persona può rivelare
il "fatto" conosciuto

379-*bis*, 2° periodo, c.p.
Rivelazione
di un "fatto" segretato in un atto sia segreto, sia conoscibile:
il dichiarante
«dopo aver rilasciato dichiarazioni
nel corso delle indagini preliminari»,
premesso che il PM ha posto
il divieto di comunicare il fatto
(391-*quinquies* c.p.p.),
rivela a altri
«i fatti e le circostanze
oggetto dell'indagine»
di cui ha conoscenza.

Sanzione: reclusione fino a un anno

Sono puniti
con la reclusione
il pubblico
ufficiale
o l'incaricato
di un pubblico
servizio
i quali,

violando i
doveri inerenti
alle loro
funzioni
o abusando
della loro
qualità,

rivelano
notizie segrete
o ne agevolano
la conoscenza
anche
per colpa
(326 c.p.)

3.4.5. Investigazioni difensive a confronto con le indagini preliminari

Indagini preliminari	*Investigazioni difensive*
Titolarità: P.M. (327)	Difensore (327-*bis*.3)
Finalità pubblica (358): accertare i fatti a carico e a discarico	Finalità privata (327-*bis*.1): « ricercare elementi di prova a favore del proprio assistito »
Il P.M. ha poteri coercitivi sulle cose	Il difensore non ha alcun potere coercitivo; ha l'onere di chiedere atti coercitivi al P.M. o al giudice
Il possibile testimone *deve*: presentarsi al P.M. e rispondere secondo verità (371-*bis* c.p.; 362 c.p.p.)	Il dichiarante *può*: A) non presentarsi; B) non rispondere (391-*bis*.3.*d*); se risponde, deve dire il vero (371-*ter* c.p.)
Il P.M. ha l'*obbligo*: A) di redigere il verbale (373) B) di depositarlo (415-*bis*)	Il difensore ha la *facoltà*: A) di redigere il verbale (391-*bis*.1; 391-*ter*.3) B) di presentarlo al P.M. (391-*octies*.4) o al giudice (391-*octies*.1)

3.4.6. Il diritto alla prova scientifica

Un "rilievo" è sufficiente per impedire la dispersione di un elemento di prova	La polizia e il difensore possono procedere a rilievi; la controparte ha diritto di assistere senza avere diritto al preavviso (356; 391-*decies*.2). Il P.M. può disporre ispezione di luoghi, ma deve dare preavviso al difensore.	
Occorre una valutazione; ma l'accertamento può essere ripetuto	Il P.M. (359) e il difensore (327-*bis*) mediante propri consulenti possono compiere in segreto accertamenti tecnici ripetibili.	
L'accertamento tecnico è non ripetibile: a) perché la persona, la cosa o il luogo sono soggetti a modificazione non evitabile; b) perché l'accertamento stesso modifica l'oggetto da esaminare (117 att.).	P.M. e indagato possono chiedere al giudice una perizia urgente in incidente probatorio (392)	Il giudice deve preavvisare il P.M., l'indagato e l'offeso; il consulente di parte ha diritto di essere presente.
	Il P.M. *deve* disporre l'accertamento urgente (360)	Il P.M. deve preavvisare senza ritardo indagato, offeso e difensore; il consulente di parte ha il diritto di essere presente.
	Il difensore *può* disporre l'accertamento urgente (391-*decies*.3)	Il difensore deve preavvisare senza ritardo il P.M. (391-*decies*). Il P.M. ha facoltà di assistere personalmente o mediante la polizia.

3.4.7. False dichiarazioni al pubblico ministero e al difensore

False dichiarazioni al P.M.

Richieste dal P.M. (371-*bis*, 1 c.p.)

Richieste dal difensore (371-*bis*, 3 c.p.)

Il possibile testimone rende dichiarazioni false o tace ciò che sa: punibile con reclusione fino a 4 anni

Il P.M. e la P.G. non devono chiedere al possibile testimone «informazioni sulle domande formulate e sulle risposte date» al difensore o al sostituto (362 c.p.p.)

N.B.: nessuna sanzione penale; eventuale sanzione disciplinare (124 c.p.p.)

False dichiarazioni al difensore (371-*ter*, c.p.)

Il dichiarante rende dichiarazioni false: punibile con reclusione fino a 4 anni (la reticenza non è punita)

(391-*bis*, 3 e 4) Il dichiarante non deve comunicare al difensore le domande formulate e le risposte date al P.M. e alla P.G.

Sanzione penale: se rivela indebitamente notizie segrete concernenti un procedimento penale: reclusione fino a un anno (379-*bis*, primo periodo, c.p.)
Sanzione processuale: se rivela le domande e le risposte: inutilizzabilità (391-*bis*, 6)
Sanzione disciplinare per il difensore (391-*bis*, 6)

3.4.8. La testimonianza del difensore

	Fatti conosciuti nell'esercizio delle funzioni	*Fatti conosciuti prima di assumere il mandato*
Difensore che ha svolto investigazioni difensive (327-*bis*) o formato la documentazione (391-*ter*)	Incompatibile con la testimonianza (197, *d*)	Compatibile con la testimonianza Il difensore dovrebbe rinunciare al mandato
Difensore che non ha svolto investigazioni difensive (327-*bis*) né formato la documentazione (391-*ter*)	Compatibile con la testimonianza Il difensore deve rinunciare al mandato (Cod. deont. forense)	

3.4.9. Verbale di intervista difensiva (art. 391-*bis*)

Assunzione di informazioni rese da persona informata sui fatti nell'ambito del procedimento penale n. . . . . . R.G.N.R. pendente davanti alla Procura della Repubblica di . . . . .

L'anno 2014 e questo giorno . . . . del mese di marzo alle ore . . . . in . . . . presso lo studio dell'Avv. Roberto D., innanzi al predetto Avv., è presente il Sig. Luciano X, nato a . . . . il . . . .,
il quale, essendo stato preventivamente avvertito dal predetto difensore, ai sensi del comma 3 dell'art. 391-*bis* c.p.p.:
— delle generalità, qualità e dello scopo del colloquio, consistenti nell'assunzione di informazioni attinenti ai fatti oggetto del proc. penale n. . . . R.G.N.R.;
— che il predetto difensore intende ricevere informazioni documentandole per iscritto;
— che egli ha l'obbligo di dichiarare se è sottoposto ad indagini o imputato nello stesso procedimento, in un procedimento connesso, o per un reato collegato;
— che egli ha la facoltà di non rispondere, facendo altresì presente che se dovesse avvalersi di tale facoltà, la sua audizione potrà essere disposta dall'autorità giudiziaria procedente su richiesta dello stesso difensore;
— che egli ha la facoltà, se prossimo congiunto dell'imputato, di astenersi dal deporre ai sensi dell'art. 199 c.p.p.;
— che egli può andare incontro alle responsabilità penali conseguenti ad eventuali false dichiarazioni al difensore, le quali sono punibili ai sensi dell'art. 371-*ter* c.p.;
— che egli ha il divieto di rivelare le domande eventualmente a lui formulate dalla polizia giudiziaria o dal pubblico ministero e le risposte date;
— preventivamente informato delle modalità del colloquio e preso atto dei suddetti avvertimenti preliminari,

afferma che intende rendere dichiarazioni mediante verbalizzazione integrale con particolare riferimento alla vendita all'incanto dell'Azienda Agricola in Chianti di proprietà di Pietro M.

DOMANDA: È vero che nell'aprile-maggio 2009 il Sig. Pietro M. vi incaricò di reperire un compratore dell'Azienda Agricola?
RISPOSTA: Sì, è vero. Sapevo che il Sig. Pietro aveva dei problemi con le banche e che l'azienda era all'asta in Tribunale. Mi chiese di dargli una mano a trovare un compratore, per poi trattare direttamente con le banche.
DOMANDA: Lei trovò qualcuno interessato all'acquisto dell'azienda?
RISPOSTA: Sì, nel giugno del 2009 la nota Soc. A si dichiarò interessata all'acquisto dell'azienda per il prezzo di 300.000 euro. Ne parlai ripetutamente con il responsabile della società, un certo Giovanni Z. Preciso che accompagnai, nel giugno 2009, Giovanni Z a visitare l'azienda del Sig. Pietro M.
Successivamente, dopo che avevo inviato allo stesso la documentazione da lui richiesta sull'azienda, feci incontrare alla stazione centrale di Firenze, presso il Club Eurostar, ai primi di luglio del 2009, il Sig. Pietro M. con Giovanni Z.
DOMANDA: Il prezzo di 300.000 euro era un prezzo di mercato per quell'epoca?

RISPOSTA: Direi di sì; tanto è vero che la Ditta A era molto interessata.
Prendo atto che le sue stesse dichiarazioni potranno essere utilizzate in sede processuale e sono disponibile a confermarle al magistrato appena mi sarà data l'opportunità di farlo.
Il presente verbale viene chiuso alle ore . . .

Letto, confermato e sottoscritto.

Luciano X

Il difensore (anche per autentica)
Avv. Roberto D.

Il verbalizzante
Dott. S. T.

Capitolo V

IL GIUDIZIO

3.5.1. Quadro sinottico del giudizio di primo grado

Atti preliminari al dibattimento	1. Le parti presentano le liste dei testimoni, consulenti, periti (468); chiedono la citazione. 2. Il presidente la autorizza. 3. In udienza, il presidente controlla la regolare costituzione delle parti (484). 4. Eventuali questioni preliminari (491). 5. Dichiarazione di apertura del dibattimento (492).
Dibattimento Istruzione dibattimentale	1. Richieste di prova (493). 2. L'imputato è avvisato che può rendere dichiarazioni spontanee (494). 3. Il giudice decide l'ammissione delle prove (495). 4. Ordine di assunzione delle prove (496). *a*) «caso» per l'accusa. *b*) esame delle parti private (150 att). *c*) «caso» per la difesa (497.1). 5. Il giudice può disporre l'assunzione di nuovi mezzi di prova su richiesta o d'ufficio (507). 6. Discussione finale (523).
Atti successivi al dibattimento	1. Deliberazione della sentenza (525). 2. In udienza: lettura del dispositivo (545).

Legenda: ▌ in udienza

3.5.2. Lista testimoniale e richiesta di autorizzazione alla citazione (art. 468 c.p.p.)

LISTA TESTIMONIALE E RICHIESTA DI AUTORIZZAZIONE
ALLA CITAZIONE DI TESTIMONI, PERITI, CONSULENTI TECNICI
E SOGGETTI INDICATI ALL'ART. 210

Al presidente del Tribunale
Seconda Sezione penale
Sede

In relazione al procedimento n. . . . . . R.G. a carico X.Y., fissato per l'udienza dibattimentale del . . . . (in relazione al delitto di cui all'art. 643 c.p.), il P.M. (o il difensore di una parte privata)

CHIEDE

autorizzarsi la citazione, per l'esame sulle circostanze rispettivamente indicate, di:

MARIO R. . . . . via . . . .

TIZIO . . . . via . . . .

SEMPRONIO . . . . via . . . .

affinché riferiscano le condizioni di salute psichica in cui versava A.B. fra il . . . . . e la data della morte di Y, quali erano i rapporti con l'imputato X. Y. e se quest'ultimo si sia ingiustamente arricchito ai danni di A.B. mediante impossessamento di mobili e di denaro.

CAIO . . . .

MEVIO Notaio in . . . .

LUCIO Consulente Tecnico con studio in . . . .

affinché riferiscano quali erano le condizioni di salute psichica di A.B. fra il . . . . . e la morte.

Luogo, data

Il Pubblico Ministero
(o il difensore di una parte privata)

. . . .

3.5.3. Ripresa televisiva del dibattimento (art. 147 disp. att.)

SEMPRE VIETATA

- Se dibattimento a porte chiuse per esigenze di segretezza (114.4) (147.4 disp. att.)
- Ma la sanzione è ridicola: oblazionabile con 129 euro (684 e 162-*bis* c.p.)

Deriva pregiudizio al sereno svolgimento dell'udienza → Il giudice vieta la ripresa (147.1 disp. att.)

Non deriva pregiudizio al sereno svolgimento dell'udienza

- → Le parti consentono (anche tacitamente)
- → Le parti non consentono, ma vi è rilevante interesse sociale alla conoscenza

→ Il giudice può autorizzare la ripresa (147.2 disp. att.)

- → Il presidente vieta la ripresa delle immagini se l'interessato non vi consente o la legge ne fa divieto (147 disp. att.)
- → Sempre in audio

3.5.4. Correlazione tra accusa e sentenza

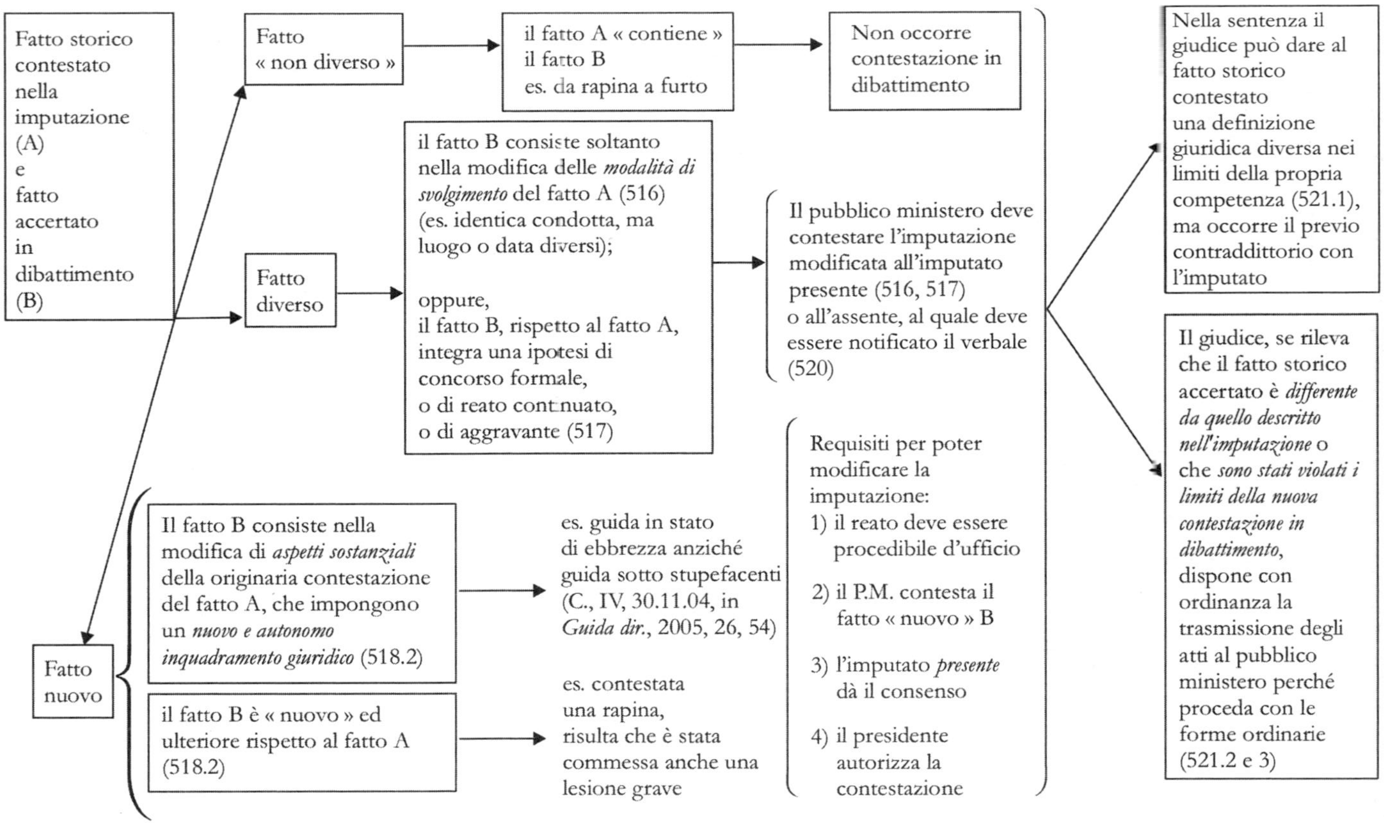

3.5.5. La mancata comparizione dell'imputato nell'udienza preliminare e in dibattimento

Il giudice accerta che l'avviso, la citazione o la notificazione nei confronti dell'imputato sono nulli (420 co. 2)

→ il giudice fissa la data della nuova udienza e dispone la rinnovazione dell'avviso o della citazione

L'assenza del difensore dell'imputato è dovuta ad assoluta impossibilità di comparire per legittimo impedimento (purché prontamente comunicato)

→ il giudice fissa con ordinanza la data della nuova udienza e ne dispone la notificazione all'imputato (420-*ter* co. 5)

L'imputato, dopo essere comparso, si allontana (420-*bis* co. 3); oppure, dopo essere stato presente ad una udienza, non compare alle successive

→ l'imputato è *considerato presente* (420-*bis* co. 3); è rappresentato dal difensore

L'imputato ha un legittimo impedimento ed il giudice valuta se esso determina un'assoluta impossibilità a comparire (420-*ter*)

→ vi è assoluta impossibilità: il giudice rinvia l'udienza (420-*ter* co. 1)

→ non vi è assoluta impossibilità a comparire: → il giudice dispone di procedersi in assenza dell'imputato (v. sotto)

L'imputato non comparso non ha un legittimo impedimento e ha una conoscenza presunta della «celebrazione del processo»:
1) perché esistono fatti sintomatici *previsti espressamente* dalla legge che fanno presumere con certezza la conoscenza del «procedimento» (420-*bis* co. 2); es. l'imputato:
a) ha dichiarato o eletto domicilio;
b) è stato arrestato, fermato o sottoposto a misura cautelare;
c) ha nominato un difensore di fiducia;
d) ha ricevuto personalmente la notifica dell'avviso o citazione;
2) perché esistono fatti *non previsti espressamente* dalla legge dai quali risulta comunque con certezza che egli ha avuto conoscenza del «procedimento» o se ne è sottratto volontariamente

L'imputato ha espressamente rinunciato ad assistere all'udienza (420-*bis* co. 1)

→ il giudice dispone di procedersi *in ASSENZA dell'imputato*, che ha rinunciato volontariamente a comparire (420-*bis* co. 2)
e
che è rappresentato dal difensore

L'imputato non compare e dagli atti NON si ricava né la nullità della notificazione, né la rinuncia a comparire, né il legittimo impedimento né l'esistenza di fatti sintomatici che fanno presumere con certezza la conoscenza della celebrazione del processo (420-*quater* co. 1)

→ il giudice rinvia l'udienza e dispone che l'avviso sia notificato all'imputato personalmente ad opera della polizia giudiziaria (420-*quater* co. 1)

→ la notifica personale è avvenuta e non vi è legittimo impedimento (420-*bis* co. 2) → il giudice dispone di procedersi in assenza dell'imputato

→ quando la notificazione personale non è risultata possibile, il giudice dispone con ordinanza la SOSPENSIONE del processo nei confronti dell'imputato irreperibile che non debba essere prosciolto ai sensi dell'art. 129 (420-*quater* co. 2)

3.5.6. Dichiarazione di assenza e sospensione per irreperibilità: accertamenti successivi

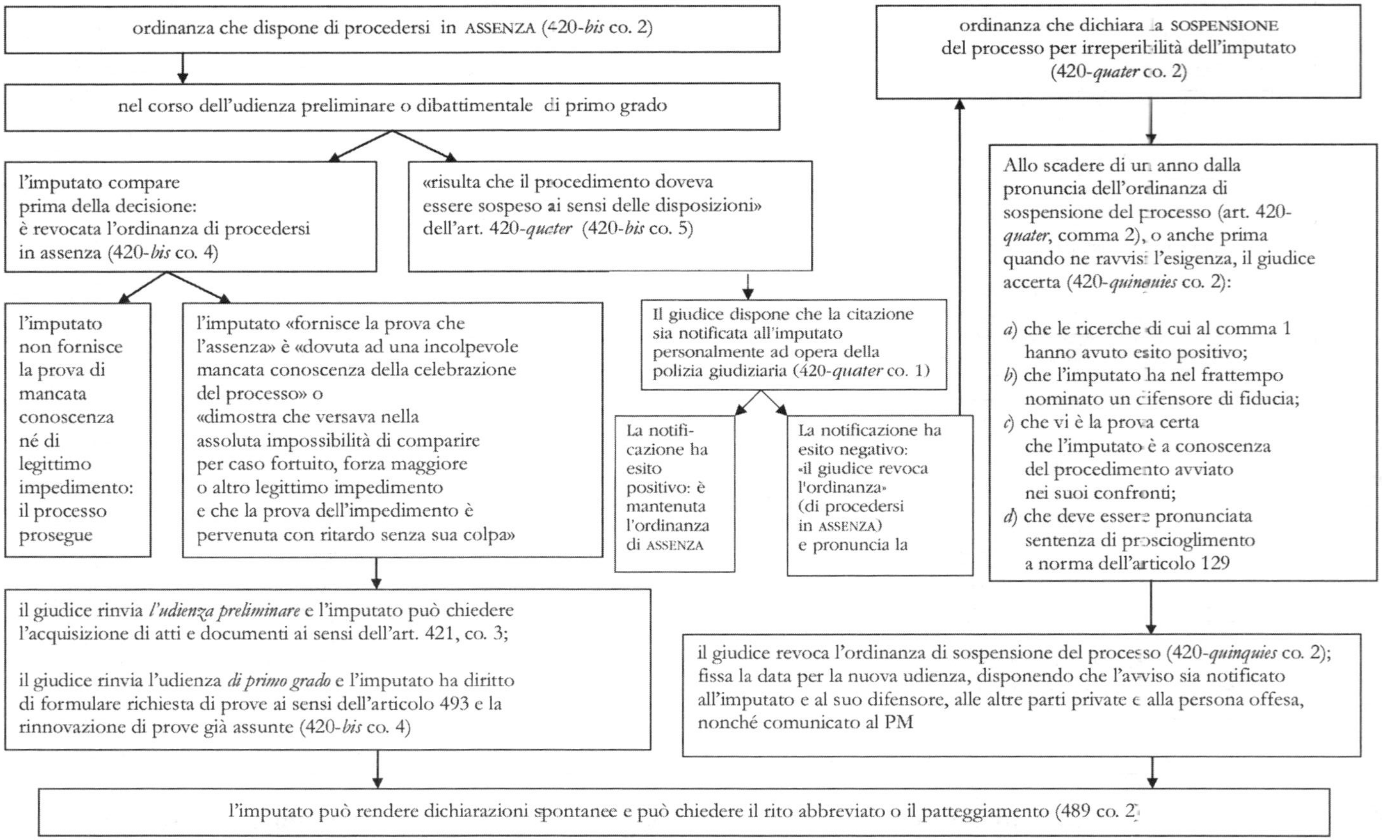

3.5.7. La rinuncia alla prova

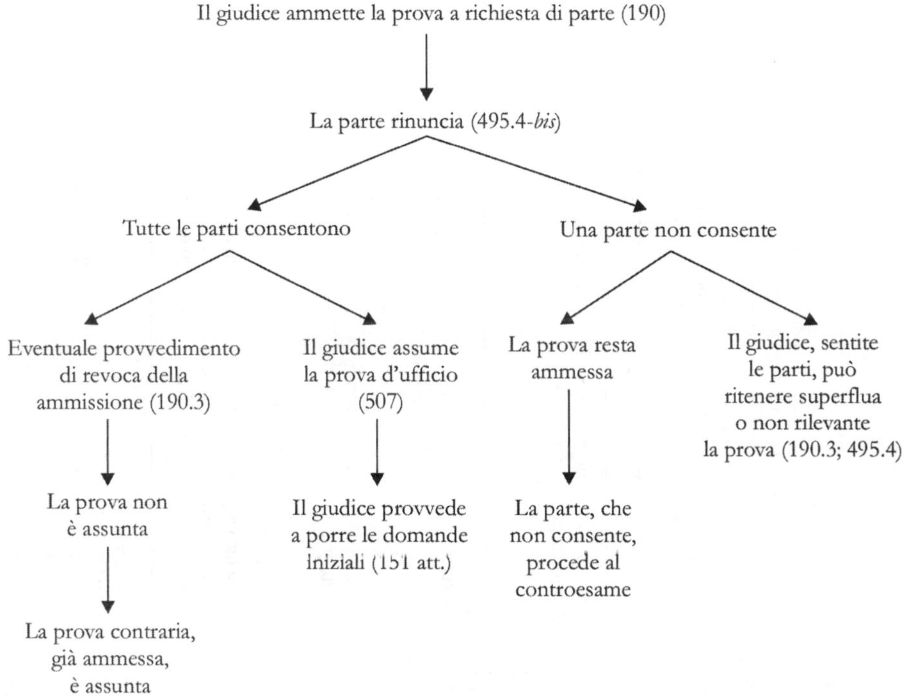

3.5.8. Conclusioni della parte civile (art. 523, comma 2 c.p.p.)

TRIBUNALE DI . . . .

Conclusioni per . . . . costituita parte civile nel procedimento a carico di . . . .

* * *

Piaccia alla S.V., accertata la penale responsabilità dell'imputato . . . . per il reato ascritto, condannare lo stesso alla pena che sarà ritenuta di giustizia, nonché al risarcimento dei danni tutti, nessuno escluso, a favore della parte civile costituita . . . ., danni da liquidarsi in separato giudizio, assegnando sin d'ora quale provvisionale immediatamente esecutiva la somma di € . . . ., oltre al pagamento delle spese di costituzione e difesa della parte civile come da notula allegata.

Luogo, data

Firma dell'avvocato

. . . .

3.5.9. Le precedenti dichiarazioni del testimone

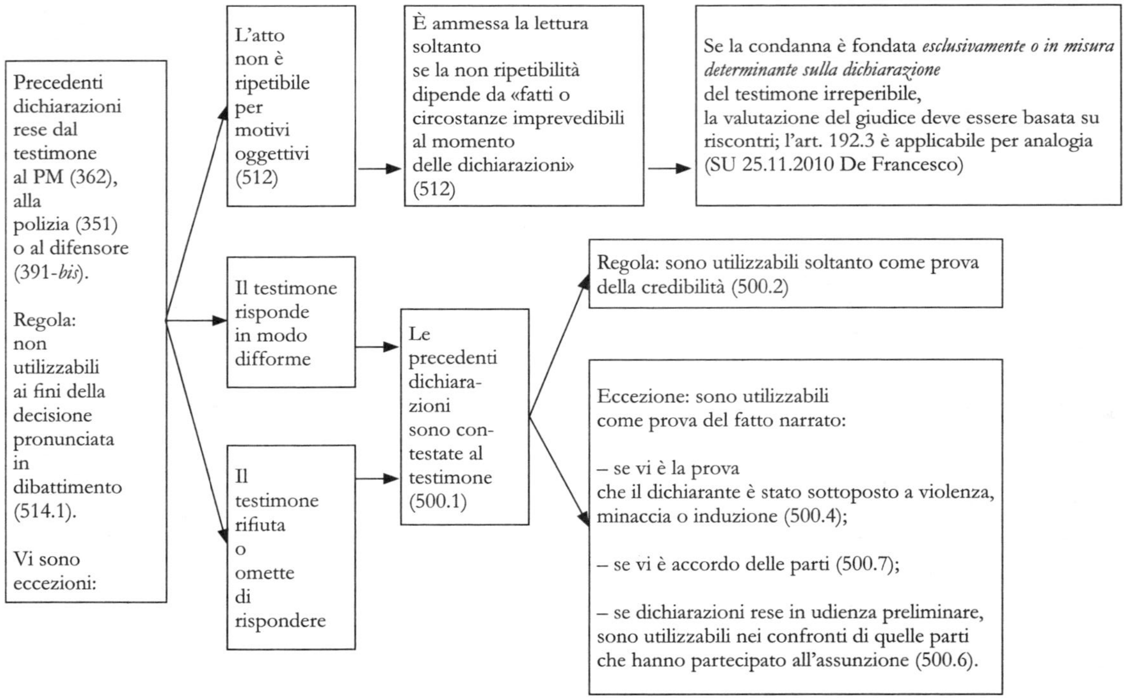

3.5.10. Le precedenti dichiarazioni dell'imputato esaminato ai sensi dell'art. 208 (art. 513, comma 1)

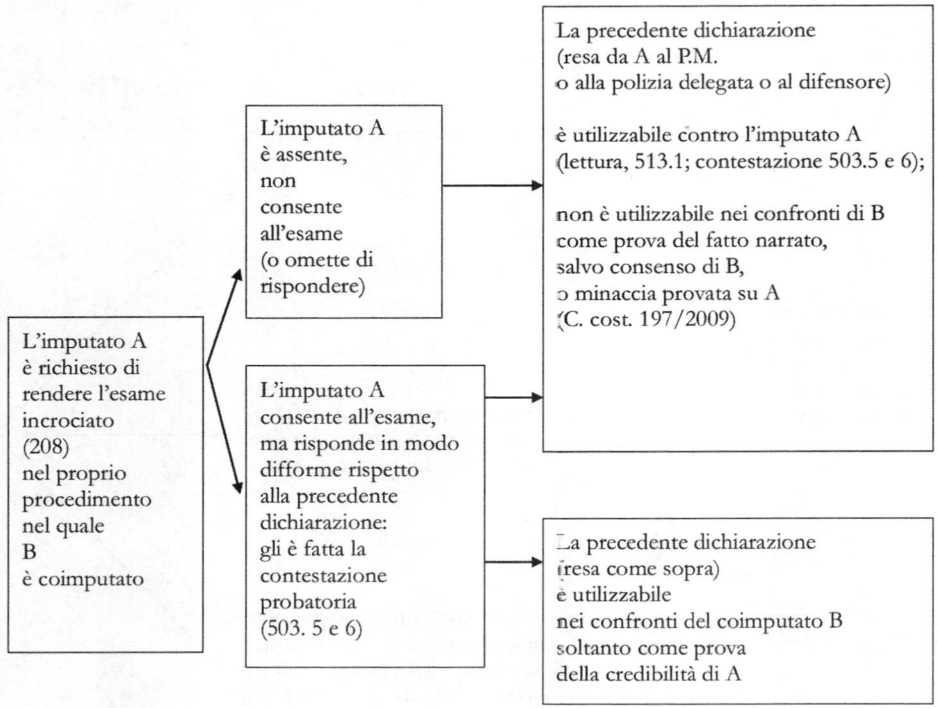

3.5.11. Le precedenti dichiarazioni del coimputato e dell'imputato connesso o collegato (art. 513, comma 2)

L'imputato connesso C è citato per essere esaminato ai sensi dell'art. 210 nel processo contro l'imputato A

→ Il dichiarante C risponde in modo difforme rispetto alla precedente dichiarazione: è fatta la contestazione probatoria (210.5; 500.1)

→ *Regola*: le precedenti dichiarazioni sono utilizzabili come prova della credibilità (contestazione, 500.2)

→ *Eccezione*: le dichiarazioni contenute nel fascicolo del P.M. sono utilizzabili come prova del fatto narrato se si accerta che il dichiarante è stato minacciato (contestazione o lettura, 500.4) o se vi è accordo delle parti (500.7)

→ Non è possibile ottenere la presenza del dichiarante C (nonostante sia disposto l'accompagnamento coattivo)

→ Le precedenti dichiarazioni sono utilizzabili soltanto se la non ripetibilità dipende da «fatti o circostanze imprevedibili al momento delle dichiarazioni» (lettura, 513.2; 512); altrimenti sono inutilizzabili (514; 526)

→ Il dichiarante C si avvale della facoltà di non rispondere (210.4)

→ Le precedenti dichiarazioni sono utilizzabili nei confronti di A soltanto:
— con l'accordo delle parti (513.2)
— in caso di minaccia accertata (contestazione o lettura, 210.5 e 500.4 c.p.p.; 111.5 Cost.)

3.5.12. Il rifiuto di sottoporsi all'esame o al controesame (art. 500, comma 3)

- Il dichiarante
  - Risponde al difensore di un solo imputato A e rifiuta il controesame del pubblico ministero e del difensore di un altro imputato B
    - → Le dichiarazioni, rese al difensore A, sono utilizzabili *contro* l'imputato A il cui difensore ha potuto svolgere l'esame
    - → Le dichiarazioni, rese al difensore A, *non* sono utilizzabili contro il pubblico ministero (e cioè non possono essere utilizzate a favore dell'imputato A)
    - → Le dichiarazioni, rese al difensore A, *non* sono utilizzabili contro il coimputato «rifiutato» B; sono utilizzabili a suo favore
  - Risponde al pubblico ministero e rifiuta il controesame del difensore dell'imputato A
    - → Le dichiarazioni, rese al pubblico ministero, non sono utilizzabili contro l'imputato A; sono utilizzabili a suo favore (perché vi consente)

3.5.13. La separazione in sede di condanna

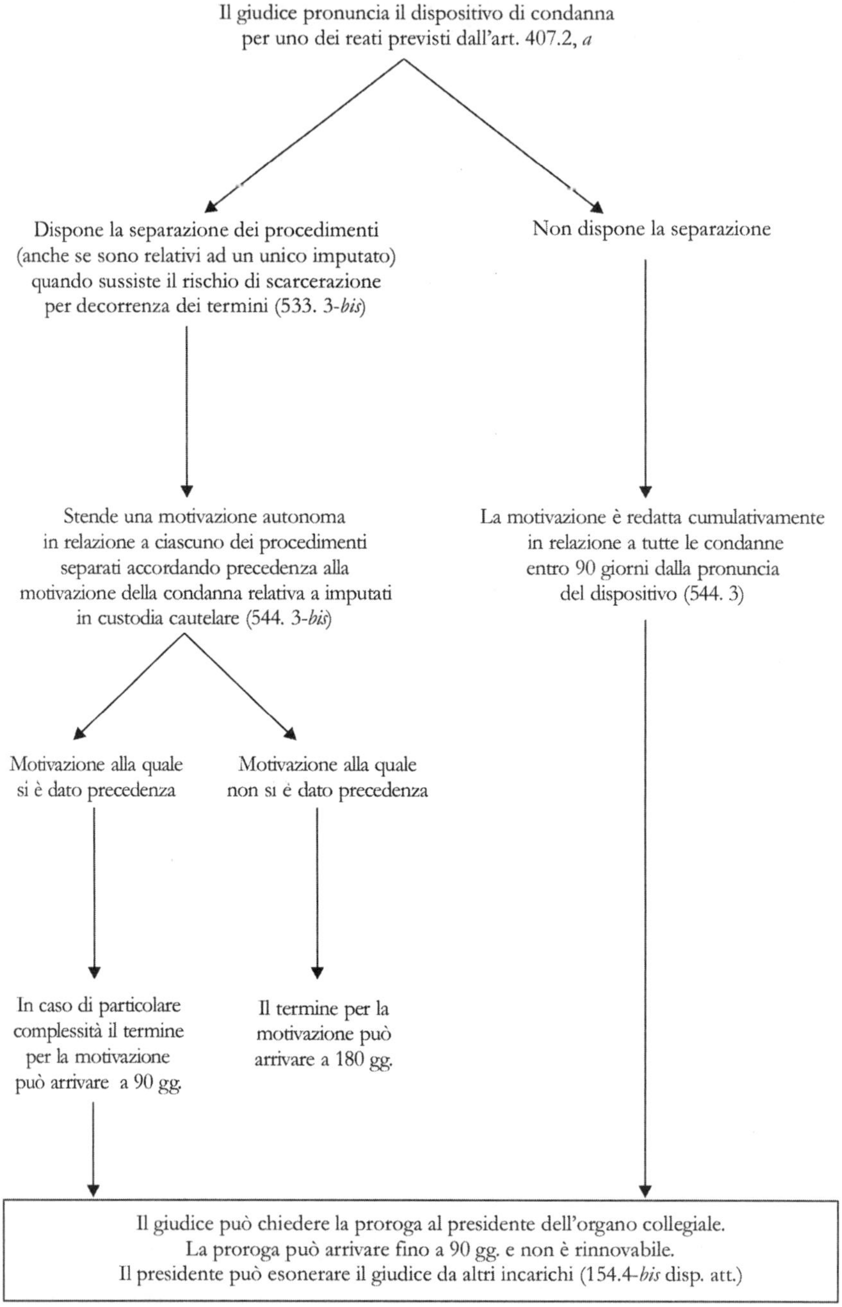

3.5.14. La partecipazione a distanza (art. 146-*bis* disp. att.)

Nei seguenti casi è prevista la partecipazione a distanza al dibattimento (art. 146-*bis* att.), al rito abbreviato (art. 134-*bis* disp. att.), alle udienze in camera di consiglio (art. 45-*bis* att.) e al procedimento di prevenzione

Partecipazione *ope legis.*

Il giudice si limita a darne comunicazione alle parti, ai difensori e alle autorità competenti (art. 146-*bis* co. 2, disp. att.)

→ La persona *che si trova in stato di detenzione* per taluno dei delitti indicati nell'art. 51, co. 3-*bis*, nonché nell'art. 407, comma 2, lett. *a*, n. 4 c.p.p. partecipa a distanza alle udienze dibattimentali dei processi nei quali è imputata, anche relativi a reati per i quali sia in libertà (co. 1)

→ Allo stesso modo *la persona sopra indicata* partecipa alle udienze penali e alle udienze civili *nelle quali deve essere esaminata quale testimone* (co. 1)

→ La persona *ammessa a programmi o misure di protezione,* comprese quelle di tipo urgente o provvisorio, partecipa a distanza alle udienze dibattimentali dei processi nei quali è imputata (co. 1-*bis*)

→ Ad esclusione del caso in cui sono state applicate le misure di cui all'art. 41-*bis* della legge n. 354 del 1975 (c.d. carcere duro), il giudice può disporre con decreto motivato, anche su istanza di parte, la presenza alle udienze delle persone indicate nei commi 1 e 1-*bis* dell'art. 146-*bis*, disp. att. qualora lo ritenga necessario (co. 1-*ter*)

Partecipazione decisa dal giudice con decreto motivato (co. 1-*quater*)

→ Quando sussistano ragioni di sicurezza, qualora il dibattimento sia di particolare complessità e sia necessario evitare ritardi nel suo svolgimento

→ Quando si deve assumere la testimonianza di persona a qualunque titolo in stato di detenzione presso un istituto penitenziario

3.5.15. L'esame a distanza (art. 147-*bis* disp. att.)

Casi nei quali si procede con esame a distanza (147-*bis* disp. att.)

- Il giudice ha il potere-dovere di disporre l'esame a distanza, salvo che ritenga assolutamente necessaria la presenza dell'esaminato (comma 3)
  - A. Se i collaboratori di giustizia sono esaminati nell'ambito di un processo per delitti 51.3-*bis* o 407.2 lett. *a* n. 4
  - A-*bis*. Se è esaminato un testimone di giustizia ammesso alla protezione provvisoria o definitiva (legge n. 6 del 2018)
  - B. Se l'esaminato è oggetto di un decreto di cambiamento delle generalità (3. d.lgs. 1993 n. 119)
  - C. Se un imputato di delitto 51.3-*bis* o 407.2 lett. *a* n. 4 deve essere esaminato come imputato connesso (210) in un processo per delitti sopra citati
  - C-*bis*. Se sono esaminati ufficiali, agenti di polizia giudiziaria, ausiliari e interposte persone in ordine alle attività dai medesimi svolte nel corso delle operazioni sotto copertura
- Il giudice può disporre l'esame su richieste di parte (comma 5)
  - D. Se vi è nuovo esame di persona che sia stata già sentita in altro procedimento e della quale sia stata acquisita la precedente dichiarazione (238; 495.1)
  - E. Se vi sono gravi difficoltà ad assicurare la comparizione della persona da esaminare

3.5.16. Formule terminative della sentenza di proscioglimento

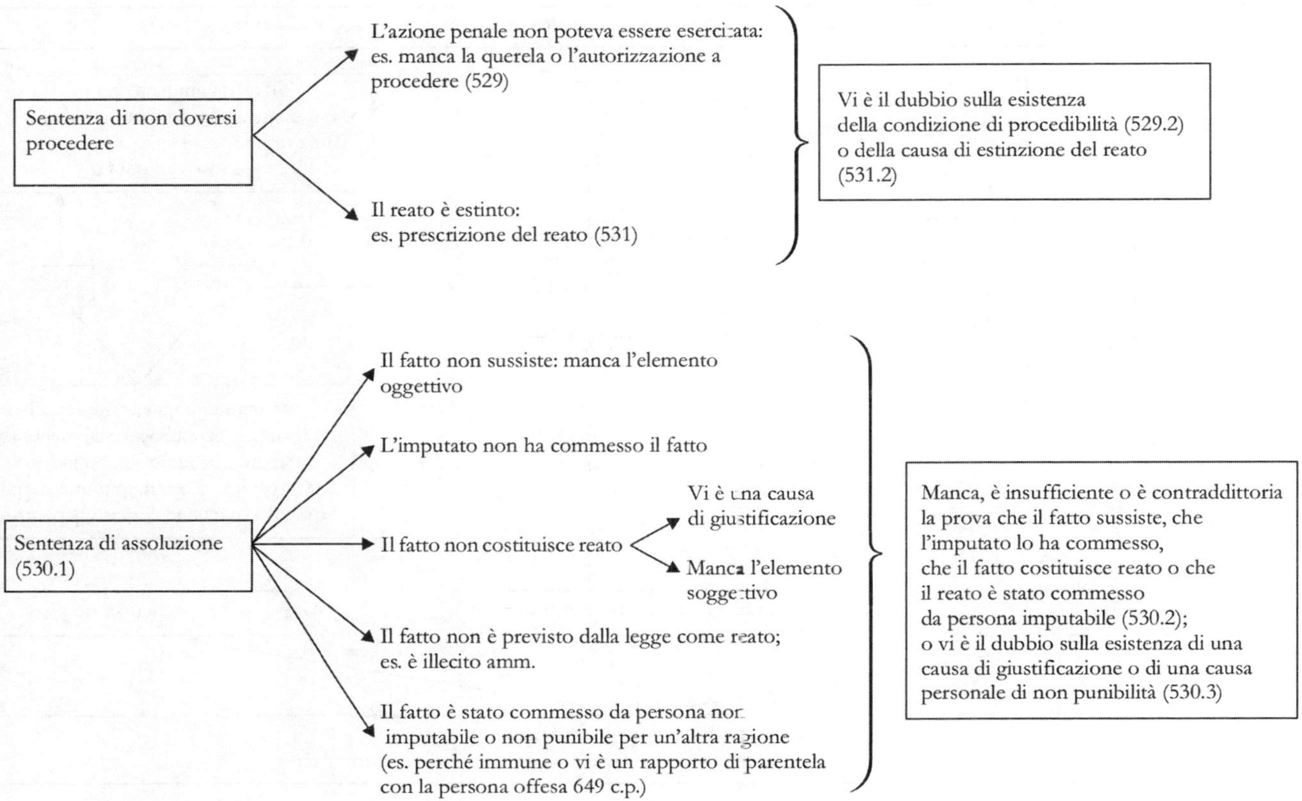

3.5.17. Sospensione condizionale della pena (art. 163 c.p.)

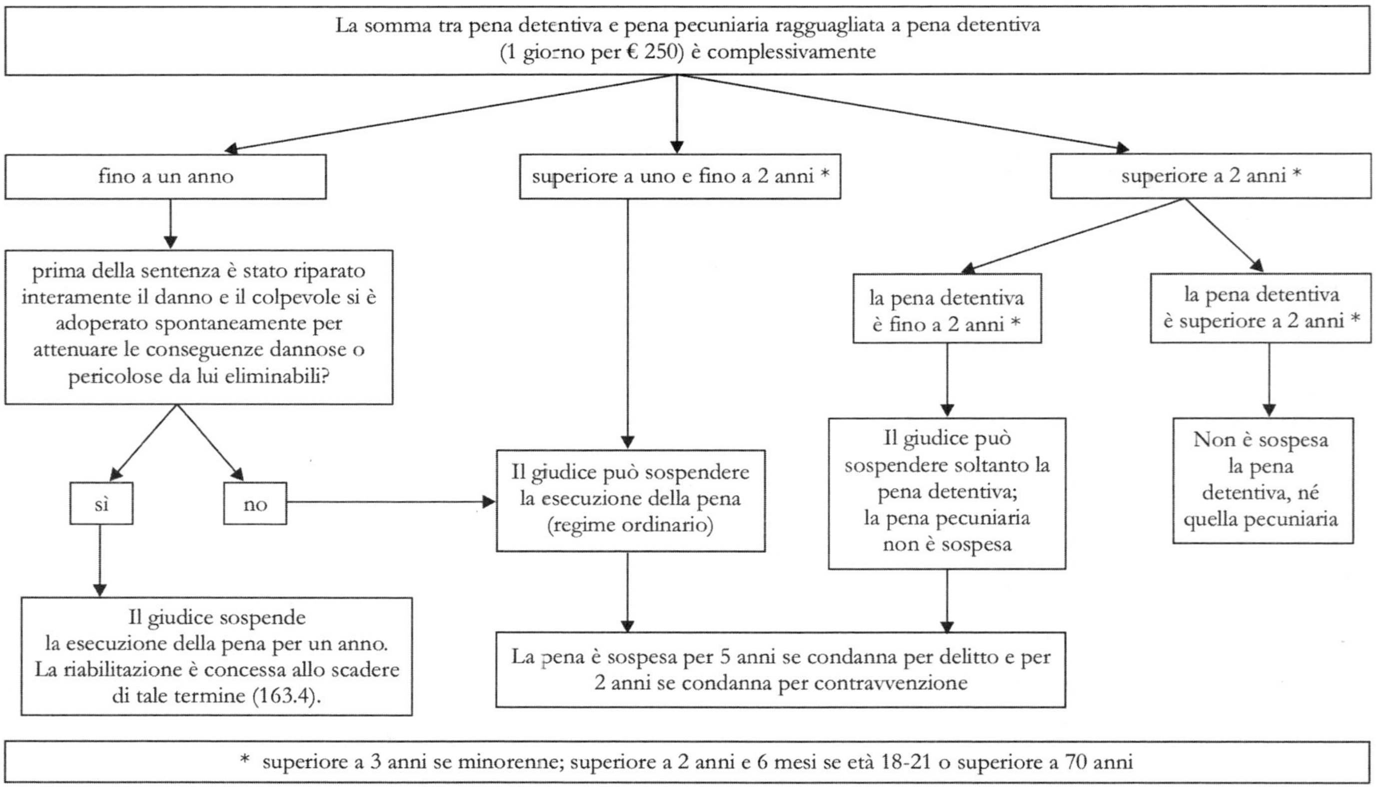

3.5.18. Precedenti dichiarazioni: evoluzione dal codice del 1988 al nuovo art. 111 Cost.

Le dichiarazioni, rese in segreto durante le indagini, sono:

1988 (Codice):
non utilizzabili in dibattimento (di regola)

1992 (Corte cost. 254 e 255):
utilizzabili in dibattimento (di regola)

1997 (legge 267):
se l'imputato accusatore tace in aula,
le sue precedenti dichiarazioni non sono utilizzabili

1998 (Corte cost. n. 361):
se l'imputato accusatore tace in aula,
le sue precedenti dichiarazioni
sono utilizzabili se vi sono riscontri esterni

1999, nuovo 111.4 Cost.
Contraddittorio in senso oggettivo
(e cioè nella formazione della prova):
non sono utilizzabili le precedenti dichiarazioni
(come regola)

Eccezione: le precedenti dichiarazioni
sono utilizzabili se non ripetibilità
oggettiva, minaccia al dichiarante,
consenso dell'imputato (111.5 Cost.)

contraddittorio soggettivo:
non sono utilizzabili le dichiarazioni
rese da chi per libera scelta si è sempre
volontariamente sottratto
all'interrogatorio da parte dell'imputato

2001, legge n. 63 (513.2):
se l'imputato connesso tace in dibattimento,
le sue precedenti dichiarazioni
non sono utilizzabili contro altri imputati;
sono utilizzabili soltanto su accordo delle parti
o se è provata la minaccia al dichiarante

3.5.19. Regole per le domande e le risposte

Regole per le domande →

- Sono ammesse domande su fatti « specifici » (499, co. 1);
- Sono vietate le domande "nocive" (499, co. 2);
- Nell'esame diretto sono vietate le domande-suggerimento (499, co. 3);
- Sono vietate le domande che violano il rispetto della persona umana (499, co. 4);
- Sono regolamentate le domande alla persona offesa (194, co. 2)

Regole per le risposte →

- Nei casi previsti dalla legge il testimone può astenersi dal rendere dichiarazioni (197.*bis* - 203).
- Il testimone non può esprimere apprezzamenti personali (194, co. 3)

Poteri del presidente →

- il presidente interviene per assicurare (499, co. 6):
  * la pertinenza delle domande (187 e 194);
  * la lealtà dell'esame;
  * la genuinità delle risposte;
  * la correttezza delle contestazioni;
- il presidente ordina, se occorre, l'esibizione del verbale nella parte in cui le dichiarazioni sono state utilizzate per le contestazioni (9, co. 6).
- il presidente decide «immediatamente e senza formalità» sulle opposizioni formulate dalle parti nel corso dell'esame (04);
- il presidente (...) può rivolgere domande ai testimoni (...) ed alle parti già esaminate solo dopo l'esame e il controesame (506, co. 2)

Parte Quarta

I PROCEDIMENTI PENALI DIFFERENZIATI E SPECIALI

Capitolo I

I PROCEDIMENTI SPECIALI

4.1.1. I procedimenti speciali

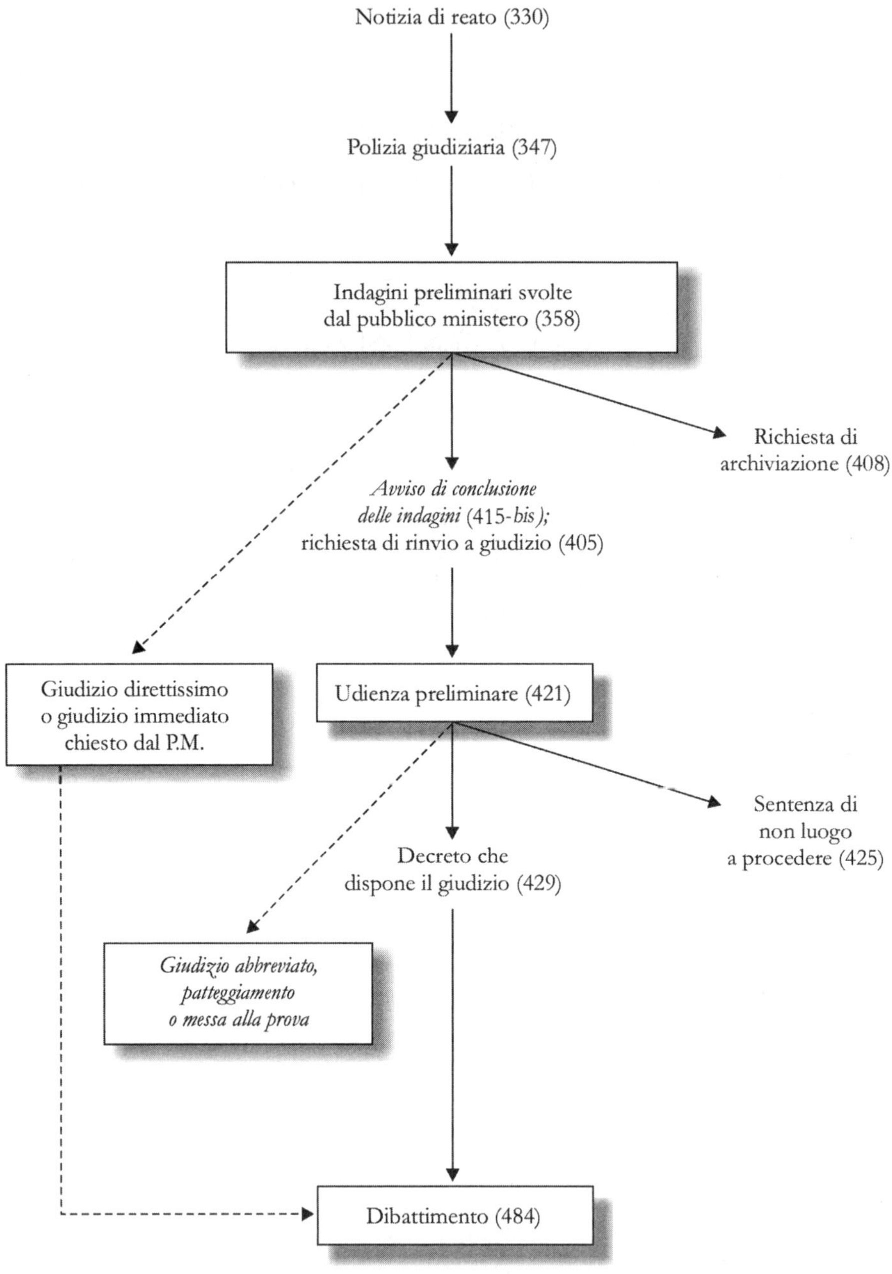

4.1.2. Il giudizio abbreviato

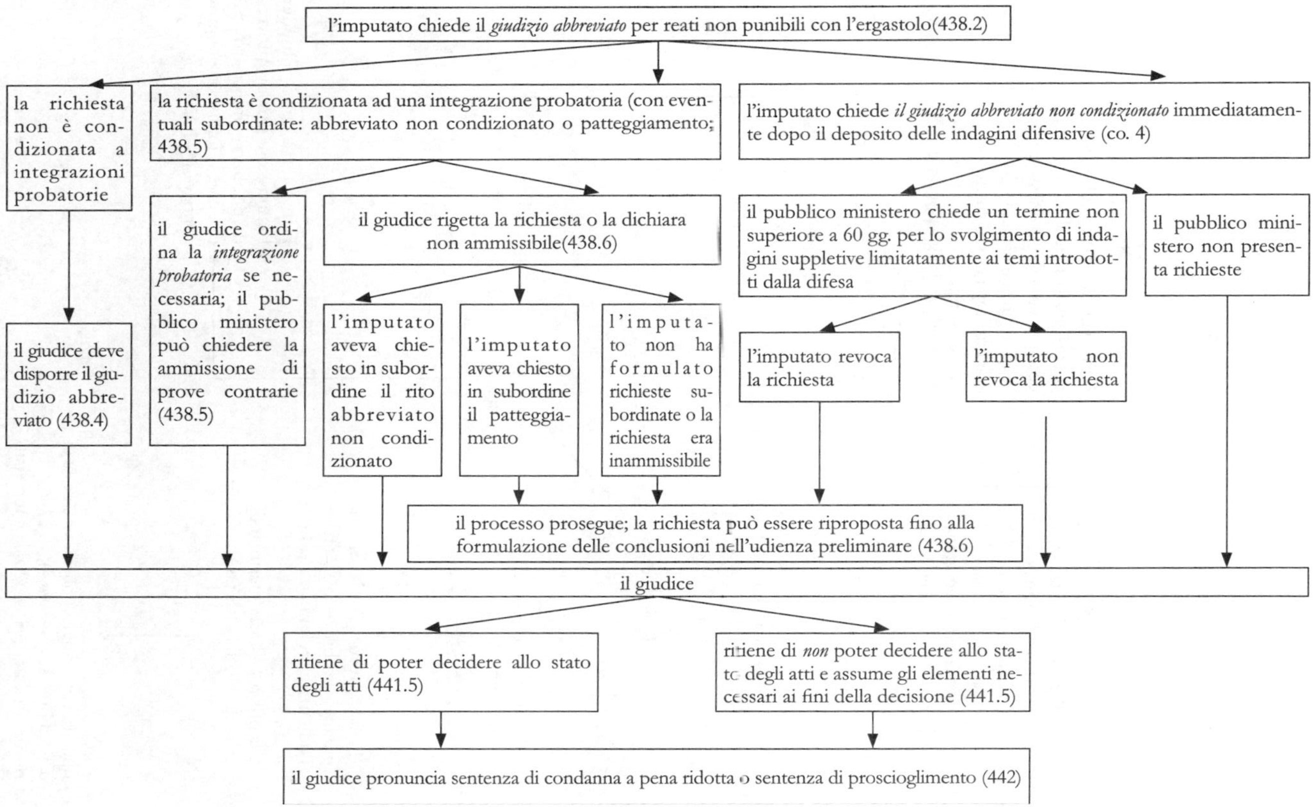

4.1.3. Il giudizio abbreviato; nuove contestazioni

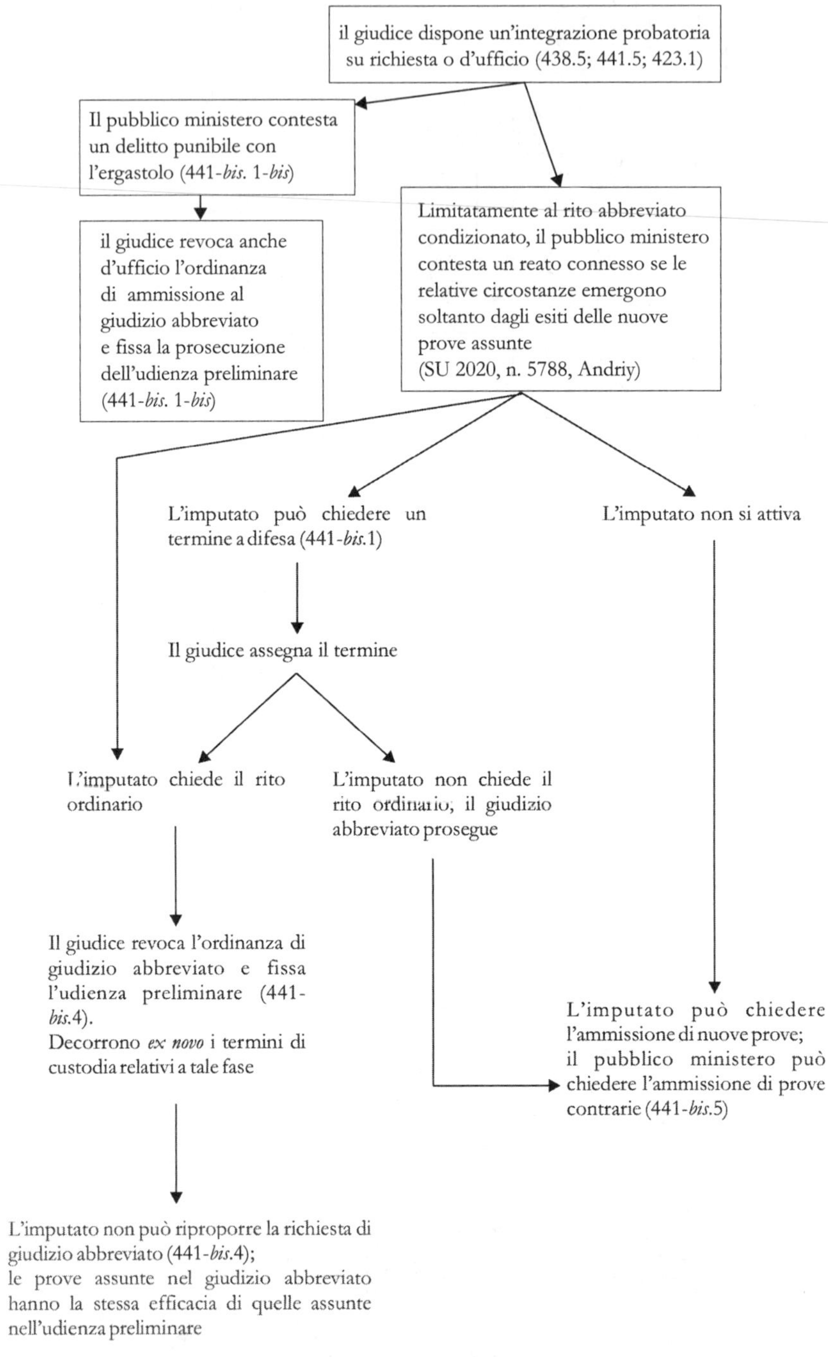

4.1.4. Il patteggiamento: procedimento

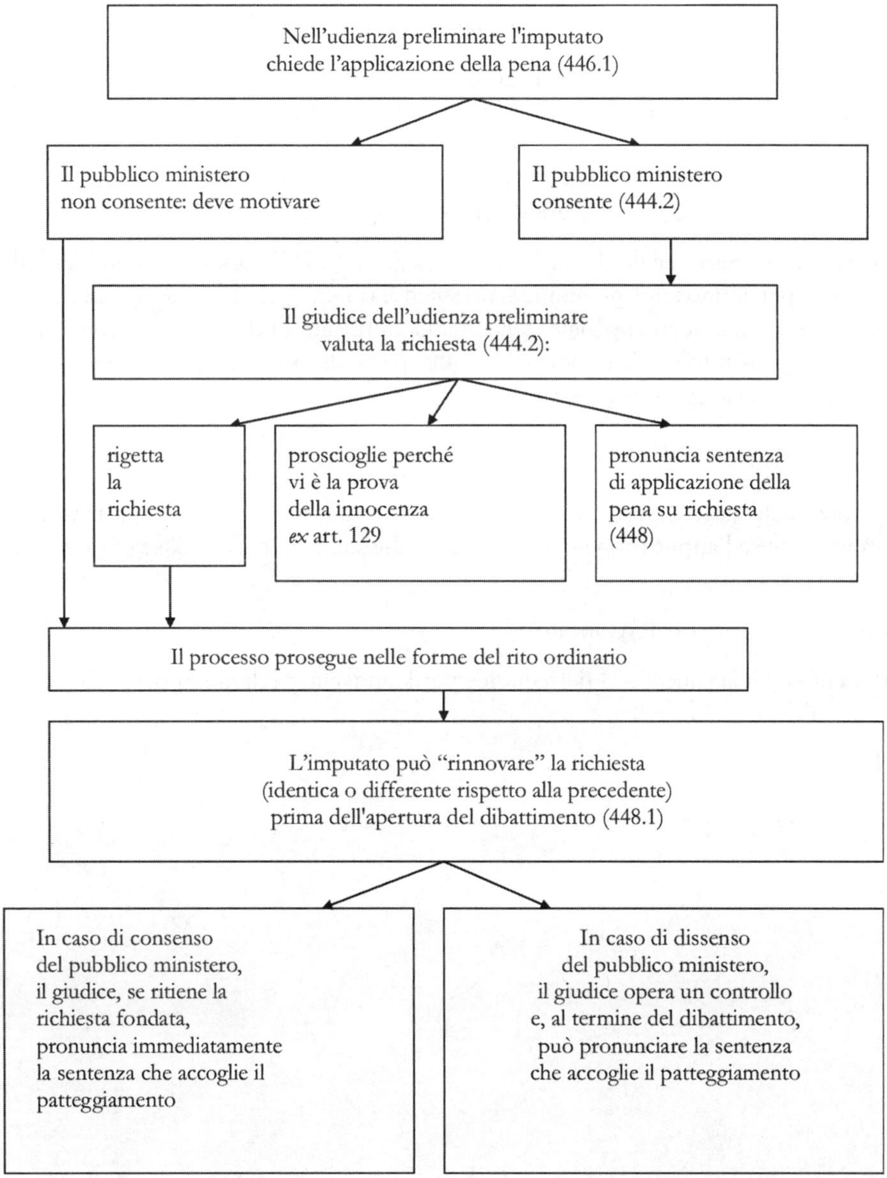

4.1.5. Opposizione a decreto penale di condanna (art. 461 c.p.p.)

Al Giudice per le indagini preliminari del Tribunale di ....

Il sottoscritto Avv. .... del Foro di ...., con studio in ... in via ... n. ..., nella qualità di difensore di fiducia del Sig.. .., nato a ... il .... domiciliato presso il mio studio,

dichiara di proporre opposizione

avverso il decreto penale di condanna n.. .... R.G.D.P. emesso in data .... dal Giudice per le indagini preliminari presso il Tribunale di .... nel procedimento penale n.. ...., decreto penale di condanna notificato in data ...., con il quale il proprio assistito veniva condannato alla pena di euro .... di ammenda e al pagamento delle spese processuali.

Chiede

in forza dell'allegata procura speciale il giudizio abbreviato (oppure la messa alla prova; oppure l'applicazione della pena su richiesta nella misura di seguito indicata ....)

Luogo, data, firma dell'Avvocato

Presentato nella cancelleria del Giudice per le indagini preliminari del Tribunale di .... in data ....

Il Cancelliere

....

4.1.6. Il giudizio direttissimo davanti al giudice collegiale

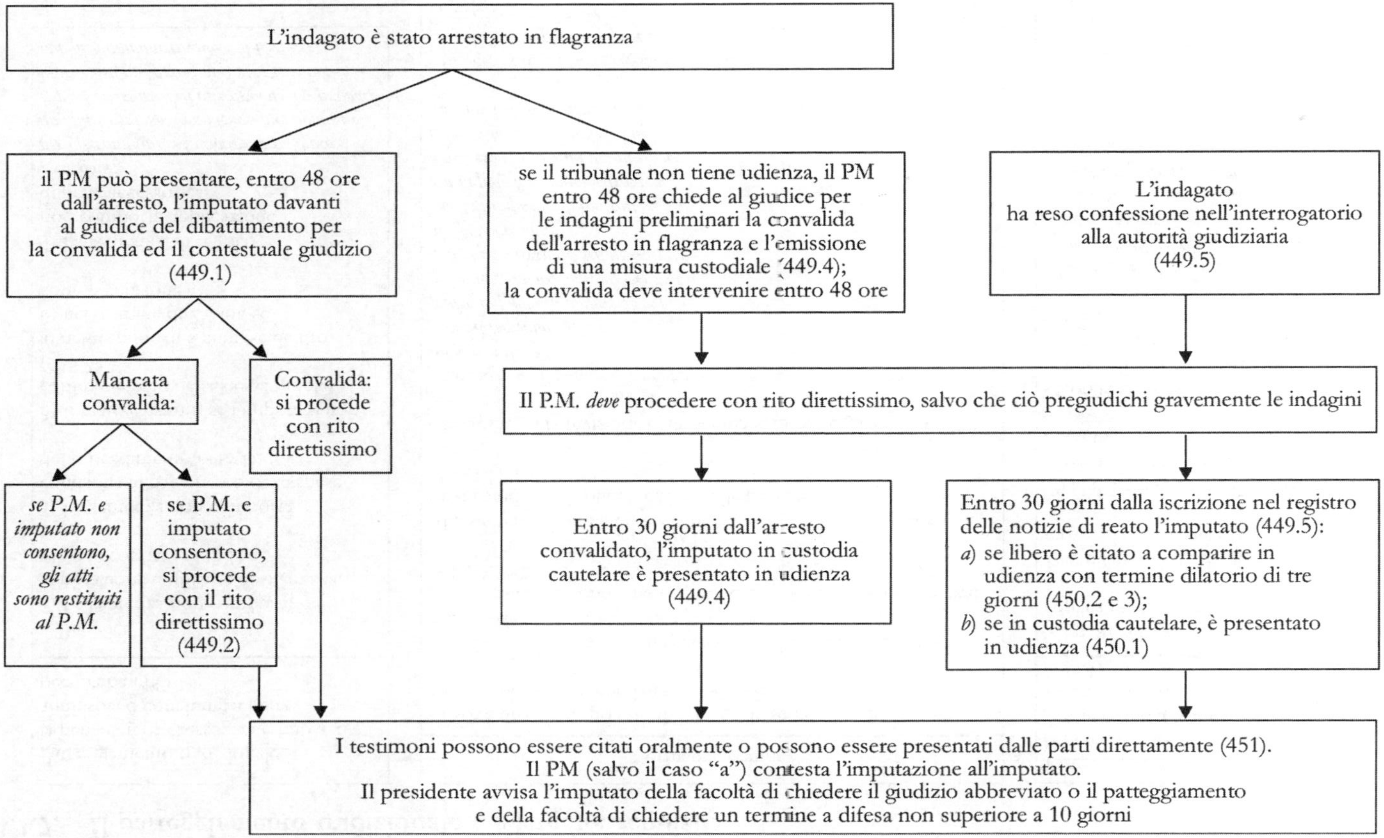

4.1.7. Il patteggiamento tradizionale e allargato: requisiti

Patteggiamento tradizionale:
la pena detentiva irrogata è fino a 2 anni, sola o congiunta a pena pecuniaria (445.1)

- Benefici:
1) La sentenza non comporta applicazione di misure di sicurezza, salvo la confisca (445.1).

2) La sentenza non comporta condanna al pagamento delle spese del procedimento (445.1).

3) Il reato è estinto se l'imputato non commette reati della stessa indole (445.2):
a) nel termine di 5 anni, se delitto;
b) nel termine di 2 anni, se contravvenzione.

4) La sentenza, di regola, non comporta applicazione di pene accessorie.
Eccezione:
per determinati delitti contro la pubblica amministrazione, la sentenza può applicare le pene accessorie dell'interdizione dai pubblici uffici e dell'incapacità di contrattare con la pubblica amministrazione (445.1-ter)

Normativa comune

- «Salve diverse disposizioni di legge, la sentenza è equiparata a una pronuncia di condanna» (445.1-*bis*).

- se vi è costituzione di parte civile il giudice non decide sulla domanda ma l'imputato è condannato alle spese sostenute dalla parte civile (444.2).

- La sentenza non ha efficacia nei giudizi civili o amministrativi, salvi i giudizi disciplinari davanti alle pubbliche autorità (445.1-*bis* e 653).

- È ammessa la revisione della sentenza di patteggiamento (629).

- *La richiesta di patteggiamento può essere subordinata alla sospensione condizionale (444.3) e, per determinati delitti contro la pubblica amministrazione, può essere subordinata all'esenzione dalle pene accessorie dell'interdizione dai pubblici uffici e della incapacità di contrattare con la pubblica amministrazione, o può essere subordinata all'estensione degli effetti della sospensione condizionale alle predette pene accessorie (444.3-bis).*

- *In questi casi il giudice rigetta la richiesta se ritiene di applicare le pene accessorie o ritiene che l'estensione della sospensione condizionale non possa essere concessa (444.3-bis)*

Patteggiamento allargato:
la pena detentiva irrogata è superiore a 2 anni e fino a 5 anni, sola o congiunta a pena pecuniaria (444.1)

-Il patteggiamento allargato non si applica (444.1-*bis*):

1) ai delitti di criminalità mafiosa e terrorismo e assimilati;

2) ai delinquenti abituali, professionali, per tendenza, o in caso di recidiva reiterata.

- Con la sentenza di patteggiamento allargato si possono irrogare le pene accessorie.

- *La sentenza di patteggiamento, in determinati delitti contro la pubblica amministrazione, può applicare le pene accessorie dell'interdizione dai pubblici uffici e dell'incapacità di contrattare con la pubblica amministrazione (445.1-ter)*

Le modifiche apportate dalla legge n. 3 del 2019 sono in corsivo

4.1.8. Il giudizio immediato chiesto dal pubblico ministero

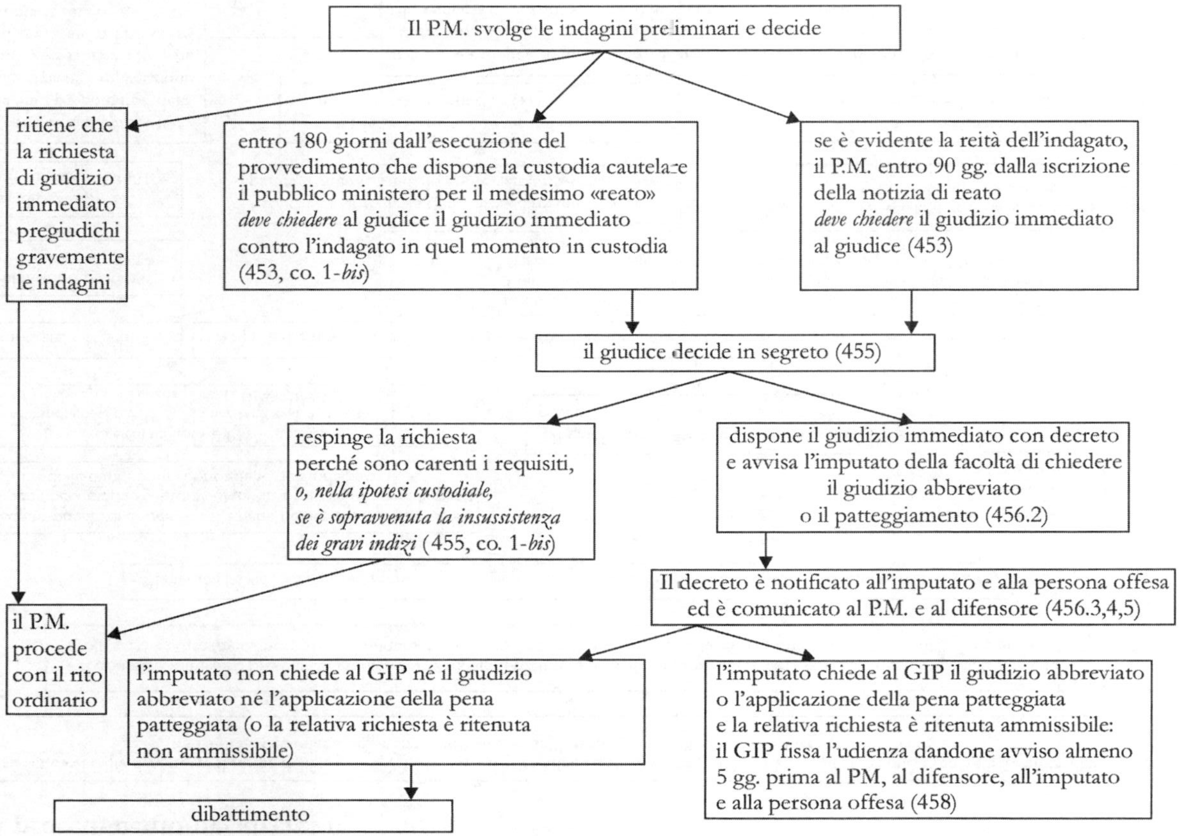

4.1.9. Il procedimento per decreto

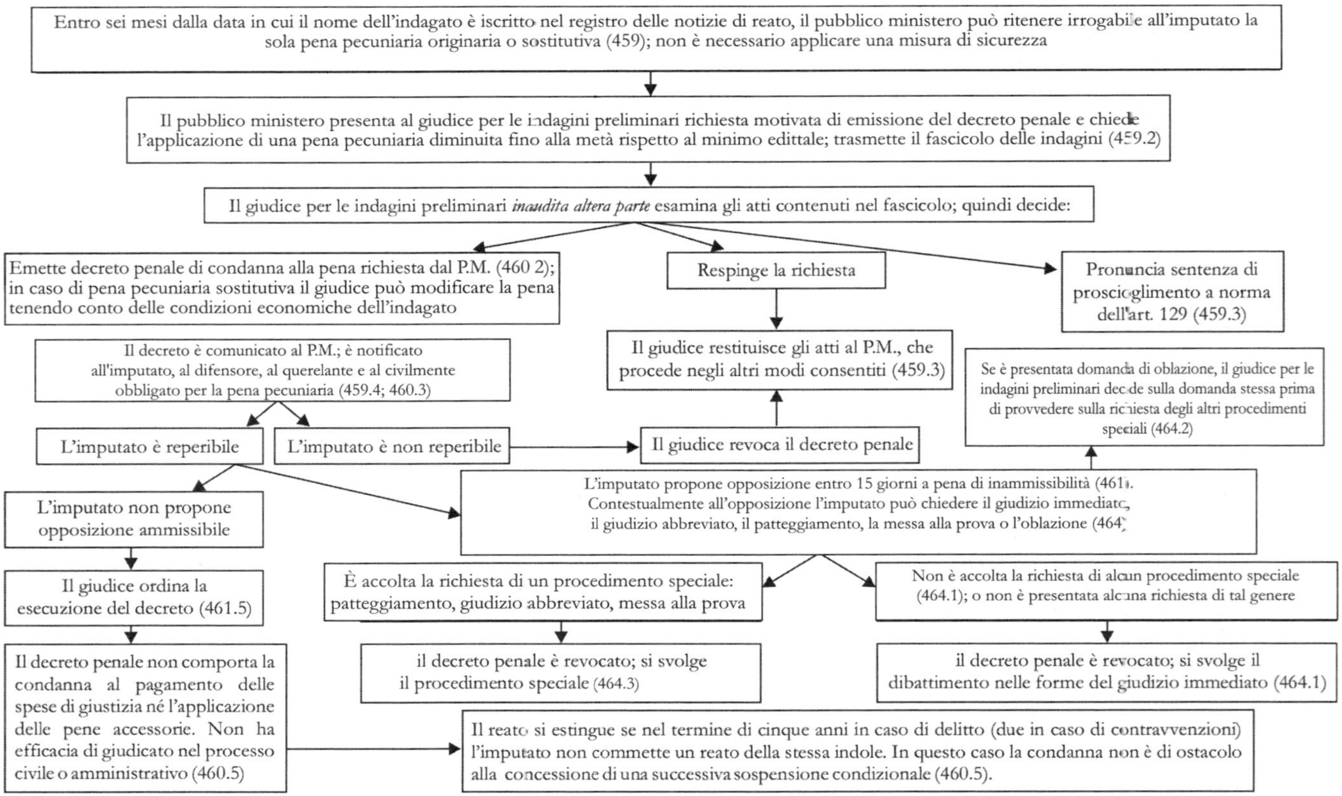

4.1.10. Appello contro le sentenze pronunciate nel giudizio abbreviato

Non sono appellabili le sentenze di CONDANNA per le quali è stata applicata la sola pena dell'ammenda
nè sono appellabili le sentenze di PROSCIOGLIMENTO relative a contravvenzioni punite in astratto con la sola pena dell'ammenda o con pena alternativa (593.3)

L'imputato:
1) può appellare le sentenze di CONDANNA (593.1);
2) *non può* proporre appello contro le sentenze di *proscioglimento*;
ma può appellare le sentenze di assoluzione per difetto di imputabilità derivante da vizio totale di mente (C. cost. n. 274 del 2009)

Il pubblico ministero:
1) può appellare le sentenze di PROSCIOGLIMENTO (C. cost., n. 320 del 2007);
2) non può appellare le sentenze di CONDANNA se non quando il giudice ha modificato il titolo di reato (443.3)

Il pubblico ministero e l'imputato non possono proporre appello contro la sola misura di sicurezza personale senza che sia stato impugnato un altro capo della sentenza agli effetti penali; e ciò per evitare giudizi contrastanti con il tribunale di sorveglianza (579, 680)

4.1.11. Giudizio direttissimo a seguito di allontanamento d'urgenza dalla casa familiare

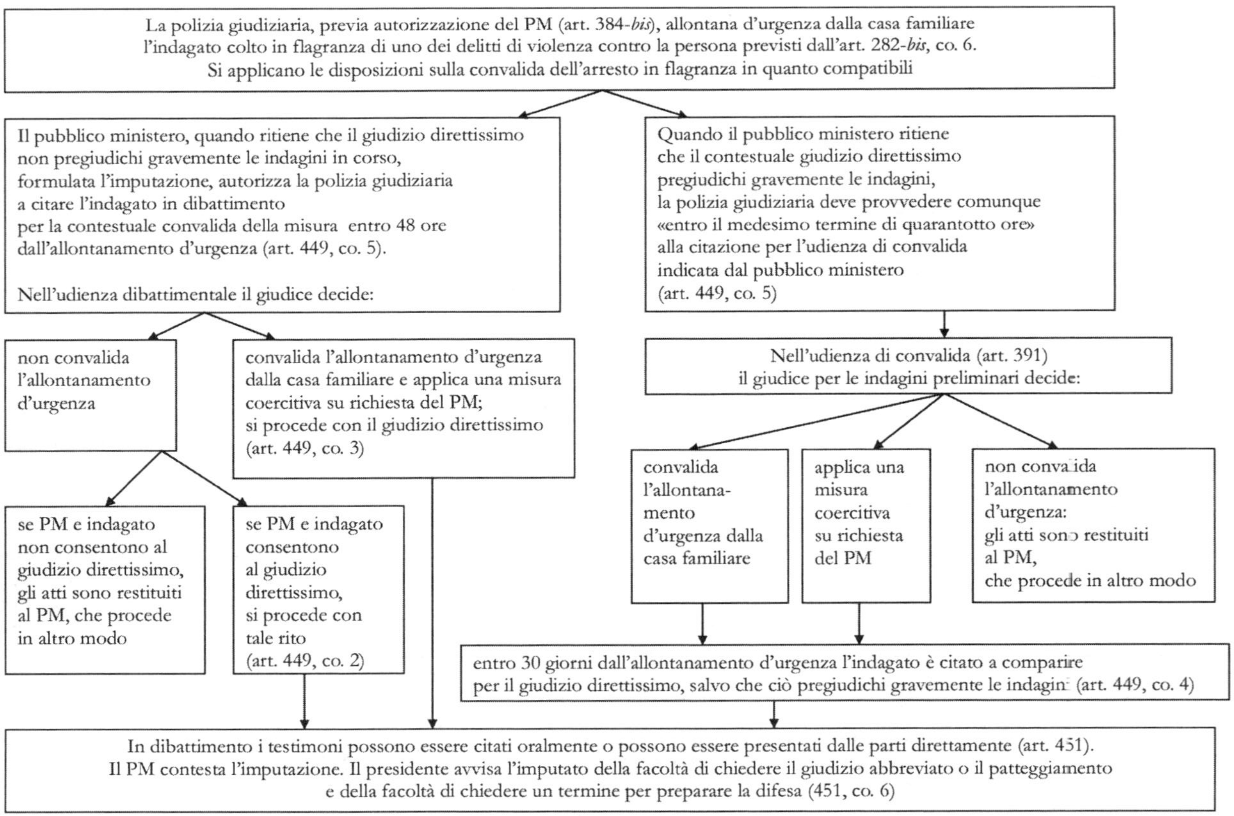

Capitolo II

IL PROCEDIMENTO DAVANTI AL TRIBUNALE MONOCRATICO

4.2.1. Il procedimento penale davanti al tribunale monocratico

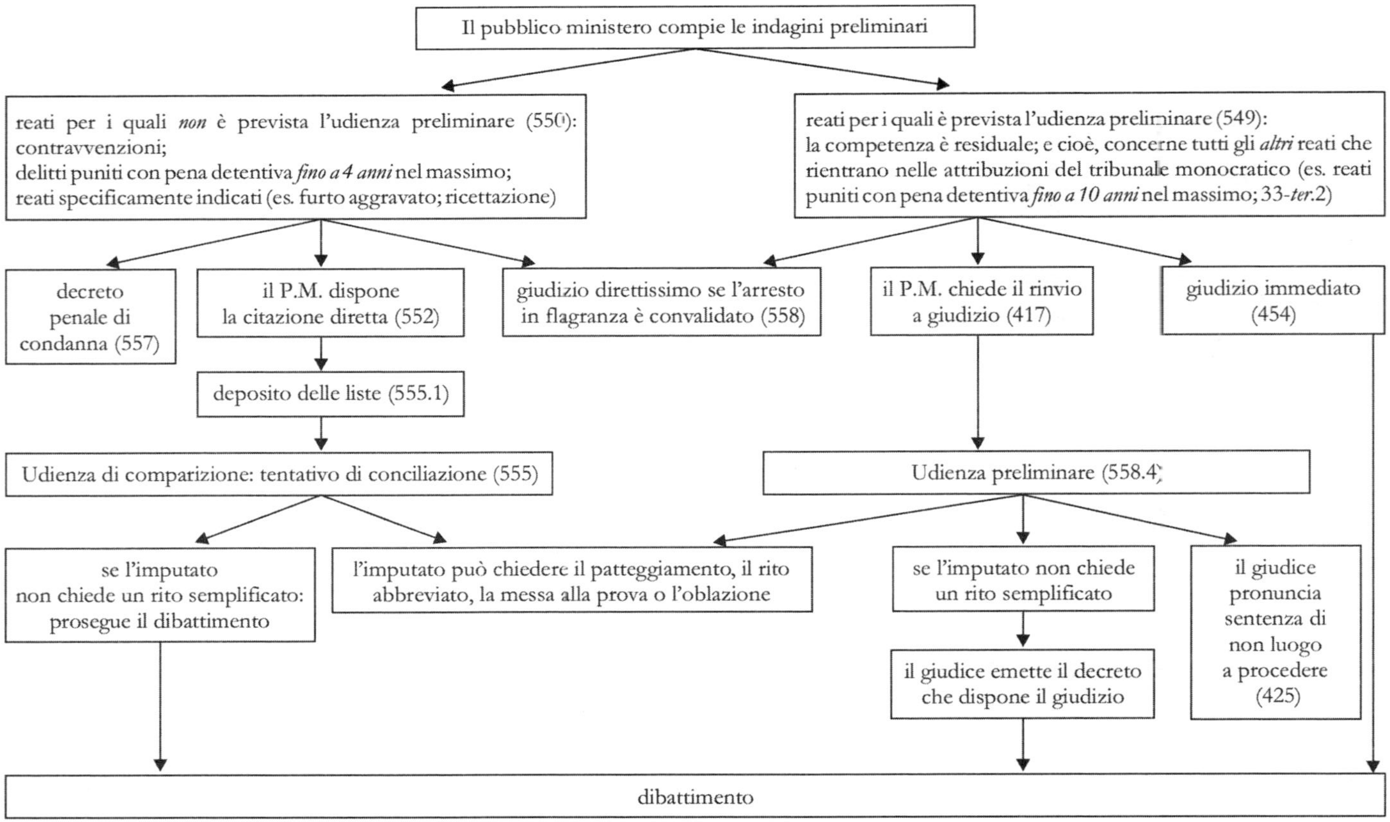

4.2.2. Giudizio direttissimo per i reati di competenza del tribunale monocratico

La polizia giudiziaria esegue l'arresto in flagranza, dandone comunicazione al P.M. del luogo dove l'arresto è stato eseguito (386.1);
avvisa l'arrestato della facoltà di nominare un difensore di fiducia e dà gli ulteriori avvisi previsti nell'art. 386; avverte il difensore di fiducia o d'ufficio dell'avvenuto arresto (558.1; 386.2); dà notizia dell'arresto ai familiari con il consenso dell'arrestato (387); può liberare l'arrestato, informando il P.M. del luogo dove l'arresto è stato eseguito (389.2); redige il verbale d'arresto e lo trasmette al P.M., che formula l'imputazione.
Il P.M. di regola dispone che l'indagato sia custodito in *arresto domiciliare*;
l'arrestato è custodito presso *idonee strutture della polizia giudiziaria* se sono non idonei, mancanti o indisponibili l'abitazione dell'arrestato o un altro luogo di privata dimora o un luogo pubblico di cura o di assistenza o comunque se l'arresto è dovuto a rapina o ad estorsione non aggravate o furto in abitazione o con strappo;
quando le strutture di polizia giudiziaria mancano, non sono disponibili o idonee o se ricorrono ragioni di necessità e urgenza, il P.M. dispone con decreto motivato che l'arrestato sia condotto nella *casa circondariale* (558.4-*bis* e *ter*; 123 disp. att.)

Scelte del pubblico ministero

il PM si limita a formulare l'imputazione e dispone che sia la polizia giudiziaria, che ha eseguito l'arresto (o che ha ricevuto in consegna l'arrestato), a condurre l'arrestato direttamente davanti al giudice del dibattimento per la convalida e il contestuale rito direttissimo entro 48 ore (558.1; 163 att.)

ordina alla polizia giudiziaria di mettere l'arrestato a sua disposizione (558.4);
ha facoltà di interrogarlo, avvisando tempestivamente il difensore (388); formula l'imputazione

se ritiene di non dover chiedere al giudice l'applicazione di una misura coercitiva, pone in libertà l'arrestato con decreto motivato. Chiede al giudice di fissare l'udienza per la convalida dell'arresto. Il giudice avvisa l'imputato libero della data dell'udienza (121 att.)

il giudice tiene udienza (558.3)

il giudice non tiene udienza (558.2); l'udienza è fissata entro 48 ore dall'arresto

il P.M. presenta direttamente l'arrestato all'udienza per la convalida e il contestuale giudizio direttissimo entro 48 ore (558.4)

il PM può chiedere la convalida dell'arresto in flagranza al GIP ed entro 30 gg. deve instaurare il rito direttissimo (558, co. 9; 390, co. 1)

Si svolge l'udienza di convalida e contestuale rito direttissimo (449)

Capitolo III

IL PROCEDIMENTO DAVANTI AL GIUDICE DI PACE

4.3.1. Il procedimento penale davanti al giudice di pace

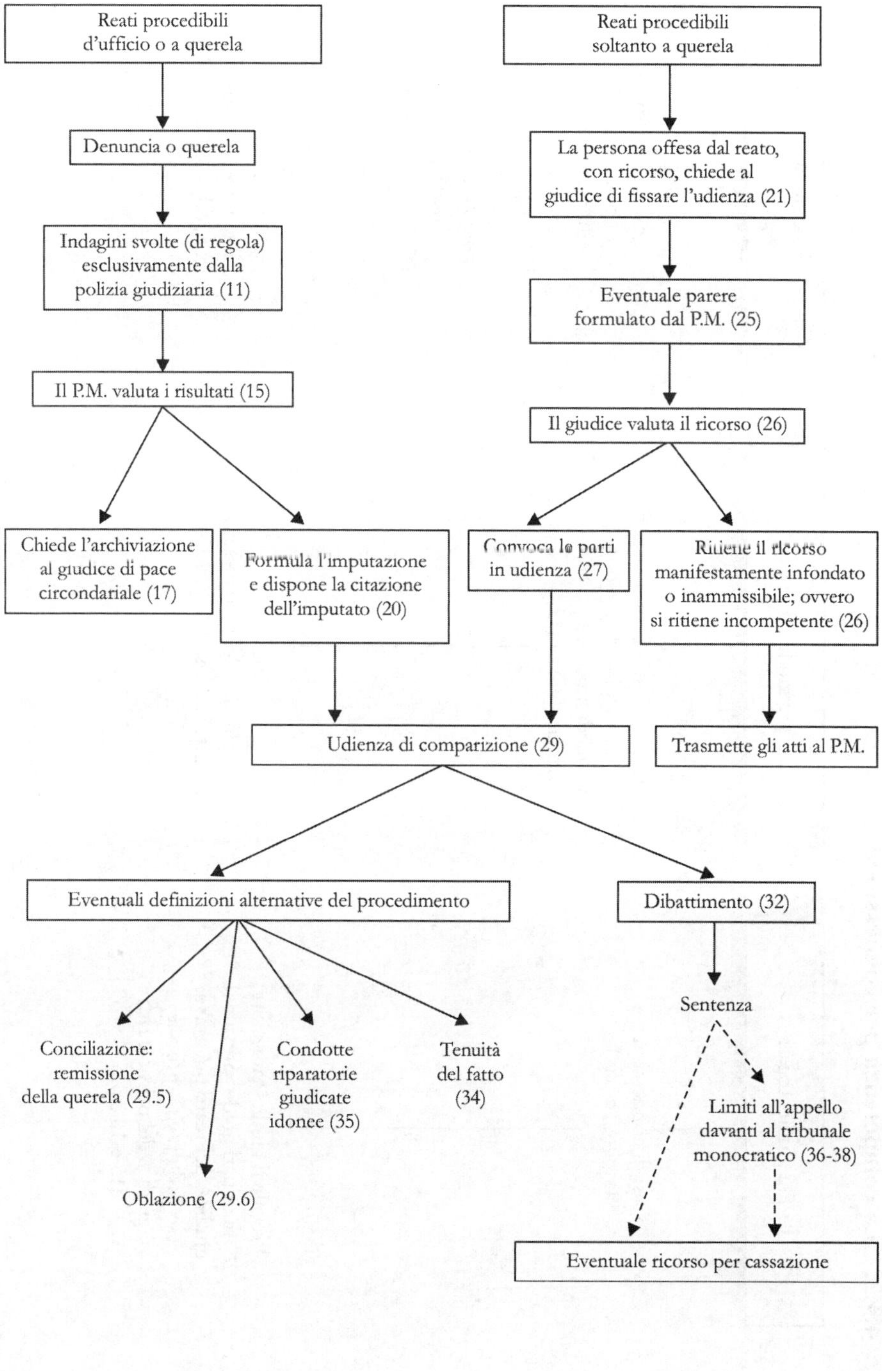

4.3.2. La competenza per connessione

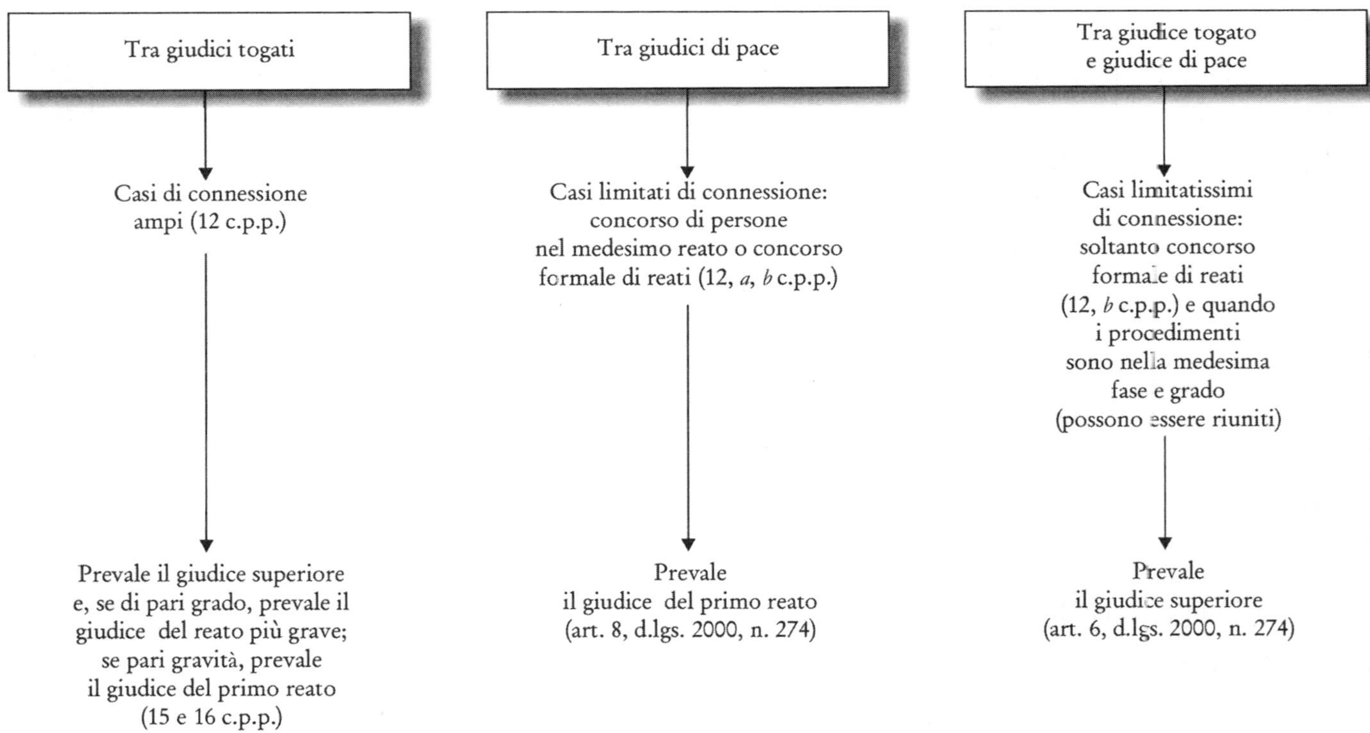

4.3.3. Le indagini preliminari nel procedimento davanti al giudice di pace

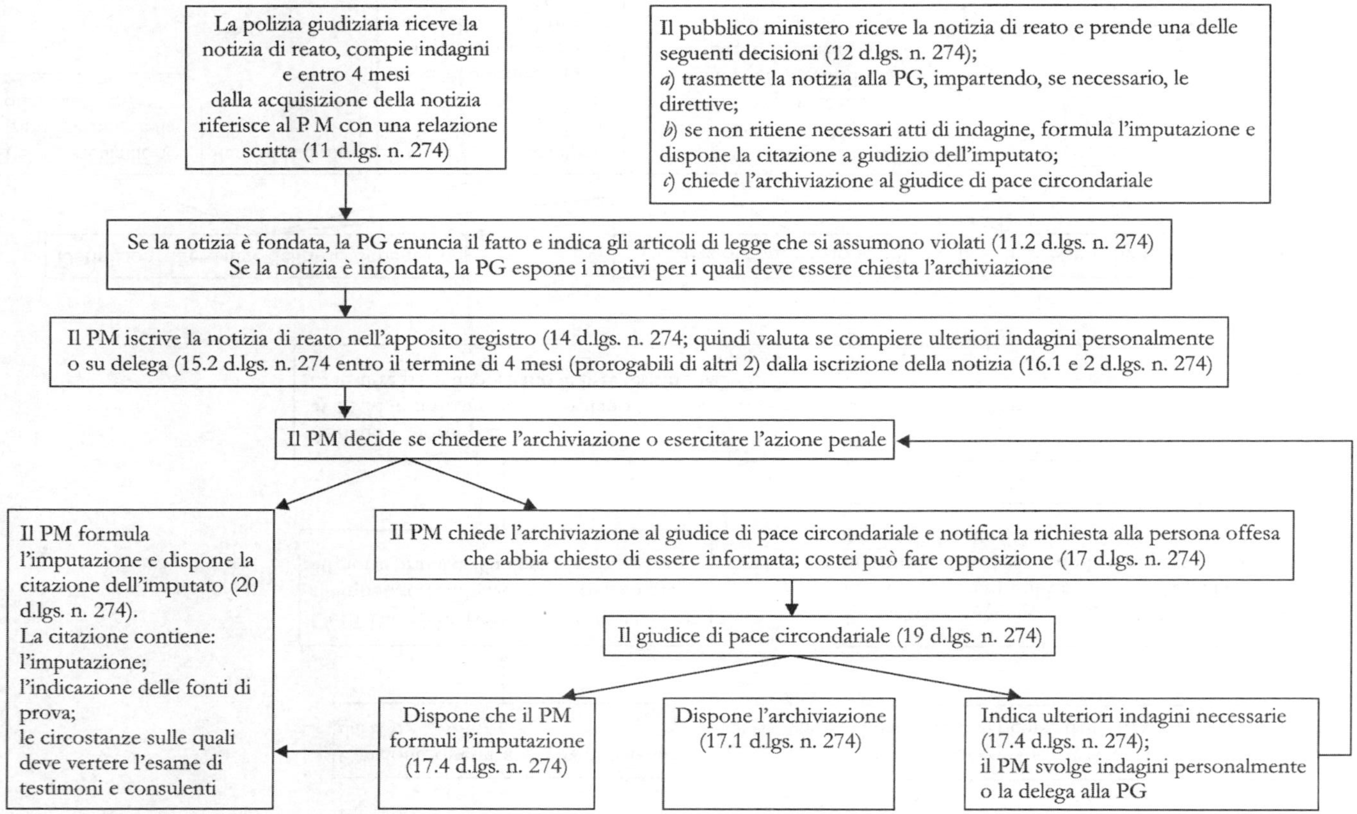

4.3.4. Il giudizio davanti al giudice di pace

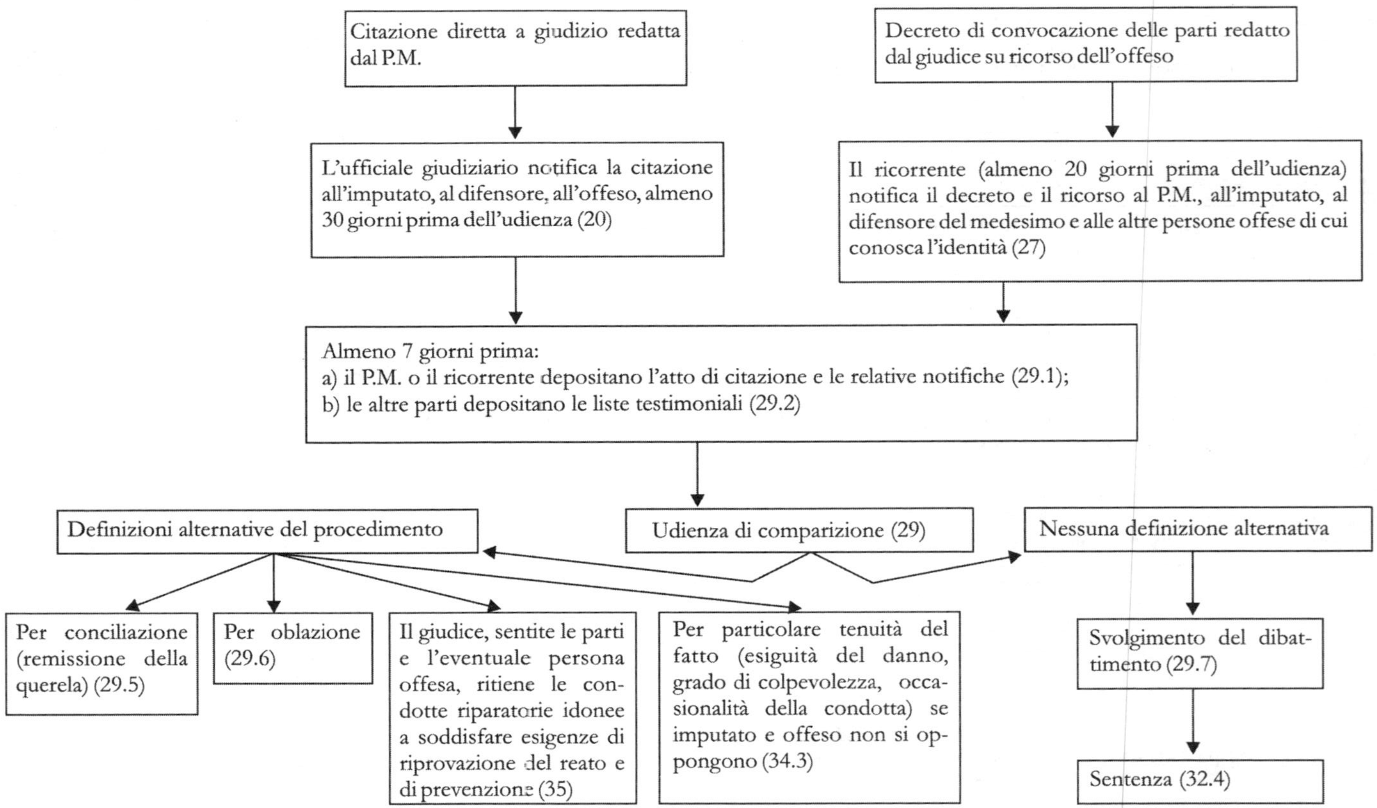

4.3.5. La citazione su ricorso immediato della persona offesa: il procedimento

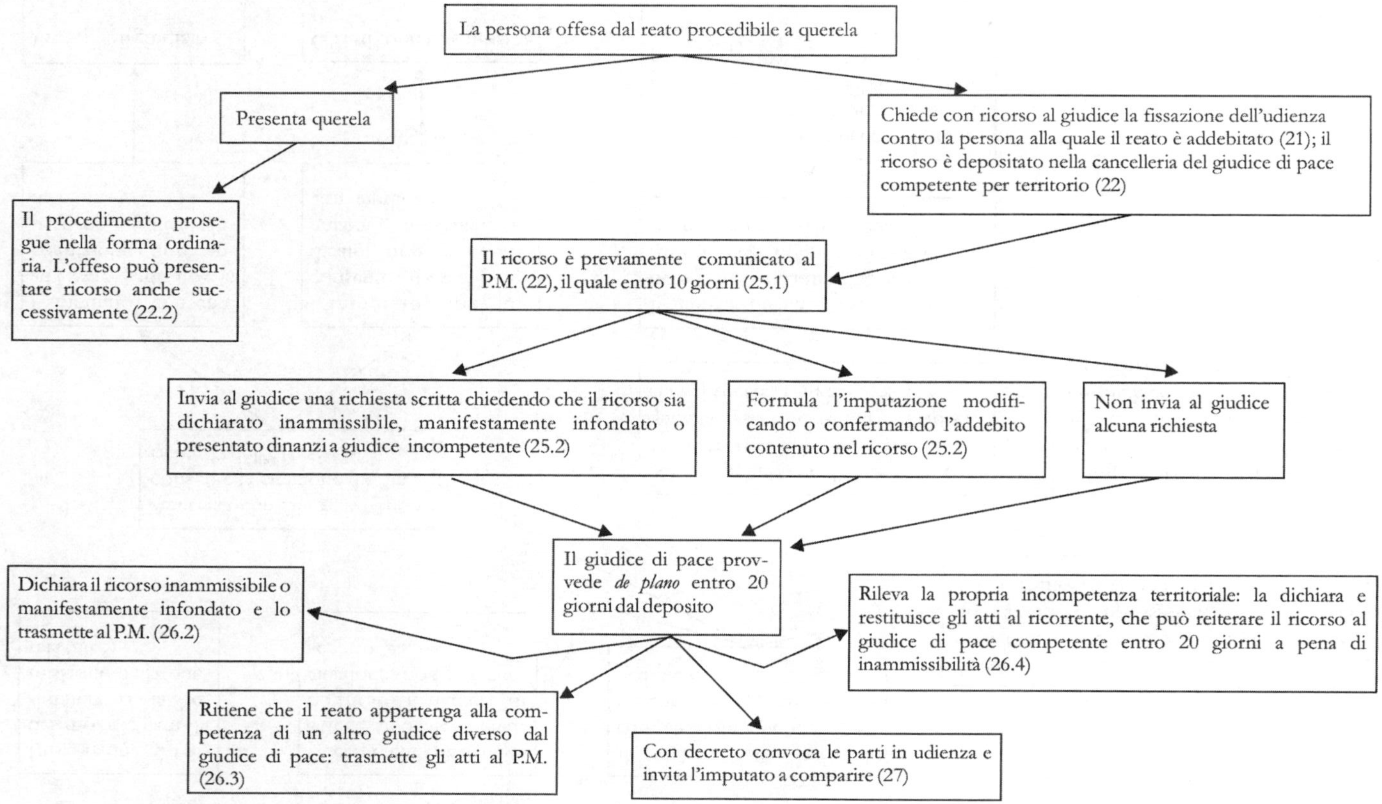

4.3.6. La citazione su ricorso immediato della persona offesa: norme speciali per il dibattimento

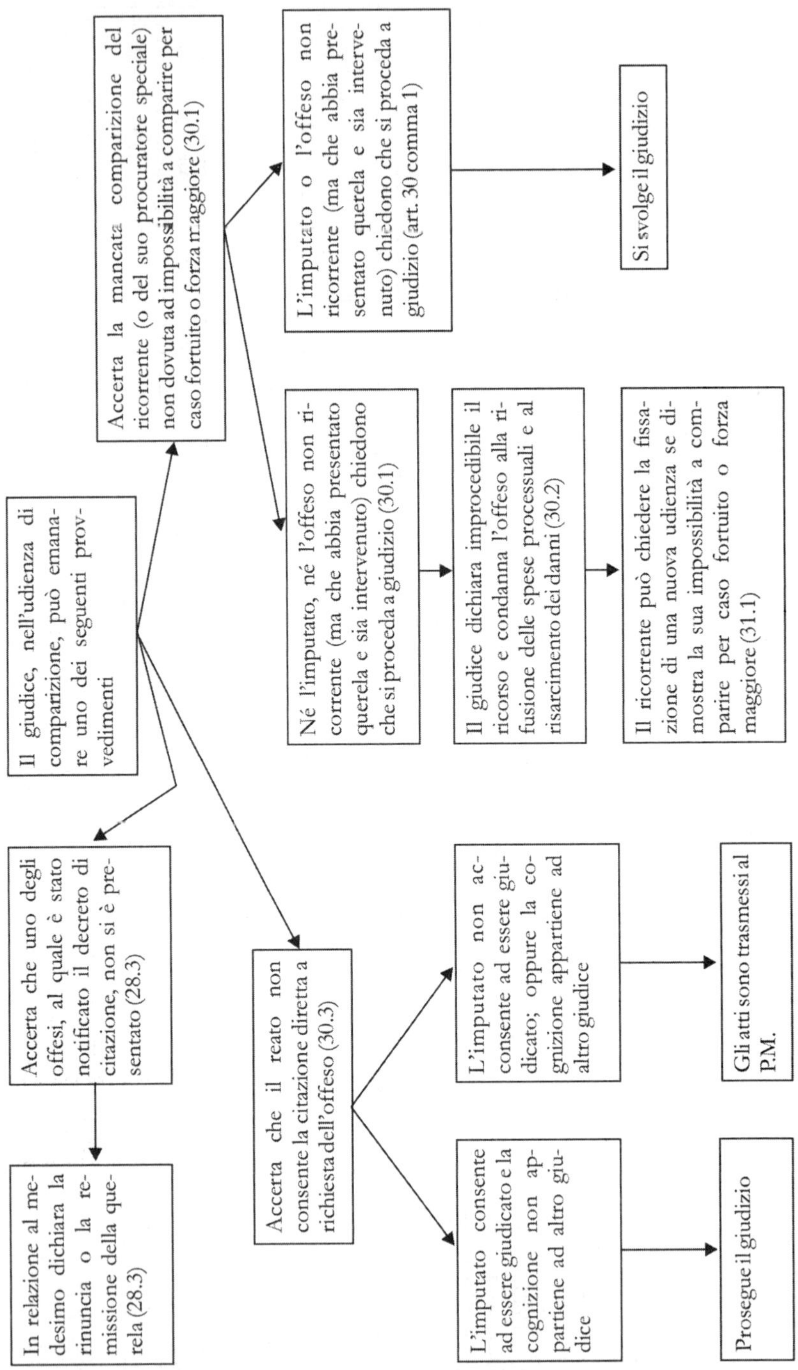

4.3.7. Il dibattimento davanti al giudice di pace

Atti preliminari al dibattimento	1. La parte *che ha attivato il procedimento* deve indicare i testimoni nell'atto introduttivo (citazione o ricorso; 20.6 e 24.1.*d*, G.D.P.). 2. *Le altre parti* presentano *a pena di inammissibilità* le liste dei testimoni, consulenti, periti (468) (29.2 G.D.P.). 3. Udienza di comparizione: il giudice controlla la regolare costituzione delle parti (484); eventuali questioni preliminari. 4. Eventuali definizioni alternative del procedimento (491). 5. Dichiarazione di apertura del dibattimento (492).
Dibattimento Istruzione dibattimentale	1. Il giudice ammette le prove richieste (495). 2. Il giudice forma il fascicolo per il dibattimento (431); eventuale accordo delle parti sull'inserimento di atti (29.7 G.D.P.) 3. Il giudice autorizza la citazione dei testimoni e rinvia (eventualmente) ad altra udienza (29.8 G.D.P.) 4. L'imputato è avvisato che può rendere dichiarazioni spontanee (494). 5. Su accordo delle parti, l'esame può essere condotto dal giudice (32.1 G.D.P.). 6. Ordine di assunzione delle prove (496). *a*) «caso» per l'accusa. *b*) esame delle parti private (150 att.). *c*) «caso» per la difesa (497.1). 7. Il giudice può disporre l'assunzione di nuovi mezzi di prova su richiesta o d'ufficio (507)(32.2 G.D.P.). 8. Discussione finale (523).
Atti successivi al dibattimento	1. Deliberazione della sentenza (525). 2. Lettura del dispositivo in udienza (545) e deposito della motivazione. 3. Se vi è condanna a permanenza domiciliare o a lavoro di pubblica utilità (33 G.D.P.): *a*) L'imputato (o il difensore con procura speciale) può chiedere l'esecuzione continuativa della permanenza o l'applicazione del lavoro di pubblica utilità. *b*) Eventuale rinvio dell'udienza. *c*) Il giudice decide; integra il dispositivo della sentenza e ne dà lettura.

LEGENDA: ▌ in udienza
G.D.P.: d.lgs. 274 del 2000

4.3.8. Impugnazioni contro le sentenze del giudice di pace pronunciate in primo grado

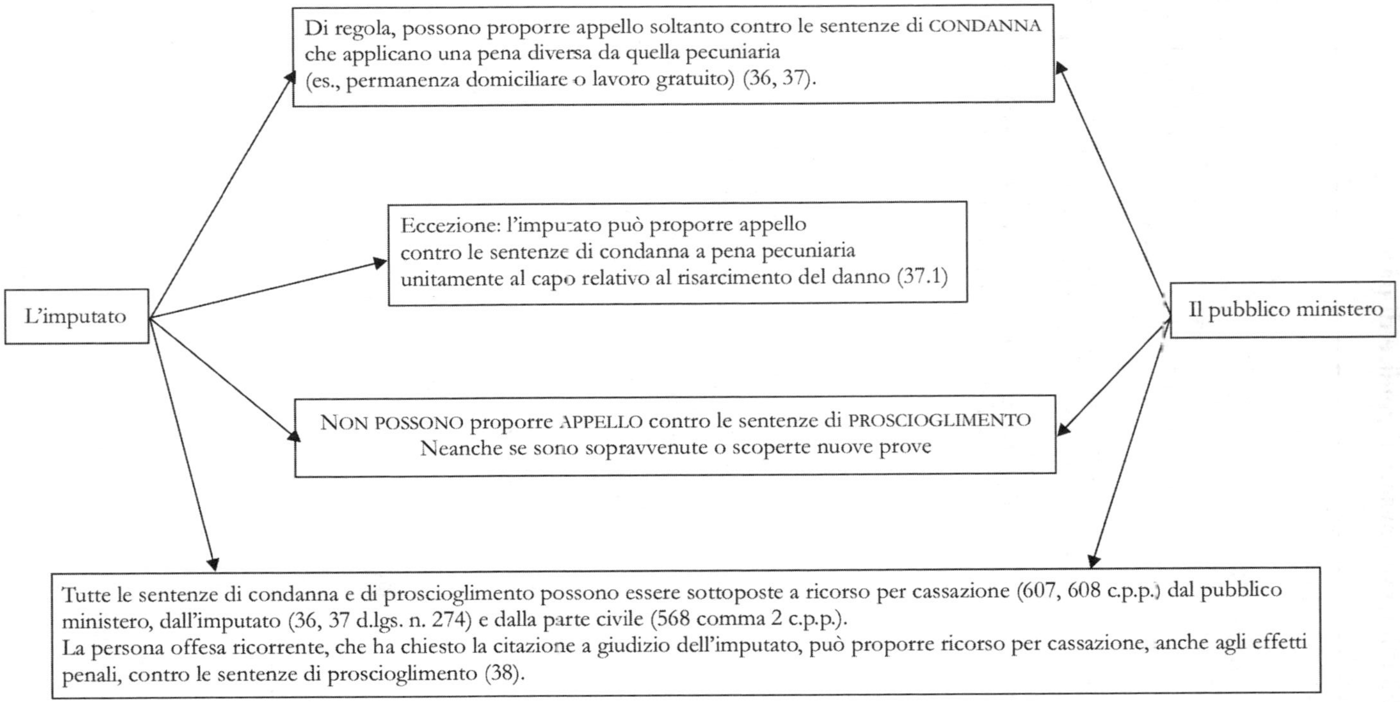

Capitolo IV

IL PROCEDIMENTO PRESSO IL TRIBUNALE PER I MINORENNI

4.4.1. Il procedimento presso il tribunale per i minorenni

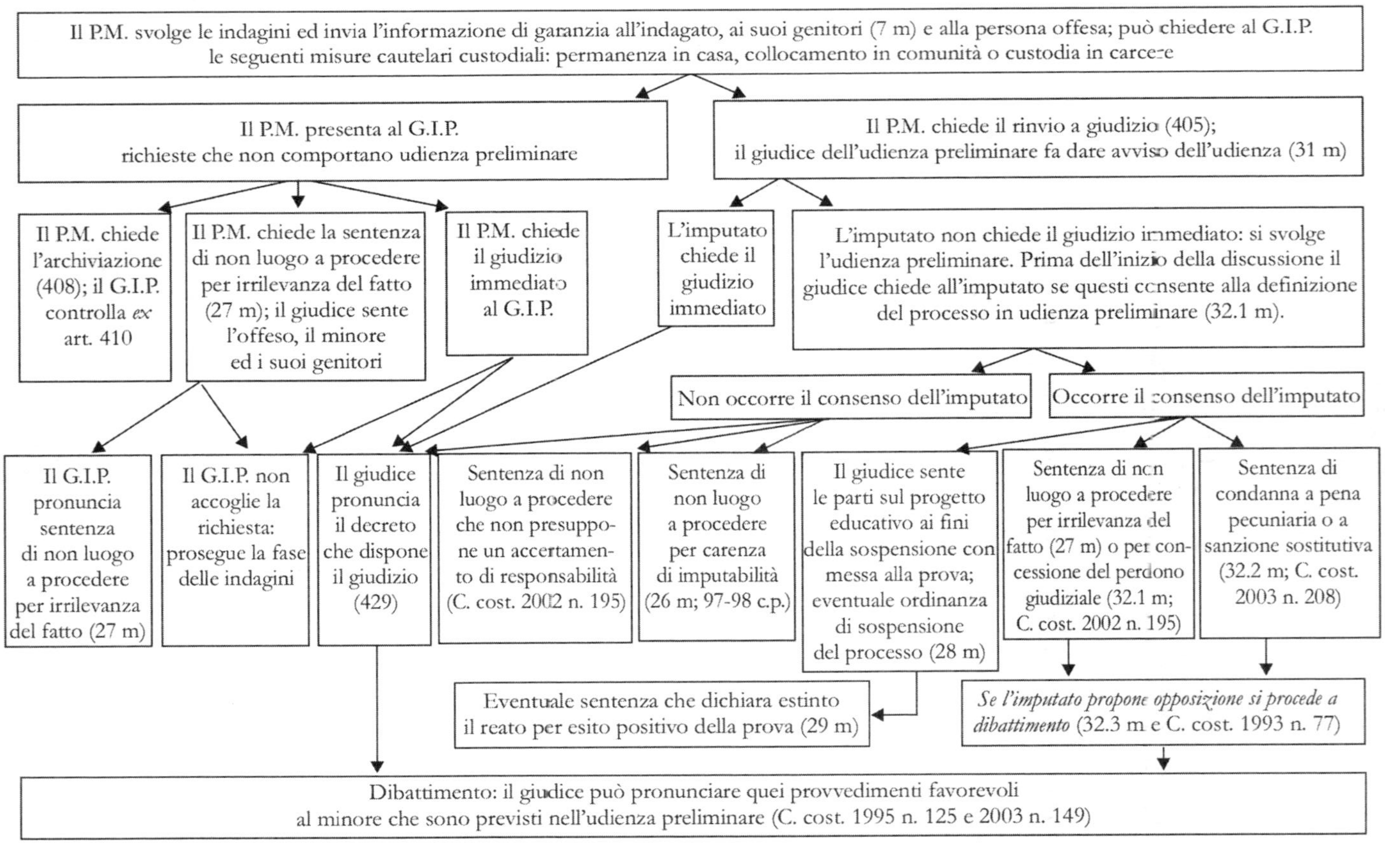

Capitolo V

IL PROCEDIMENTO NEI CONFRONTI DEGLI ENTI PER ILLECITI AMMINISTRATIVI DIPENDENTI DA REATO

4.5.1. La responsabilità amministrativa dell'ente; onere della prova (d.lgs. n. 231 del 2001)

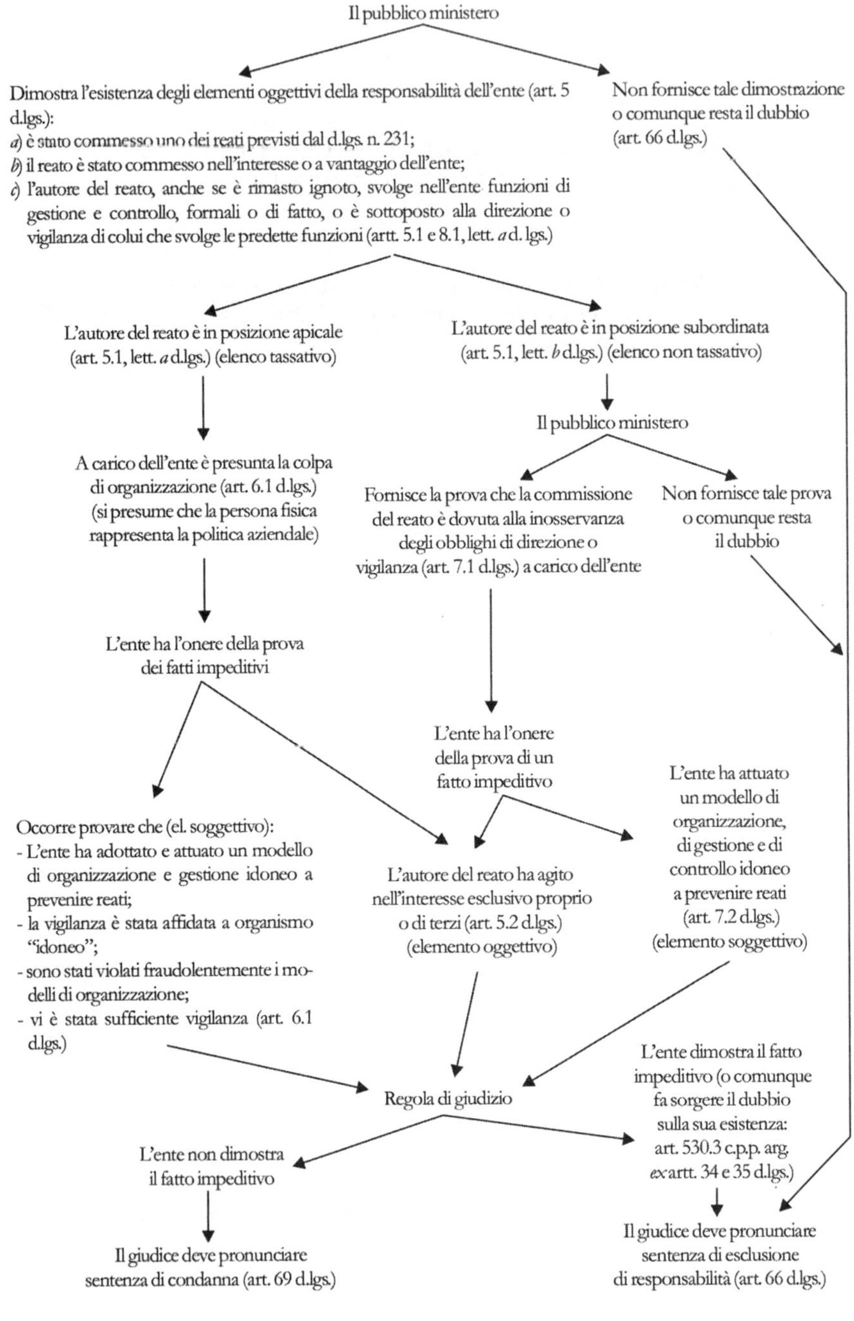

4.5.2. La responsabilità amministrativa dell'ente; le sanzioni (d.lgs. n. 231 del 2001)

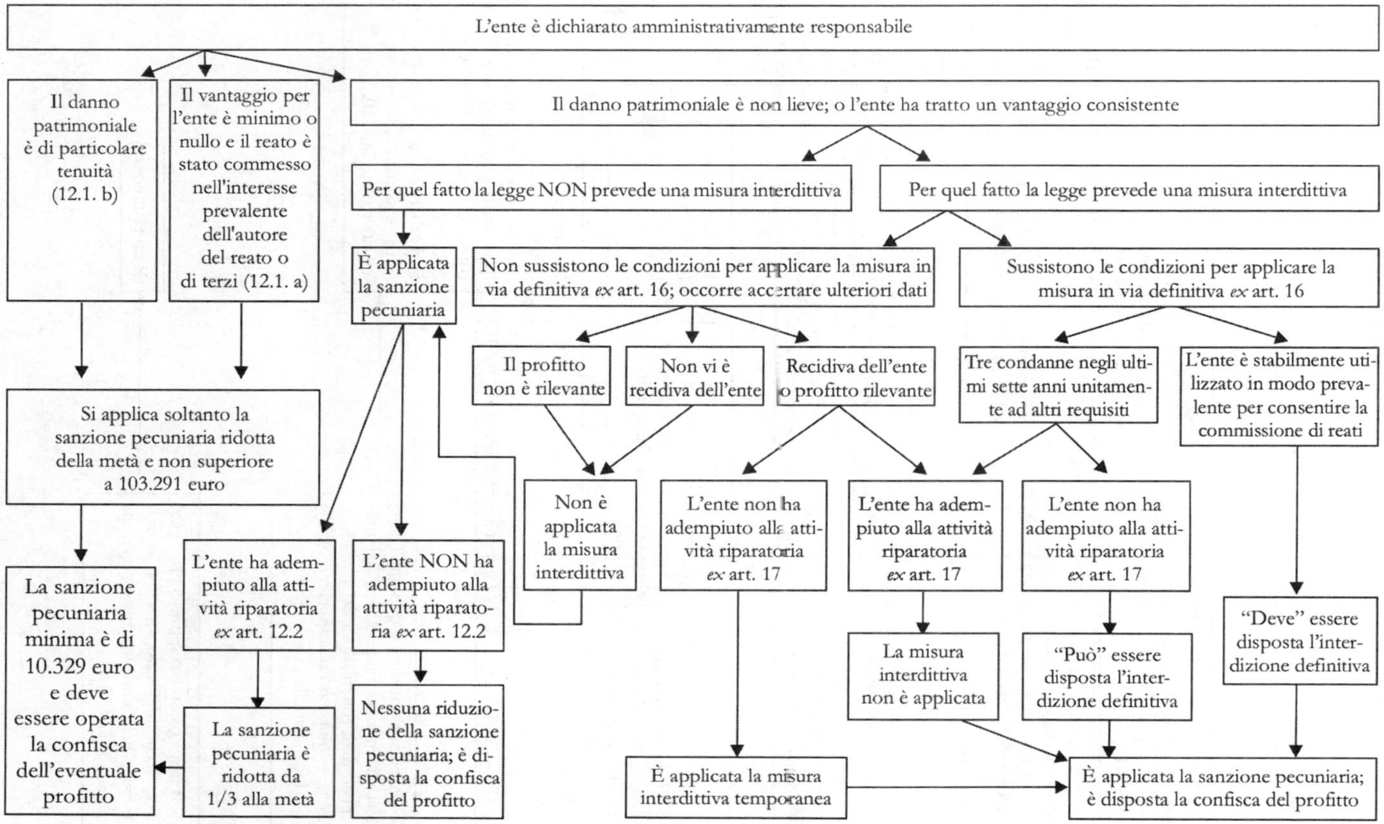

4.5.3. La responsabilità amministrativa dell'ente; il regime dei dichiaranti

Problema della compatibilità con l'ufficio di testimone

assunzione del contributo probatorio

cessazione della incompatibilità

1. Persona fisica imputata del reato da cui dipende l'illecito dell'ente: è incompatibile come teste (44.1.*a*).

2. Persona fisica imputata di un reato concorrente (12.*a*) a quello presupposto della responsabilità dell'ente: è incompatibile *ex* 197.*a*.

Nel procedimento *riunito* è sentito soltanto su sua richiesta o consenso *ex* 208. Se ha già reso dichiarazioni sul fatto altrui, è sentito come imputato connesso (210.1; C. cost. 361 del 1998).

Se il suo procedimento è separato, è sentito come imputato connesso 210.1.

3. Persona fisica imputata di un reato connesso (12.*c*) o collegato a quello presupposto della responsabilità dell'ente (210): è incompatibile *ex* 197.*b*.

Non ha reso dichiarazioni su fatti altrui: è sentito come 210.6

Ha reso dichiarazioni su fatti altrui: è sentito come teste assistito (197-*bis*.2)

Dopo la sentenza irrevocabile è sentito come teste assistito (197-*bis*.1) ed è necessario il riscontro (197-*bis*.6), salvo che sia stato assolto per non aver commesso il fatto (C. cost. 2006 n. 381)

4. Persona fisica che rappresenta l'ente e che lo rappresentava al momento della commissione del reato (44.1.*b*)

Nel procedimento contro la persona fisica imputata del reato presupposto è incompatibile come teste (44.2): il fatto è identico

È sentito come imputato connesso (210.1)

Nel procedimento contro l'ente è incompatibile come testimone; è sentito come imputato (35 d.lgs. e 197 c.p.p.)

Nel procedimento riunito è sentito soltanto su sua richiesta o consenso ex 208. Se ha già reso dichiarazioni sul fatto altrui, è sentito come imputato connesso (C. cost. 361 del 1998).

Se il procedimento contro l'autore del reato è separato, è sentito come imputato connesso 210.1.

5. Persona fisica che rappresenta l'ente, ma che non lo rappresentava al momento della commissione del reato: l'ente è equiparato all'imputato (35): vi è una incompatibilità ai sensi dell'art. 197

6. Persona fisica che rappresentava l'ente al momento del reato, ma non lo rappresenta nel momento attuale: non si applicano gli artt. 35 e 44

È un testimone

Parte Quinta

LE IMPUGNAZIONI

Capitolo I

I PRINCÌPI GENERALI SULLE IMPUGNAZIONI PENALI

5.1.1. Pubblicazione della sentenza e termini per impugnare

Modalità di pubblicazione della sentenza (o ordinanza)	Provvedimenti emessi in camera di consiglio (127)	Motivazione letta in udienza pubblica (545.1) o in camera di consiglio	Motivazione depositata nel termine di legge di 15 giorni (544.2)	Motivazione depositata nel termine indicato dal giudice (544.3)	Motivazione depositata oltre i 15 giorni e nessun termine indicato dal giudice
Eventuali avvisi	Avviso di deposito a tutti coloro che possono impugnare (128)	Avviso di deposito (con estratto della sentenza) soltanto al proc. gen. corte d'appello (548.3): dalla notifica decorre il termine per impugnare (585.2.D.)			Avviso di deposito al proc. gen., a tutte le parti, al difensore dell'imputato (548.2)
Termine per impugnare	15 giorni (585.1.A)		30 giorni (585.1.B)	45 giorni (585.1.C)	30 giorni
Decorrenza del termine per impugnare	Dalla lettura in udienza, per le parti che devono considerarsi presenti (585.2.B); altrimenti, dalla notifica dell'avviso (585.2.A)		Dalla scadenza del termine di deposito stabilito dalla legge o determinato dal giudice (585.2.C)		Dalla notificazione dell'avviso (585.2.C)

5.1.2. Soggetti titolari del diritto di impugnazione

pubblico ministero (norme generali)	Quando la legge attribuisce la facoltà di impugnare al pubblico ministero, possono proporre impugnazione: - il rappresentante del pubblico ministero che ha presentato le conclusioni in quel procedimento (570.2); - il capo dell'ufficio, quali che siano state le conclusioni del rappresentante del pubblico ministero (570.1). Il pubblico ministero presso il giudice che ha pronunciato il provvedimento impugnato può rinunciare alla impugnazione da lui proposta fino all'apertura del *dibattimento.* Successivamente (*e quindi dall'apertura del dibattimento in poi*) la dichiarazione di rinuncia può essere effettuata prima dell'inizio della discussione dal pubblico ministero presso il giudice della impugnazione, anche se l'impugnazione stessa è stata proposta da altro pubblico ministero (589.1)
procuratore generale presso la corte di appello	- Nei casi in cui l'impugnazione di un provvedimento è consentita dalla legge al pubblico ministero, il procuratore generale presso la corte d'appello può *appellare* soltanto nei casi in cui egli ha disposto l'avocazione di quel procedimento o qualora il procuratore della Repubblica abbia prestato acquiescenza al provvedimento in questione (593-*bis*.2)
imputato	- L'imputato può proporre impugnazione (diversa dal ricorso per cassazione) personalmente o per mezzo di un procuratore speciale nominato anche prima della emissione del provvedimento (571.1). - Sia quando l'imputato non ha proposto impugnazione, sia quando lo ha fatto, il potere di proporre impugnazione in favore del cliente spetta al difensore che abbia tale qualità al momento del deposito del provvedimento (o al difensore nominato a tal fine; 571.3). - L'imputato, nei modi previsti per la rinuncia, può togliere effetto all'impugnazione proposta dal suo difensore (571.4)
parte civile	La parte civile può proporre impugnazione contro i capi della sentenza di *condanna* che riguardano l'azione civile e, ai soli effetti della responsabilità civile, contro la sentenza di *proscioglimento* pronunciata nel giudizio (576.1)
querelante	Il querelante può proporre impugnazione, con il mezzo che la legge attribuisce alla parte civile, contro la sentenza di proscioglimento che lo ha condannato al pagamento delle spese del procedimento anticipate dallo Stato nonché alle spese e al risarcimento del danno in favore dell'imputato e del responsabile civile (576.2)
responsabile civile	Il responsabile civile può proporre impugnazione, con il mezzo che la legge attribuisce all'imputato, contro le disposizioni della sentenza riguardanti la *responsabilità dell'imputato* e contro quelle relative alla *condanna* di questi e del responsabile civile alle restituzioni, al risarcimento del danno e alla rifusione delle spese processuali (575.1)
persona civilmente obbligata per la pena pecuniaria	La persona civilmente obbligata per la pena pecuniaria può proporre impugnazione contro la sentenza che la condanni, in caso di insolvenza dell'imputato, al pagamento della pena inflitta a quest'ultimo (575.2)

5.1.3. Effetto sospensivo

Effetto sospensivo della impugnazione

- *Regola:* (588.1) l'esecuzione del provvedimento impugnato è sospesa durante i termini per impugnare e fino all'esito del giudizio di impugnazione

  (es.: impugnazione contro la sentenza di condanna)

- *Eccezione:* (588.2) si eseguono subito i provvedimenti sulla libertà personale
  (es. impugnazione contro l'ordinanza cautelare di custodia in carcere)
  (es. impugnazione contro la sentenza di proscioglimento ed immediata scarcerazione)

- Altre eccezioni previste espressamente dalla legge

  (es.: impugnazione contro il decreto di sequestro preventivo; 322.2)

5.1.4. Effetto estensivo

Un imputato impugna una sentenza; la sua impugnazione giova anche ad un coimputato non impugnante nei limiti indicati (587)

- Impugnazione presentata per motivi esclusivamente personali (es. entità della pena irrogata) → Nessun effetto per l'imputato non impugnante

- Impugnazione presentata per motivi non esclusivamente personali
  - Se concorso di persone nel reato (110 c.p.): es. insussistenza di una aggravante di carattere oggettivo (587.1) → L'imputato non impugnante ha diritto di partecipare al giudizio sulla impugnazione
  - Se violazioni di legge processuale nel procedimento riunito: es. erronea utilizzazione di una prova viziata (587.2) → Il motivo, se accolto, giova all'imputato non impugnante

5.1.5. Impugnazione: procedimento

Pubblicazione del dispositivo della sentenza in udienza mediante lettura (545)

↓

Deposito della motivazione in cancelleria, di regola, entro 15 giorni (544.2)

↓

Termine per presentare impugnazione (585.1.b), termine decorrente (di regola) dalla scadenza del termine di deposito (585.2.c)

↓

Impugnazione con atto scritto che indica (581):
- il provvedimento impugnato, la data e il giudice che lo ha emesso;
- i capi e punti della decisione ai quali si riferisce l'impugnazione; le richieste anche istruttorie;
- i motivi specifici con l'indicazione delle ragioni di diritto e degli elementi di fatto che sorreggono ogni richiesta;
- le prove delle quali si deduce l'inesistenza, l'omessa assunzione o erronea valutazione

↓

L'impugnazione deve essere presentata nella cancelleria del giudice *a quo* (582)

↓

a cura della cancelleria deve essere notificata alle altre parti private (584); deve essere comunicata al P.M. presso il giudice *a quo* (584) e al proc. generale presso la corte di appello

↓

Il giudice *a quo* ha l'obbligo di trasmettere al giudice *ad quem* il provvedimento impugnato, l'atto di impugnazione e gli atti del procedimento (590);
ed inoltre (165 *bis* disp. att.):
a) nominativi dei difensori, con indicazione della data di nomina;
b) dichiarazioni o elezioni o determinazioni di domicilio, con indicazione delle relative date;
c) termini di prescrizione riferiti a ciascun reato, con indicazione degli atti interruttivi e delle specifiche cause di sospensione del relativo corso, o eventuali dichiarazioni di rinuncia alla prescrizione;
d) termini di scadenza delle misure cautelari in atto, con indicazione della data di inizio e di eventuali periodi di sospensione o proroga

↓

Il presidente della corte ordina la citazione delle parti per il giudizio; avviso è notificato ai difensori e al P.M. (601)

Capitolo II

L'APPELLO

5.2.1. Appello del pubblico ministero e dell'imputato contro le sentenze di primo grado pronunciate dal tribunale e dalla corte d'assise

Non sono appellabili le sentenze di CONDANNA per le quali è stata applicata la sola pena dell'ammenda
nè sono appellabili le sentenze di PROSCIOGLIMENTO relative a contravvenzioni punite con la sola pena dell'ammenda o con pena alternativa (593.3)

L'imputato può appellare:

1) le sentenze di CONDANNA (593.1);
2) le sentenze di proscioglimento
   emesse al termine del dibattimento se si tratta di un *proscioglimento non pieno* (593.2);

- l'imputato non può appellare contro le sentenze di assoluzione *con formula piena*, e cioè perché il fatto non sussiste o perché l'imputato non lo ha commesso.

Il pubblico ministero può appellare:

1) le sentenze di PROSCIOGLIMENTO (593.2);
2) le sentenze di condanna solo quando modificano il titolo del reato, o quando escludono la sussistenza di una circostanza aggravante ad effetto speciale, o stabiliscono una pena di specie diversa da quella ordinaria del reato (593.1).

Il pubblico ministero e l'imputato non possono proporre appello contro la sola misura di sicurezza personale senza che sia stato impugnato un altro capo della sentenza agli effetti penali; e ciò per evitare giudizi contrastanti con il tribunale di sorveglianza (579, 680)

5.2.2. La rinnovazione dell'istruzione in appello

la rinnovazione della istruzione dibattimentale è disposta dal giudice in appello

→ Rinnovazione facoltativa *su richiesta di parte*: se le prove sono già state acquisite nel giudizio di primo grado o se comunque erano già note alle parti

→ il giudice dispone la rinnovazione solo se non è in grado di decidere allo stato degli atti (603, comma 1)

→ Rinnovazione obbligatoria *su richiesta di parte*: le prove sono nuove, e cioè sopravvenute o scoperte dopo il giudizio di primo grado (603, comma 2)

→ Rinnovazione obbligatoria *d'ufficio*:
a) se il giudice la ritiene assolutamente necessaria (comma 3);
b) nel caso di appello del pubblico ministero contro una sentenza di proscioglimento per motivi attinenti alla valutazione della prova dichiarativa (comma 3-*bis*)

5.2.3. Soggetto appellante e divieto di *reformatio in peius*

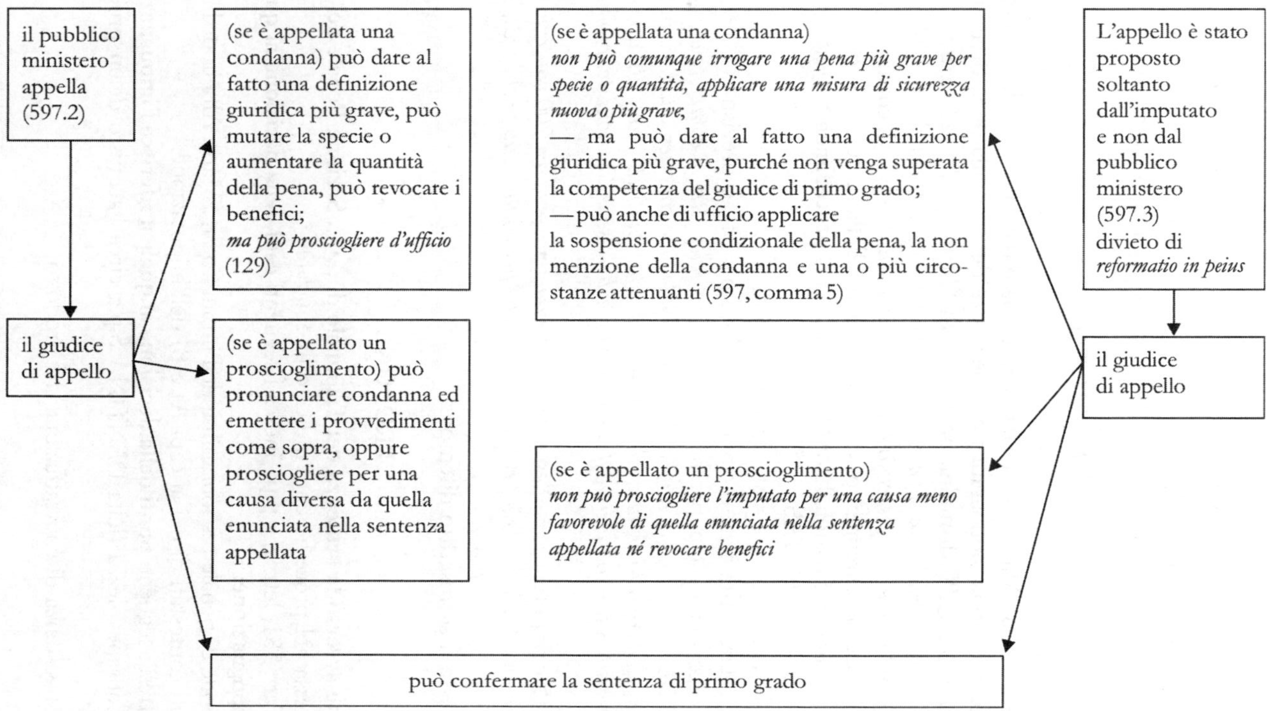

5.2.4. Appello del difensore dell'imputato - testo

TRIBUNALE DI ...
ATTO DI IMPUGNAZIONE PER LA CORTE DI APPELLO DI . . . (1)

Nell'interesse del Sig. Mario Alfa, nato a . . . il . . ., residente in . . ., il sottoscritto Avv. Giuseppe Mevio, suo difensore di fiducia, come da nomina in atti,

PREMESSO

— che il predetto Sig. Mario Alfa è stato condannato dal Tribunale di . . ., Sezione Penale, in composizione monocratica con **sentenza del . . .**, alla pena di anni 1 di reclusione ed € 5.500,00 di multa, per i reati di "*Introduzione nel territorio dello Stato di prodotti industriali con segni distintivi contraffatti*", di cui all'art. 474, primo comma, c.p. e di "*Frode nell'esercizio del commercio continuata*", di cui agli artt. 515 e 81 cpv. c.p., oltre al risarcimento dei danni in favore della parte civile costituita ed al pagamento di una provvisionale di € 15.000,00, nel **procedimento penale n. . . . R.G. N.R. — n. . . . R.G. Trib.**;
— che la suddetta sentenza è stata depositata in data . . . . .;
— che il Sig. Mario Alfa è stato citato in giudizio per i reati previsti
A) dall'art. 474, comma 1, c.p. perché "*nell'esercizio della attività commerciale gestita con la società DENTINA S.p.a, importava dalla Moldavia e commercializzava in Italia 300 confezioni di prodotto industriale per attività odontoiatriche contraffatto, riportante abusivamente sulla confezione il nome X e tutte le false indicazioni del produttore Z;*
B) dall'art. 515 c.p. perché, "*nell'esercizio del commercio vendeva 200 confezioni del falso prodotto industriale che, sia per provenienza che per composizione chimica, aveva qualità inferiori a quelle promesse*";
— ciò premesso il sottoscritto difensore

PROPONE

impugnazione avverso la sentenza del Tribunale di . . . ., Sezione Penale del . . . . (n. . . .), emessa nel procedimento indicato in epigrafe.
Ai sensi dell'art. 581, lett. *a*, c.p.p., indica i seguenti **capi della decisione ai quali si riferisce l'impugnazione:**
— affermazione di penale responsabilità dell'imputato Sig. Mario Alfa in ordine ad entrambi reati contestati di cui ai capi A) e B) dell'imputazione.
— Indica altresì i seguenti **punti della decisione ai quali si riferisce l'impugnazione:**
— asserita consapevolezza della DENTINA S.p.a circa l'acquisto di un prodotto non genuino;
— ritenuta sussistenza di contraffazione del prodotto;

(1) Si ringrazia l'Avv. Paola PASQUINUZZI del Foro di Firenze per aver consentito la pubblicazione del presente atto di appello.

— ritenuta consapevolezza della contraffazione da parte del Sig. Mario Alfa;
— trattamento sanzionatorio e mancata concessione del beneficio della sospensione condizionale della pena;
— statuizione civile relativa alla condanna al risarcimento dei danni ed al pagamento di € 15.000,00 a titolo di provvisionale.
Ai sensi dell'art. 581, lett. *c*, c.p.p., il sottoscritto difensore formula le seguenti **richieste**:

I) IN TESI, voglia l'Ecc.ma Corte di Appello di . . ., in riforma della impugnata sentenza, assolvere il Sig. Mario Alfa da entrambi i reati di cui ai capi A) e B) dell'imputazione ad esso contestati con la formula "*per non aver commesso il fatto*", "*perché il fatto non sussiste*" ovvero "*perché il fatto non costituisce reato*" e, conseguentemente, eliminare la condanna al risarcimento dei danni in favore della parte civile costituita e la condanna al pagamento della provvisionale;

II) IN IPOTESI, voglia l'Ecc.ma Corte di Appello di . . ., in riforma della sentenza impugnata, dichiarare il predetto Sig. Mario Alfa non punibile per particolare tenuità del fatto, ai sensi dell'art. 131-*bis* c.p.;

III) IN IPOTESI SUBORDINATA, voglia l'Ecc.ma Corte di Appello di . . ., in parziale riforma della impugnata sentenza, concedere al Sig. Mario Alfa le circostanze attenuanti generiche a norma dell'art. 62-*bis* c.p. e ridurre comunque la pena nella misura minima di giustizia, con la concessione altresì del beneficio della sospensione condizionale, *ex* art. 163 c.p.
Ai sensi dell'art. 581, lett. *d*, c.p.p., il sottoscritto difensore enuncia i seguenti

MOTIVI

1) Insussistenza dei reati contestati per mancanza di prove in ordine all'elemento oggettivo rappresentato dalla contraffazione del prodotto.

È prassi normale nei processi per reati di contraffazione di marchio che il prodotto asseritamente contraffatto venga acquisito agli atti costituendo il "corpo del reato" e che, se del caso, venga altresì sottoposto ad analisi peritale.

Niente di tutto ciò è avvenuto nel caso di specie, dal momento che neppure una delle n. 200 confezioni di "Molari e Canini" in contestazione è stata prodotta, con conseguente impossibilità, quindi, di poterla sottoporre ad analisi in contraddittorio tra le parti.

Né possono essere ritenute di per sé attendibili le uniche dichiarazioni del legale rappresentante della Protesi S.r.l., in quanto soggetto evidentemente interessato a sostenere la tesi della contraffazione e, per di più, costituito parte civile nel procedimento.

Né può certo costituire prova quanto riferito dal suddetto teste Lucio Sempronio, allorché ha affermato che diverse sarebbero state la forma del flacone, le istruzioni per l'uso e l'etichetta nonché la composizione del liquido, non tanto perché è solo lui a dichiarare ciò senza possibilità alcuna di poterlo confutare, ma anche perché si tratterebbe di difformità non rilevabili *ictu oculi*. Tant'è che un odontoiatra di . . ., tale Dott. Gamma, sentito in qualità di testimone, oltre a confermare l'importante circostanza di avere ricevuto, a distanza di pochi giorni dall'acquisto dei flaconi, "*una e-mail da parte della Dentina S.p.a. che chiedeva la restituzione del prodotto*", a domanda del P.M. se avesse controllato il prodotto stesso, ha testualmente risposto: "*con il caschetto, con la lente di ingrandimento, io non lo avevo ancora utilizzato questo materiale e ho notato che c'erano delle differenze anche minime nella scrittura*" (v. pag. 28 del verbale di trascrizione dell'udienza del . . .). Il che significa che, se occorreva una lente di ingrandimento per percepire eventuali differenze rispetto al prodotto originale, vuol dire che tali differenze erano davvero di poco conto e, comunque, non immediatamente rilevabili.

Ne consegue che, ad avviso della difesa, manca del tutto la prova della asserita contraffazione dei prodotti di cui trattasi.

2) Non configurabilità di penale responsabilità del sig. Mario Alfa per difetto dell'elemento psicologico della consapevolezza in ordine alla non genuinità dei prodotti acquistati dalla società moldava.

Il Tribunale di . . ., per affermare la penale responsabilità del Sig. Mario Alfa, muove dall'assunto che, avendo la Dentina S.p.a acquistato da un rivenditore non autorizzato i flaconi "Molari e Canini" al prezzo di € 75 ciascuno e, cioè, ad un prezzo inferiore di circa 10 euro rispetto a quello praticato sul libero mercato, non poteva non avere "*consapevolezza della contraffazione del prodotto importato, anche nella forma del dolo eventuale*" (v. pag. 10 della sentenza), aggiungendo poi, con specifico riguardo alla posizione del Sig. Mario Alfa, che quest'ultimo "*a fronte del rischio di contraffazione (che non poteva ignorare per la sua esperienza), Alfa ha scelto di non controllare (. . .) assumendosi dunque il rischio di acquistare un prodotto contraffatto*" (v. pag. 11 della sentenza).

Per confutare tale asserzione, sono sufficienti le seguenti brevi considerazioni.

Innanzitutto, il fatto che la Dentina S.p.a. abbia acquistato da un rivenditore non autorizzato non è di per sé illegale né comunque sintomatico di consapevolezza alcuna in ordine alla non genuinità del prodotto. Lo afferma, del resto, lo stesso teste e legale rappresentante della parte civile costituita, allorché, a domanda del Giudice se la Dentina S.p.a. avrebbe potuto acquistare i prodotti originali anche da altri diversi soggetti, risponde testualmente: "*Sì, o su altri mercati oppure in Italia da altre persone che li hanno importati da altri mercati, perché la circolazione in Europa di questo tipo di* medical device *non è condizionata, non è come i farmaci che devono essere diciamo passano per una legislazione più stringente, quindi si possono acquistare dall'estero, da qualsiasi paese all'estero*".

E quando il Giudice pone l'ulteriore domanda: "*Ma sono sempre prodotti originali, però?*", il teste in questione risponde: "*Non è detto*" (v. pag. 16 del verbale di trascrizione dell'udienza del . . .).

E che i prodotti in questione potessero essere tranquillamente acquistati, anche da rivenditori non autorizzati, lo conferma, per quanto occorrer possa, l'odontoiatra Dott. Gamma, allorché, a domanda del legale di parte civile sul perché avesse acquistato il prodotto telematicamente da Dentina S.p.a anziché direttamente dalla casa madre, così risponde: "*Perché oramai siamo nel libero mercato, il prodotto era più conveniente rispetto ad altre ditte*".

In secondo luogo, la questione del prezzo che, secondo il giudicante, avrebbe dovuto rappresentare per il Sig. Alfa un elemento talmente anomalo da fargli ritenere che il prodotto acquistato dovesse essere non genuino.

Senonché, un teste qualificato dell'accusa, Luogotenente Beta, a specifica domanda di come abbia provveduto alla ricostruzione del prezzo del prodotto in contestazione, risponde: "*Devo dire che in questo siamo stati collaborati assolutamente dal legale rappresentante e dal direttore commerciale della Dentina S.p.a. i quali ci hanno anche prodotto, ma questo io poi l'ho prodotto anche alla Procura della Repubblica, degli elaborati con delle proposte di acquisto con dei prezzi e grazie anche alle informazioni che noi abbiamo dunque acquisito attraverso alcune altre ditte diciamo nello stesso settore abbiamo capito che in quel periodo, almeno secondo le nostre ricostruzioni, il prezzo medio in Europa del diciamo dispositivo medico era sugli 84, 85 euro, sebbene la casa madre avesse nei suoi contratti di distribuzione preteso che il prezzo non andasse sotto i 105, 106 (. . .) noi abbiamo, come dire, dimostrato che pur essendo diciamo partendo da una cifra superiore ai 75 le società autorizzate a distribuire il prodotto ad un certo punto provvedevano ad uno sconto, uno sconto che si aggirava dai 15 ai 25 percentuale quindi il calcolo che proveniva da una differenza e quindi veniva assolutamente portato a delle cifre molte vicine agli 84, 85 euro*" (v. pag. 42 del verbale di trascrizione dell'udienza del . . .).

Orbene, tenuto dunque conto che il prezzo medio di vendita del prodotto di cui trattasi in Europa, con gli sconti d'uso, era di circa € 84/85 a confezione, non deve affatto meravigliare che, acquistando il medesimo prodotto da una società moldava, potesse essere spuntato un prezzo leggermente inferiore di € 75 a confezione. Specie in considerazione del fatto che la Moldavia — come è noto — è un Paese non facente parte della Unione Europea, nel quale il tenore di vita è molto più basso di quello di altri paesi europei, per cui — come giustamente ha affermato il C.T. a difesa — "*è anche ragionevole immaginare che i prezzi siano evidentemente più favorevoli*" (v. pag. 10 del verbale di trascrizione dell'udienza del . . .).

E, a tale riguardo, il suddetto consulente poco dopo precisa: "*Non appare anomalo, per quanto riguarda i prezzi in vendita, i prezzi in vendita praticati dalla Dentina S.p.a. sono del tutto in linea con i prezzi medi di vendita dello stesso prodotto da parte di altre società distributrici che adottano il medesimo modello distributivo*" (v. pag. 13 del verbale di trascrizione dell'udienza del . . .).

Chiarito, dunque, che non costituiscono indici di anomalia tali da far dubitare della genuinità del prodotto né il fatto di effettuarne l'acquisto da un rivenditore non autorizzato, né il prezzo scontato di acquisto del prodotto medesimo, trattandosi di una società rivenditrice con sede in Moldavia, per escludere che il Sig. Mario Alfa abbia consapevolmente acquistato merce di illecita provenienza, valgano le seguenti ulteriori considerazioni.

In primo luogo, il fatto che la Dentina S.p.a, fino dal 2010, ha sempre avuto rapporti continuativi con la società moldava senza che mai si verificassero problemi in relazione alla genuinità dei prodotti.

In secondo luogo, è da tenere presente che l'acquisto dei flaconi di cui trattasi è avvenuto attraverso canali ordinari, previa regolare fatturazione e pagamento trasparente del prezzo mediante bonifico bancario.

Inoltre, a conferma della assoluta buona fede dell'imputato, valga il fatto che lo stesso, non appena avuta notizia che il prodotto presentava delle problematiche, ha immediatamente informato i clienti disponendo il ritiro della merce ed ha addirittura presentato denuncia/querela per truffa nei confronti del legale rappresentante della Società moldava, avviando altresì in parallelo una azione civile per danni nei confronti della medesima Società e costituendosi parte civile nel parallelo procedimento penale avviato dinanzi alla Autorità giudiziaria di Chisinau, come riferito dal teste Avv. Epsilon (v. pag. 7 del verbale di trascrizione dell'udienza del . . .).

Infine, non può essere trascurata la circostanza riferita dal teste Eta, magazziniere della Dentina S.p.a., secondo la quale la merce arrivava "*in bancali oppure in colli sfusi*", che il controllo non poteva che essere relativo alla "*quantità*" e non sulla "*qualità del prodotto*" e che "*mediamente in un anno*" ne arrivava "*un milione di pezzi*" (v. pag. 21 del verbale di trascrizione dell'udienza del . . .).

In considerazione di ciò, è di tutta evidenza che il Sig. Alfa, non solo non poteva avere alcun motivo di sospetto circa la non corrispondenza del prodotto ai requisiti previsti dal marchio registrato, ma che, stante il suo ruolo apicale nell'ambito della Dentina S.p.a., non rientrava neppure nei suoi compiti di controllare la merce in arrivo nel magazzino.

È quindi assolutamente da escludere che costui abbia anche soltanto agito accettando il rischio di acquistare merce contraffatta, non foss'altro perché mai avrebbe messo a repentaglio la serietà della propria azienda per un profitto di poche migliaia di euro, a fronte di un fatturato di alcune decine di milioni di euro.

In ogni caso, quand'anche si ritenesse addebitabile al Sig. Alfa una negligenza sotto il profilo del mancato controllo della merce che arrivava in magazzino imballata, ciò avrebbe ovviamente rilevanza soltanto a titolo di colpa e non certamente di dolo né eventuale né tantomeno diretto, con conseguente esclusione della configurabilità di una sua penale responsabilità per difetto del richiesto elemento psicologico.

3) Particolare tenuità del fatto in relazione alle modalità della condotta e alla esiguità del danno.

Nelle conclusioni formulate in sede di discussione, nell'interesse del Sig. Mario Alfa, era stata formulata dalla difesa, in linea di ipotesi, anche la richiesta di declaratoria di non punibilità per "particolare tenuità del fatto" ai sensi dell'art. 131-*bis* c.p.

Sul punto, il Tribunale ha tuttavia omesso del tutto di motivare il mancato accoglimento di tale richiesta.

Nella fattispecie, dato e non concesso che i reati contestati sussistano, sono pacificamente ravvisabili tutti i presupposti richiesti dal citato art. 131-*bis* c.p. per l'esclusione della punibilità.

Infatti, sotto il profilo oggettivo, non vi è dubbio che l'offesa sia di "*particolare tenuità*", dal momento che del tutto esiguo è il quantitativo di prodotti commercializzati: in tutto n. 200 confezioni, come, del resto, specificato negli stessi capi di imputazione. Peraltro, prontamente ritirate. Per non parlare del fatto che, quand'anche taluna delle suddette confezioni sia stata utilizzata, in concreto, nessun dentista né tantomeno paziente ha mai lamentato di avere subito danno alcuno per l'uso del prodotto di cui trattasi.

Sotto il profilo soggettivo, altrettanto pacifico è che il comportamento è stato del tutto occasionale e che il fatto può in effetti essere considerato di particolare tenuità. Ciò anche tenuto conto della condotta susseguente tenuta dal Sig. Alfa, allorché, venuto a sapere che il prodotto in questione aveva dato luogo a qualche problema, ha immediatamente provveduto a ritirarlo dal commercio.

Dirimente, infine, è la circostanza ben evidenziata dal consulente tecnico a difesa, allorché ha affermato che "*ad un'analisi delle vendite effettuate da parte di Dentina S.p.a. nel periodo 2010-2016, sia in termini di importo, quindi di valore, sia in termini di quantità (...) di incidenza percentuale delle vendite da parte di Dentina S.p.a. del prodotto in 'Molari e Canini' termini di valore, è pari allo 0,27 per cento del fatturato totale della società*" e che "*in termini di quantità in media è pari allo 0,029 per cento delle vendite totali*" (v. pag. 13 del verbale di trascrizione dell'udienza del . . .).

Può quindi senz'altro ritenersi che, alla luce di una valutazione complessiva e congiunta di tutte le peculiarità della fattispecie concreta (esiguità del danno o pericolo cagionato e occasionalità della condotta), nel caso di specie — in conformità al principio enunciato dalla Corte Suprema di Cassazione a Sezioni Unite, con sentenza del 25 febbraio 2016, n. 13681 — possa senz'altro essere formulato un giudizio di speciale tenuità del fatto, con conseguente applicazione della causa di non punibilità di cui all'art. 131-*bis* c.p.

4) Mancata concessione delle attenuanti generiche ed eccessività della pena inflitta.

In linea di mera ipotesi, laddove venisse ritenuta la penale responsabilità dell'imputato, dovranno in ogni caso essere concesse allo stesso le attenuanti generiche di cui all'art. 62-*bis* c.p., con conseguente riduzione della pena nella misura minima di giustizia.

Ciò in considerazione non soltanto della minima entità dei fatti contestati anche sotto il profilo dell'esiguità del profitto conseguito, come più ampiamente illustrato nel precedente motivo di impugnazione, ma anche della buona personalità dell'imputato e, in particolare, del buon comportamento tenuto allorché ha appreso che il prodotto dentale commercializzato dalla Dentina S.p.a. aveva dato luogo ad alcuni problemi.

Prova ne sia che il Sig. Mario Alfa, non appena ricevuta la diffida a cessare la commercializzazione del prodotto, non solo si è immediatamente impegnato ad interrompere la distribuzione delle confezioni di "Molari e Canini", ma addirittura ha agito in sede civile nei confronti della Società moldava e in sede penale mediante denuncia del titolare di detta Società.

La circostanza che la Dentina S.p.a. abbia immediatamente aderito alla richiesta di ritirare il prodotto di cui trattasi dal commercio è stata del resto ammessa dallo stesso teste del P.M. e parte civile costituita, allorché, a domanda del P.M. se alla richiesta di ritirare il prodotto dal commercio la Dentina S.p.a. avesse dato un riscontro, ha confermato non soltanto che la risposta è stata affermativa, ma che la suddetta società ha altresì fornito l'elenco dei clienti a cui aveva spedito i prodotti in questione (v. pag. 13 del verbale di trascrizione dell'udienza del . . .).

La circostanza relativa alla azione sia civile che penale promossa da Dentina S.p.a nei confronti della Società moldava è stata invece ben evidenziata dall'Avv. Epsilon, allorché ha riferito dell'esistenza di una causa civile per risarcimento danni nei confronti della Società moldava nonché di un procedimento penale nel quale si ipotizza il reato di truffa di cui all'art. 190, comma 5, del Codice penale moldavo (v. pag. 5 del verbale di trascrizione dell'udienza del . . .).

Lo stesso teste del P.M., ausiliario di P.G., Sig. Kappa, ha del resto riconosciuto di avere trovato nell'ufficio della Dentina S.p.a. "*un atteggiamento pienamente collaborativo da parte di tutti*" (v. pag. 7 del verbale di trascrizione dell'udienza del . . .).

A ciò si aggiunga, a comprova ulteriore del buon comportamento dell'imputato, che il Sig. Alfa, sentito dal Comando Carabinieri N.A.S., ha rilasciato dichiarazioni ampiamente collaborative, mettendo a disposizione tutta la documentazione che gli veniva richiesta.

5) Mancata concessione del beneficio della sospensione condizionale

Il Tribunale, nell'affermare la penale responsabilità del Sig. Mario Alfa, ha negato che al medesimo possa essere concesso il beneficio della sospensione condizionale della pena inflitta, assumendo — come si legge a pag. 13 della sentenza — che "*l'imputato non può usufruire di alcun beneficio, in considerazione della pendenza di processo penale per il reato di frode tentata nell'esercizio del commercio*".

In realtà, si tratta di un procedimento di opposizione ad un decreto penale, nell'ambito del quale il Sig. Alfa ha chiesto ed ottenuto la sospensione del procedimento stesso con "messa alla prova", ai sensi dell'art. 168-*bis* c.p. Messa alla prova, peraltro già conclusa positivamente, per cui il procedimento in questione è certamente destinato ad essere in tempi brevi definito con sentenza di declaratoria di estinzione del reato ai sensi dell'art. 168-*ter* c.p.

Posto, dunque, che la pendenza del procedimento in questione a cui fa riferimento la sentenza impugnata non può avere alcuna valenza ostativa ai fini della concessione del beneficio della sospensione condizionale della pena, va altresì evidenziato che il Sig. Alfa è del tutto incensurato, per cui, anche sotto tale profilo, può ben essere formulato un giudizio di prognosi favorevole. Tanto più in una fattispecie, come quella di cui trattasi, nella quale, dato e non concesso che i reati contestati sussistano, l'intensità del dolo e l'entità del danno o del pericolo cagionato sono state veramente minime.

* * *

Con riserva di presentazione di motivi nuovi nel termine indicato dall'art. 585, comma 4, c.p.p.

Con osservanza.

Firenze, ...

Avv. Giuseppe Mevio

5.2.5. Elementi differenziali tra appello e ricorso per cassazione

APPELLO	*RICORSO PER CASSAZIONE*
È un *gravame* nel senso che il giudice di appello ha la medesima ampiezza dei poteri decisori che caratterizza il giudice di primo grado.	È un'azione di annullamento della sentenza impugnata nei limiti dei *motivi* di diritto *tassativamente* previsti dalla legge (606).
È un gravame *limitatamente devolutivo* nel senso che la cognizione del giudice di appello è limitata ai *punti* della decisione ai quali si riferiscono i *motivi* proposti (597.1).	Il ricorso attribuisce alla corte di cassazione la cognizione del procedimento limitatamente ai *motivi* proposti (609.1). I motivi devono essere stati già presentati in appello.
Il giudice di appello valuta la credibilità della fonte e la attendibilità dell'elemento di prova.	La cassazione valuta la mancanza, contraddittorietà o manifesta illogicità della motivazione, quando il vizio risulta dal testo del provvedimento impugnato ovvero da altri atti del processo specificamente indicati nei motivi di gravame (606.1.*e*).
Il giudice di appello, di regola, pronuncia sentenza con la quale *conferma* o *riforma* la sentenza appellata (605). Soltanto in limitati casi eccezionali il giudice di appello *annulla* la sentenza appellata (604).	Quando accoglie uno o più motivi di ricorso la cassazione pronuncia sentenza di annullamento (620; 623); eccezionalmente dopo l'annullamento decide la causa, e cioè quando non sono necessari ulteriori accertamenti di fatto (620, lett. *l*)

5.2.6. Cognizione del giudice di appello

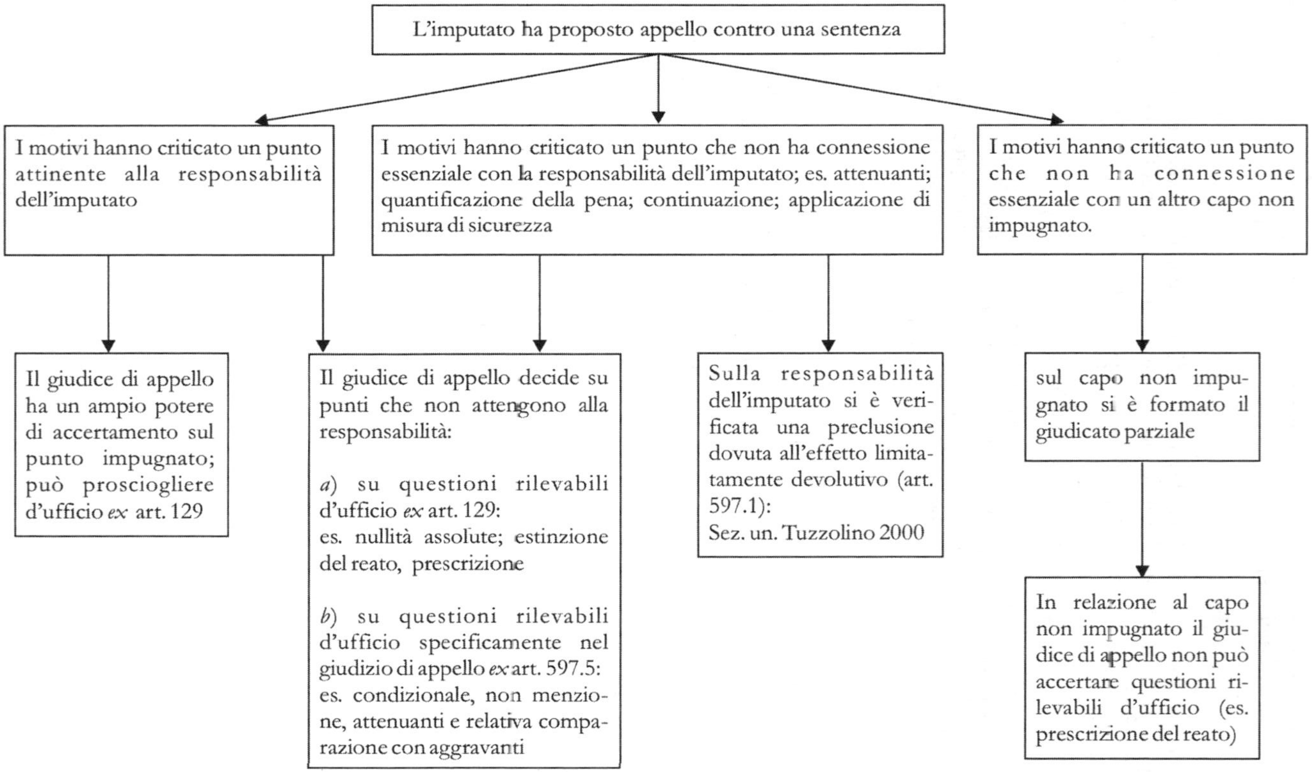

5.2.7. Giudizio di appello e azione civile per il risarcimento del danno da reato

il pubblico ministero appella *e la parte civile non appella*	è in corso il giudizio penale di appello e sopravviene l'estinzione del reato	soltanto la parte civile appella e non il PM
il giudice di appello, che condanna l'imputato prosciolto in primo grado, deve decidere sulla domanda per le restituzioni e il risarcimento del danno, anche se la parte civile non ha impugnato la prima decisione sfavorevole. — *il principio di immanenza della parte civile (art. 76.2) prevale sul principio di separazione delle giurisdizioni*	quando, nei confronti dell'imputato, è stata pronunciata condanna al risarcimento dei danni, il giudice di appello, nel dichiarare il reato estinto (es. per prescrizione) deve decidere ai soli effetti delle disposizioni e dei capi della sentenza che concernono gli interessi civili (578). — Pertanto, la parte civile può ottenere la condanna dell'imputato al risarcimento in sede di appello, anche se, ai fini penali, la medesima corte dichiara di non doversi procedere per prescrizione del reato. — *il principio di accessorietà è derogato per esigenze di economia*	la sentenza di assoluzione, non appellata dal PM, diventa irrevocabile sotto il profilo penale. — Se l'appello della parte civile è accolto, la sentenza di appello afferma la responsabilità dell'imputato come presupposto di una condanna al risarcimento (che è idonea a diventare giudicato civile se confermata in cassazione). — *prevale il principio di separazione delle giurisdizioni*

Capitolo III

IL RICORSO PER CASSAZIONE

5.3.1. Ricorso per cassazione - procedimento

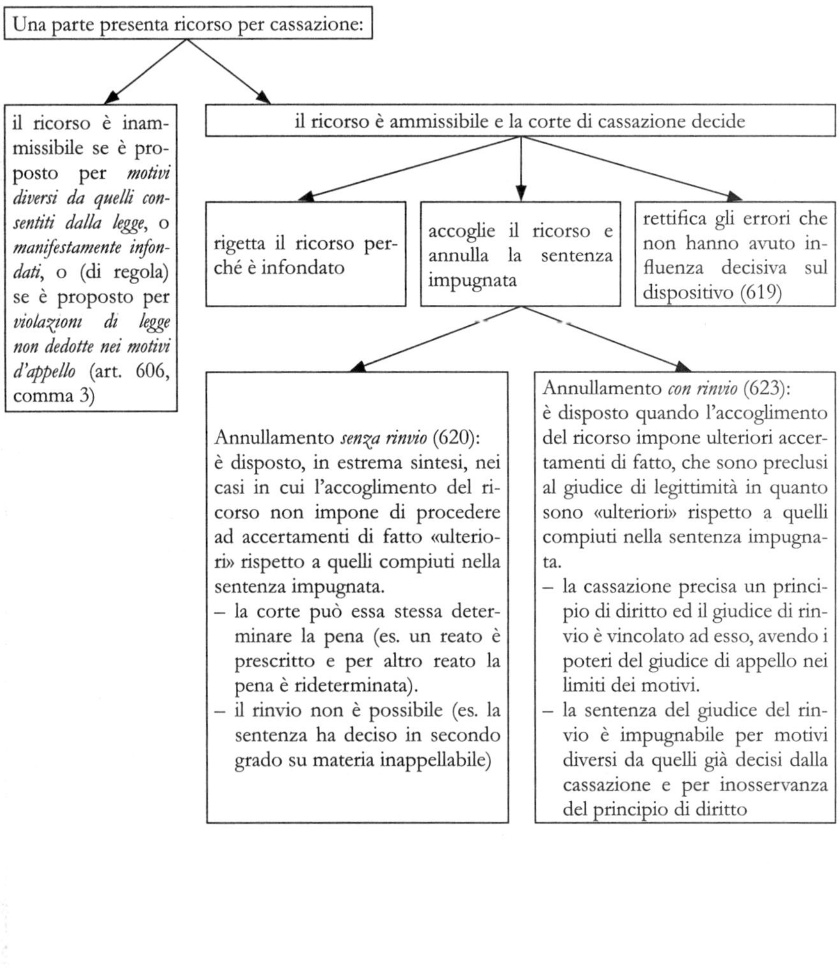

5.3.2. Ricorso per cassazione del difensore dell'imputato - testo

CORTE D'APPELLO DI FIRENZE

per la
SUPREMA CORTE DI CASSAZIONE

RICORSO

proposto dall'Avv. Z, come da nomina in atti, difensore dei sigg.ri
Tizio
nato a . . . . il . . . ., residente in . . . ., via . . . ., e
Caio
nato a . . . . il . . . ., residente in . . . ., via . . . .,
avverso la sentenza . . . . pronunciata in data . . . . nel proc. n. . . . . R.G.App., n. . . . . R.G.N.R. dalla Corte d'appello di Firenze, Sez. I pen., che, con condanna alle spese processuali del grado e a quelle di lite per la parte civile costituita, confermava la sentenza pronunciata in data * dal Tribunale di Firenze, Sez. II pen., con la quale i sigg.ri Tizio e Caio, ritenuti responsabili, in concorso fra loro, del delitto di cui agli artt. 110, 582, 583 c.p. (lesioni personali aggravate), e concesse le attenuanti generiche nonché l'attenuante di cui all'art. 62 n. 2 c.p. prevalenti sulla contestata aggravante, venivano condannati alla pena di mesi quattro di reclusione e al risarcimento dei danni cagionati alla parte civile con provvisionale di € 10.000,00 (1).

Il presente ricorso per cassazione è proposto in relazione ai capi e punti che concernono la responsabilità penale dell'imputato per i seguenti motivi.

***Primo motivo* (art. 606, lett. *b*, lett. *e*):**
annullamento della sentenza per inosservanza dell'art. 52 c.p. in punto di mancata applicazione della scriminante della legittima difesa;
difetto assoluto di motivazione in ordine alla sussistenza della citata scriminante in relazione ad una ipotesi ricostruttiva dei fatti ammessa dal giudice.

Erroneamente la Corte d'appello ritiene non sussistenti gli estremi della legittima difesa nei fatti che hanno portato alla condanna degli odierni imputati. Il giudice *a quo* ritiene infatti non ricorrere nel caso di specie il requisito della *proporzione fra difesa e offesa*, nonché, anche se non *expressis verbis*, quello della *inevitabilità altrimenti del pericolo*.

---

(1) Imputati del reato di cui agli artt. 110, 582, 583, n. 1, c.p., perché, in concorso fra loro e con persone rimaste sconosciute, cagionavano a Sempronio colpendolo ripetutamente con pugni e calci, lesioni personali consistite nella frattura diafisaria plurima della tibia destra, dalle quali è derivata una malattia della durata superiore a 40 gg.

In realtà pare a questa difesa che la Corte d'appello abbia fatto erronea applicazione dei principi di diritto in materia. Senza voler tediare la Corte descrivendo dettagliatamente le circostanze in cui si svolsero i fatti di cui all'imputazione e che dimostrano la presenza di tutti i requisiti richiesti dall'art. 52 c.p., è fatto pacifico ed incontestato che quella sera i fratelli Tizio e Caio sono stati aggrediti da Sempronio, e se da parte loro vi fu — ammesso e non concesso che vi sia stata — una reazione, questa fu senz'altro contenuta nei limiti di una *legittima difesa*.

La Corte d'appello riconosce infatti che due versioni alternative della vicenda possono essere considerate verisimili e che entrambe portano alla condanna degli imputati: che Sempronio si sia procurato la frattura per effetto di una torsione conseguente ad una caduta al suolo dovuta ad una spinta (pag. 3, penult. cpv.), oppure in seguito ad un calcio ricevuto (pag. 3, 4° cpv.).

Orbene, se riteniamo valida la prima ipotesi, non c'è dubbio che *una spinta sia una reazione proporzionata ad un pugno sul naso*: è proprio la spinta e non la conseguente frattura verificatasi, certo non prevedibile, a dover essere soppesata ai fini del giudizio di proporzionalità fra difesa e offesa. In questo caso, però, il giudice di secondo grado non ha neppure preso in considerazione l'ipotesi di valutare la sussistenza degli estremi della legittima difesa, ed in particolare proprio della proporzionalità, pur sottoposta alla sua attenzione: vi è pertanto sul punto un difetto di motivazione nel senso, più volte indicato da codesta ecc.ma Corte, della mancanza di "presa in considerazione del punto sottoposto all'analisi del giudice" (cfr., *ex multis*, Cass. sez. VI, sent. 12 luglio-27 settembre 2000 n. 10274, Grottaroli, in *Guida al dir.*, 2000, 45, 106).

Ma anche nella seconda ricostruzione ipotizzata pare francamente che di fronte ad un pugno al naso, così forte da far sanguinare, un calcio non possa che essere considerato un'offesa proporzionata: o meglio, sembra una reazione addirittura inferiore rispetto a questo. Chi fra un pugno nel naso e un calcio in uno stinco non preferirebbe quest'ultimo? Se poi le conseguenze sono state così gravi non può essere circostanza addebitabile agli imputati, perché se è vero che per il delitto di lesioni è sufficiente il dolo generico di infliggere una violenza fisica, e non l'intento di produrre conseguenze lesive, è altrettanto vero che gli imputati hanno agito in assenza di dolo, *consapevoli di esercitare una difesa legittima di fronte ad una aggressione ingiusta, violenta, prolungata e scomposta.*

Troppo sbrigativamente la Corte d'appello afferma che "sarebbe stata sufficiente, per reagire a Sempronio, un'azione di mero contenimento che due persone sarebbero state in grado di svolgere, ben diversa dall'estrinsecazione di violenza, che ne seguì, escludendo così implicitamente anche la sussistenza del presupposto dell'inevitabilità altrimenti del pericolo". Infatti è stato provato nel corso del giudizio che, durante tutta la serata in cui si svolsero i fatti per cui è processo, il comportamento di Sempronio aveva ben superato la tollerabilità: per tutta la sera il gruppo, e fra questi Tizio e Caio, avevano sopportato i gesti di un ubriaco che dapprima aveva già avuto un diverbio con un altro ragazzo, arrivando alle mani (cfr. dep. teste X pag. 22 trascr.); dopo, offendendo ed infastidendo tutti quanti, era giunto fino al compimento di atti di libidine violenti nei confronti di alcune ragazze; ma in tutto questo Tizio e Caio hanno sempre mantenuto la calma, invitando semplicemente

Sempronio a desistere da simili comportamenti. Il fatto per cui è processo è successivo ad un'ulteriore aggressione da parte di Sempronio, un pugno sferrato nei confronti di Caio con violenza tale da far uscire del sangue. A questo punto, come riferiscono tutti i testi, il tutto si è svolto in un attimo; è stato tutto il gruppo a reagire nei confronti dell'aggressore, ma non certo per volergli provocare lesioni, quanto *per respingere l'ennesima forma di aggressione, in questo caso la più grave o quanto meno la più violenta*, che Sempronio aveva provocato.

Il pericolo non era quindi altrimenti evitabile in quanto è solo la Corte d'appello a ritenere che quel pugno inferto fosse un gesto isolato da poter diversamente contenere: non riflette sul fatto che, invece, considerata l'estrema aggressività dimostrata nel corso della serata da Sempronio, il quale era appena passato dalle minacce alle vie di fatto, quello era solo il primo di una serie di pugni che questi avrebbe tirato non soltanto a Caio, ma sicuramente anche a Tizio e ad altri ragazzi del gruppo. Considerato che alle aggressioni fino a quel momento subite da parte dei vari componenti del gruppo si era risposto proprio con quell'atteggiamento "di contenimento" cui il giudice di seconda istanza fa riferimento, è senza dubbio da ritenere — e lo hanno giustamente ritenuto sul momento tanto gli imputati quanto gli altri componenti del gruppo — che *se Sempronio non fosse cascato, certamente avrebbe raggiunto con altri pugni diverse persone.*

In realtà, a bene osservare, quella che si è verificata è proprio quell'azione di mero contenimento che la Corte d'appello invoca, proporzionata rispetto all'aggressività ed alla violenza che Sempronio aveva appena finito di dimostrare. Proprio il suo comportamento dimostra che l'alcool ingerito non ne aveva affatto privato della forza fisica ma ne aveva soltanto aumentato l'aggressività. È infatti proprio la circostanza che il fatto sia accaduto in un baleno e che Sempronio non abbia riportato altre lesioni oltre alla frattura della tibia, a dimostrare che, se vi è stata una violenza, questa è stata limitata a respingere la *vis* subita, e non a contraccambiare o a punire con le botte un aggressore. Se vi fosse realmente stata un volontà offensiva, o quanto meno punitiva, avremmo assistito ad un pestaggio, ed oggetto del processo sarebbero state certamente anche molte altre lesioni. La unicità della lesione e la assoluta brevità dell'episodio dimostrano invece la completa mancanza del dolo di lesioni negli imputati.

Conseguenza immediata e diretta non può pertanto che essere l'annullamento della sentenza impugnata con rinvio ad altra sezione della Corte d'appello di Firenze perché, anche e non solo in relazione al difetto di motivazione sul punto sopra lamentato, si conformi ai principi di diritto espressi in ordine all'applicazione della scriminante della legittima difesa.

***Secondo motivo* (art. 606, lett. *b*):**

in ipotesi — annullamento della sentenza per inosservanza dell'art. 55 c.p. in punto di mancata applicazione della scriminante della fattispecie dell'eccesso colposo in legittima difesa.

Prima di spostarsi su altro oggetto di ricorso, e per mero scrupolo difensivo, si deve in ogni caso sottolineare che, anche qualora non si ravvisassero gli estremi della legittima difesa nella condotta tenuta dagli imputati per mancanza della proporzionalità fra offesa e difesa, certamente doveva essere configurato dalla Corte d'appello quanto meno l'eccesso colposo *ex* art. 55 c.p. Non vi è dubbio infatti che, se sono le conseguenze subite da Sempronio ad essere considerate non proporzionali alle offese da lui provocate, tali conseguenze comunque, nella loro entità e gravità, non erano certo né volute né concretamente prevedibili dagli imputati i quali, a tutto voler concedere, possono aver colposamente ecceduto i limiti imposti dalla necessità. Si chiede pertanto, in ipotesi, che la Corte di cassazione voglia annullare l'impugnata sentenza per la mancata applicazione della disciplina dell'eccesso colposo di legittima difesa *ex* art. 55 c.p., con rinvio ad altra sezione della Corte d'appello di Firenze.

***Terzo motivo* (art. 606, lett. *b*):**
annullamento della sentenza per erronea applicazione della disciplina del concorso di persone nel reato ex art. 110 c.p.

Ulteriore profilo di illegittimità della sentenza che si impugna è relativo all'erronea applicazione al caso in esame della disciplina del concorso di persone nel reato. Anche in questa occasione la Corte d'appello arriva a conclusioni apodittiche e tautologiche non fornendo una spiegazione giuridica alla riconosciuta sussistenza del concorso. Ne difettano, infatti, in questo caso tutti gli elementi. Anzitutto dal punto di vista oggettivo, perché il Giudice non spiega quale possa essere stato il concreto contributo che ciascuno fra Tizio e Caio abbia apportato alla realizzazione di un fatto sulla cui precisa dinamica il processo non ha certo fatto chiarezza. La triste impressione è che si sia fatto ricorso al meccanismo della fattispecie plurisoggettiva per ovviare alla mancanza sostanziale di prova che sia stato uno fra Tizio e Caio a determinare la frattura della tibia di Sempronio.

Non è possibile d'altra parte, per codesta Corte, procedere al confronto fra fattispecie astratta e fattispecie concreta, necessario ai fini della verifica dell'applicabilità della norma di cui all'art. 110, senza prima aver valutato due elementi che tale fattispecie concreta costituiscono.

In tale analisi, il primo punto è rappresentato dall'individuazione dell'oggetto dell'imputazione contestata agli imputati: *lesioni personali consistenti nella frattura diafisaria plurima della tibia destra dalle quali è derivata una malattia superiore a quaranta giorni*. Non si tratta, cioè, di lesioni personali generiche, e cioè di lesioni conseguenti a colpi subiti in varie parti del corpo, ma di una specifica frattura.

Si inserisce qui il secondo profilo problematico, e cioè l'individuazione delle modalità esecutive della frattura stessa che, a parere del consulente tecnico del Pubblico ministero, sentito nel corso dell'istruttoria dibattimentale, può essersi determinata o con un movimento di torsione o mediante l'applicazione di una forza esterna. Tuttavia, a parere del consulente tecnico, è difficile che un solo calcio abbia potuto determinare una tale frattura: egli parla di "un calcio sferrato con estrema violenza" (pag. 42 trascr.) oppure di "una serie di calci che devono aver colpito più o meno in quel determinato punto" (pag. 45 trascr.) (in proposito valga qui la banale osservazione che pare difficile che possa essere stata esercitata così repentinamente una estrema violenza a distanza ravvicinata con "la gamba alta" (come riferisce Sempronio), e altrettanto che sia stata indirizzata una serie violenta di calci in una stessa sede senza che la persona che li abbia ricevuti, specie se ubriaca, non sia cascata per terra al primo colpo).

È più probabile, allora, ammesso e non concesso che la frattura dipenda da una forza esterna, che i colpi siano stati inferti quando Sempronio era per terra.

Traendo le conclusioni da tali premesse, emerge comunque che in ciascuna delle possibilità ora osservate è da escludersi il concorso di entrambi gli imputati nella realizzazione della condotta incriminata, in quanto *sicuramente Caio, e probabilmente Tizio, non hanno fornito alcun contributo, morale, materiale o agevolatore, alla verificazione dell'evento-frattura, elemento costitutivo della fattispecie prevista dall'art. 110.*

Infatti, se è vero che la frattura oggetto dell'imputazione si è determinata a seguito di un movimento di torsione, quanto meno Caio è assolutamente estraneo alla dinamica dei fatti: anche a voler ammettere (senza peraltro voler concedere) che la perdita di equilibrio di Sempronio, che ne cagionò la rovinosa caduta, sia conseguenza di una spinta, questa al più fu opera di Tizio e non di Caio, che, come è emerso dall'istruttoria dibattimentale, era appena stato colpito da Sempronio stesso e non fu per qualche momento in grado di reagire.

Ma anche se le lesioni fossero conseguenza di un unico colpo molto forte o (cosa assai dubbia perché praticamente impossibile per i motivi già esposti in precedenza) di una serie di colpi inferti quando Sempronio era ancora in piedi, la conseguenza sarebbe l'assoluta estraneità ai fatti di Caio per le ragioni già viste.

Se invece le lesioni sono state provocate da una serie di calci sferrati nello stesso punto della gamba quando Sempronio era già a terra, non è dato di conoscere chi sia l'autore di tale condotta specifica che, *sola e senza il contributo causale, agevolatore o morale di quella di altri*, ha determinato le lesioni personali oggetto dell'imputazione: un altro eventuale calcio sferrato da chicchessia, o una spinta, o più genericamente un colpo inferto in altra parte del corpo, non ha determinato né agevolato la verificazione della frattura.

Il riferimento operato dalla Corte d'appello alla non necessità del previo concerto nella realizzazione del delitto di lesioni è, pertanto, del tutto inconferente e non sposta assolutamente il cardine del problema che rimane quello di aver fornito un contributo causale alla realizzazione della frattura, che nel caso in esame non c'è stato: ciascuna condotta di ciascuna persona coinvolta nell'episodio per cui è processo è, infatti, autonoma, non essendovi assolutamente stata né un'istigazione, né un rafforzamento dell'altrui proposito, né un legame causale effettivo fra di esse.

In sostanza, da parte della Corte d'appello si è fatto un erroneo ed illegittimo uso della fattispecie plurisoggettiva all'unico ed aberrante scopo di coprire il difetto di prova in ordine all'identificazione dell'autore della lesione, senza che ne ricorressero i presupposti, in particolare quello del *contributo alla realizzazione del reato*.

Ma, a ben vedere, è stata fatta erronea applicazione della norma di cui all'art. 110 c.p. in quanto, nel caso in esame, difetta anche l'elemento soggettivo del concorso, dal momento che, come si è avuto modo di sottolineare nel primo motivo di ricorso, manca in modo assoluto da parte degli odierni imputati la volontà di realizzare un fatto di reato e di concorrere e contribuire alla sua realizzazione, essendovi in modo molto chiaro soltanto l'intento di esercitare una legittima difesa.

Ne deriva la necessità di pronunciare anche per tale ragione l'annullamento della sentenza con restituzione degli atti al giudice *a quo* in quanto, almeno con riferimento a Caio, è da escludersi il suo concorso alla realizzazione del reato.

P.Q.M.

il sottoscritto difensore chiede che la Suprema Corte di Cassazione, in accoglimento del presente ricorso, voglia annullare la sentenza impugnata con trasmissione degli atti ad altra sezione della Corte d'appello di Firenze per quanto di competenza.

Luogo, data.

Avv. Z.

5.3.3. Motivi del ricorso per cassazione (art. 606 c.p.p.)

lett. a) Esercizio da parte del giudice di una potestà riservata dalla legge a organi legislativi o amministrativi o non consentita a pubblici poteri. Es. il giudice ha revocato o annullato un atto amministrativo.

lett. b) Inosservanza o erronea applicazione della legge penale o di altra norma giuridica della quale si deve tenere conto nell'applicazione della legge penale.

lett. c) Inosservanza delle norme processuali penali stabilite a pena di nullità, di inammissibilità, di inutilizzabilità o di decadenza.

N.B.: per motivi *a*, *b*, *c*, si può proporre ricorso per cassazione *per saltum*.

lett. d) Mancata assunzione di una prova contraria decisiva, quando la parte ne ha fatto richiesta anche nel corso dell'istruzione dibattimentale.
La prova è decisiva quando avrebbe avuto una reale incidenza nell'accertamento del fatto. La richiesta di prova contraria decisiva può essere stata presentata al momento delle richieste di prova o anche nel corso dell'istruzione dibattimentale (es. ai sensi dell'art. 507). Occorre che il ricorrente abbia già dedotto il vizio della sentenza di primo grado con i motivi di appello.

lett. e. 1) Mancanza della motivazione: manca la argomentazione su uno degli imputati, o su una delle imputazioni, o su un punto necessario ai fini del giudizio.

lett. e. 2) Manifesta illogicità della motivazione: la argomentazione esiste, ma il contenuto è illogico. Es. è errata la scelta o l'uso di una massima di esperienza o di una legge scientifica.

Contraddittorietà logica della motivazione. Vi è un contrasto tra le argomentazioni, a prescindere dal contenuto di queste: il giudice ha violato i princìpi della logica. Es. il teste è stato valutato attendibile ed inattendibile rispetto alla medesima dichiarazione sul medesimo fatto.

«*Manifesta*»: il vizio deve essere tale da disarticolare la decisione.

lett. e. 3) Contraddittorietà processuale della motivazione. Non vi è corrispondenza tra un atto del procedimento e la motivazione della sentenza impugnata. È una infedeltà al processo che si manifesta in tre forme.

- la motivazione non rispetta le acquisizioni processuali perché distorce i risultati probatori acquisiti (c.d. *travisamento delle risultanze probatorie*). Ad es., alla dichiarazione negativa del teste si dà valore di dichiarazione affermativa; oppure, il teste ha detto "bianco" e la motivazione afferma che egli ha detto "nero".
- la motivazione si basa su di una prova non risultante dagli atti (c.d. *travisamento degli atti per invenzione*); es. condanna che è basata su di una testimonianza che non risulta dagli atti del processo.
- la sentenza non motiva su di una prova che è stata acquisita (c.d. *travisamento per omissione*).

→ I vizi di mancanza, contraddittorietà o manifesta illogicità della motivazione devono risultare *dal testo del provvedimento impugnato ovvero da altri atti del processo specificamente indicati nei motivi di impugnazione* (principio di autosufficienza del ricorso).

Capitolo IV

IMPUGNAZIONI STRAORDINARIE

5.4.1. Procedimento di revisione

Deliberazione preliminare (segreta)

Ordinanza di inammissibilità (violazione artt. 629-633; 641 oppure manifesta infondatezza)

Ricorribile per cassazione. È possibile presentare una nuova richiesta fondata su elementi diversi

Ammissione della richiesta

Il condannato riacquista lo *status* di imputato e la corte può sospendere l'esecuzione della pena (635)

Giudizio di revisione (636.2)

(notificazione del decreto di citazione)

Dibattimento:
richiesta, ammissione e assunzione delle nuove prove

Le nuove prove sono idonee a determinare un proscioglimento ai sensi degli artt. 529, 530, 531? (es. vi è un ragionevole dubbio che l'imputato abbia commesso il fatto?)

Sì

Sentenza di proscioglimento

No

Sentenza di rigetto

Ricorribile per cassazione

Parte Sesta

IL GIUDICATO E L'ESECUZIONE PENALE

Capitolo I

GLI EFFETTI DEL GIUDICATO PENALE

6.1.1. Effetto preclusivo della sentenza irrevocabile pronunciata in giudizio

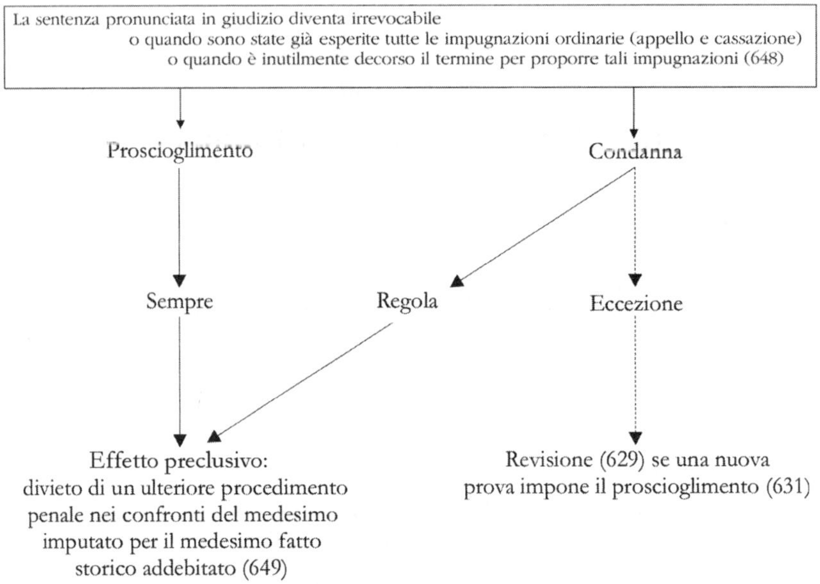

6.1.2. Modelli di rapporti tra le giurisdizioni

Unità della giurisdizione (codice del 1930)	*Separazione con eccezioni* (codice del 1988)	*Separazione delle giurisdizioni* (sistema accusatorio puro)
— Esiste l'istituto della parte civile — Il giudicato penale ha efficacia *erga omnes* Temperamento: C. cost. n. 165 del 1975: il giudicato ha effetto soltanto nei confronti del soggetto che è stato messo in condizione di partecipare al processo penale	— L'azione civile di danno può essere esercitata sia nel processo civile sia in quello penale — Il giudicato penale è previsto in casi eccezionali	— Non esiste l'istituto della parte civile — Nessun effetto del giudicato penale

6.1.3. Risarcimento del danno derivante dal reato. Gli effetti del giudicato

<table>
<tr><th colspan="4">Il danneggiato</th></tr>
<tr>
<td rowspan="3">1. Inizia l'azione civile in sede civile nei seguenti casi:
A. prima della sentenza penale di primo grado (75.2)
B. dopo che la parte civile è stata estromessa dal processo penale (88.3)
C. se vi è stata sentenza di «patteggiamento» (444.2)
D. se la parte civile non ha accettato il giudizio abbreviato (441.4)
E. se il procedimento è sospeso per incapacità dell'imputato (71.6)
F. se il dibattimento è sospeso per impedimento fisico permanente dell'imputato (C. cost., n. 354/1996)

il processo civile prosegue

l'assoluzione irrevocabile non vincola il danneggiato (652.1)

la condanna irrevocabile non comporta pregiudizio per il danneggiato</td>
<td>2. Inizia l'azione civile in sede civile tardivamente e cioè: dopo la sentenza penale di primo grado o dopo la costituzione di parte civile (75.3)

il processo civile è sospeso; la costituzione di parte civile è revocata ex lege (82.2)</td>
<td>3. Inizia (o trasferisce) l'azione civile nel processo penale (ovviamente nei termini previsti: 75.1)

Vi è rinuncia ex lege agli atti del giudizio civile</td>
<td>4. Non agisce né in sede penale né in sede civile</td>
</tr>
<tr><td colspan="3">L'assoluzione irrevocabile con formula ampia (il fatto non sussiste, l'imputato non lo ha commesso, il fatto è stato compiuto nell'adempimento di un dovere o nell'esercizio di una facoltà legittima) ha efficacia di giudicato nei confronti del danneggiato che è stato posto in grado di costituirsi parte civile (652)</td></tr>
<tr><td colspan="3">La condanna irrevocabile ha efficacia di giudicato (su punti delimitati) nei confronti del condannato e del responsabile civile citato o intervenuto (651)</td></tr>
</table>

6.1.4. Irrevocabilità e giudicato

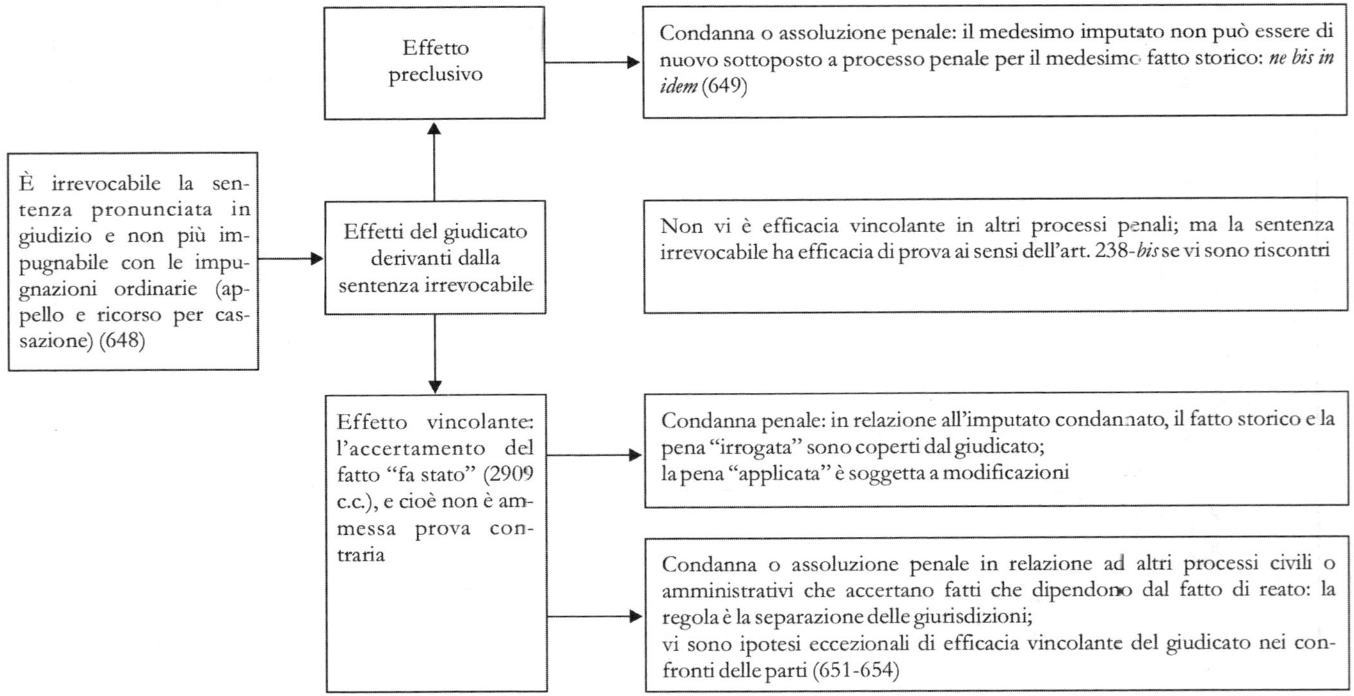

6.1.5. Efficacia di giudicato della sentenza penale irrevocabile di condanna nei giudizi di danno (art. 651 c.p.p.)

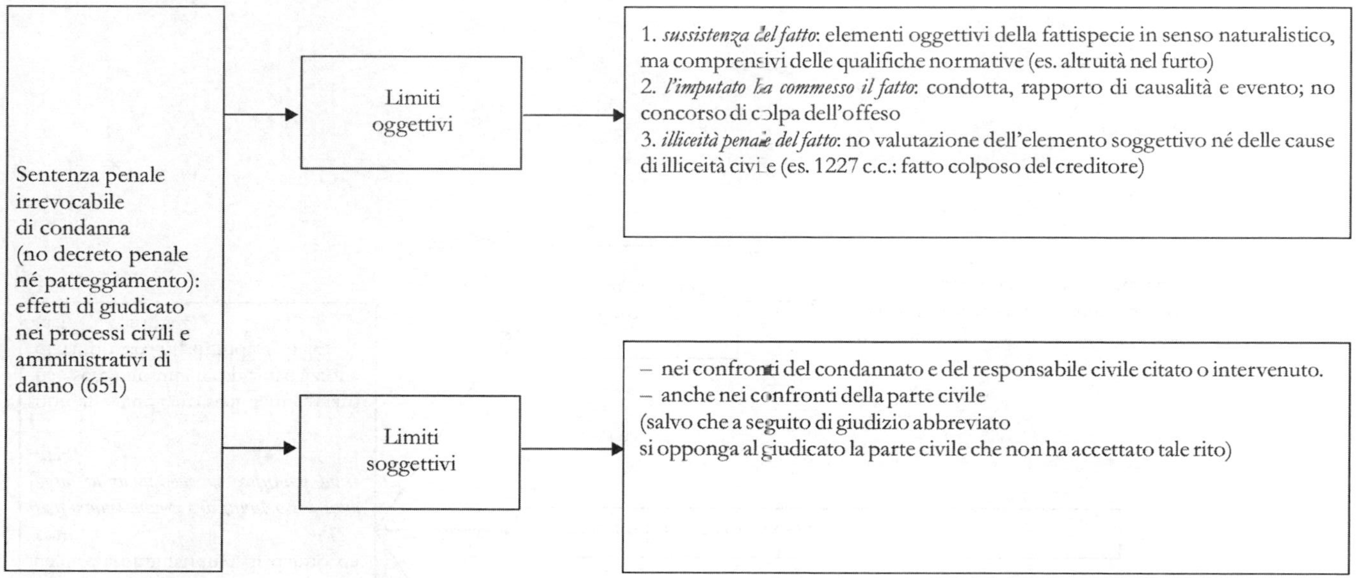

6.1.6. Efficacia di giudicato della sentenza penale irrevocabile di assoluzione nei giudizi di danno (art. 652 c.p.p.)

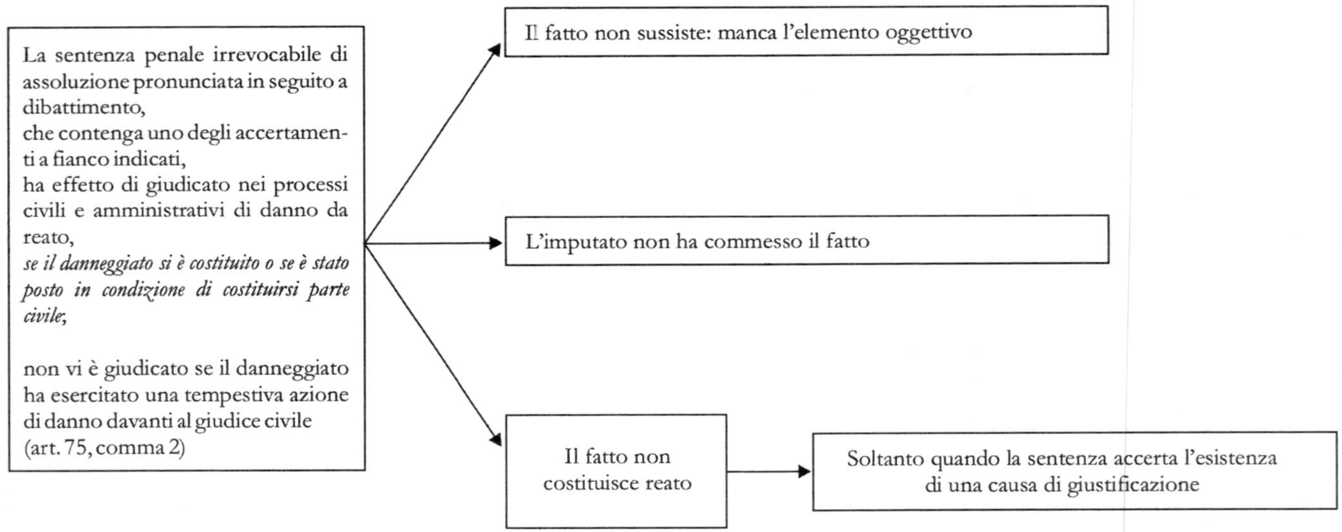

6.1.7. Efficacia di giudicato della sentenza penale irrevocabile nei giudizi civili o amministrativi diversi da quelli disciplinari e da quelli di danno da reato (art. 654 c.p.p.)

Limiti soggettivi	nei confronti della parte civile nei confronti del responsabile civile nei confronti dell'imputato
Limiti oggettivi	1. sentenza dibattimentale (no abbreviato né patteggiamento) 2. sentenza di condanna o assoluzione (no proscioglimento per estinzione del reato per prescrizione o amnistia) 3. il giudicato riguarda soltanto i fatti materiali che sono rilevanti ai fini della decisione penale (condotta, causalità, evento) 4. il riconoscimento di un diritto soggettivo o di un interesse legittimo deve dipendere dall'accertamento del medesimo fatto materiale oggetto del giudizio penale 5. la legge civile non pone limiti alla prova del diritto controverso (li può porre quando il fatto non può essere accertato mediante testimoni o presunzioni; 2721-2726, 2729 c.c.)

6.1.8. Casi di divieto di nuovo processo penale (art. 649 c.p.p.)

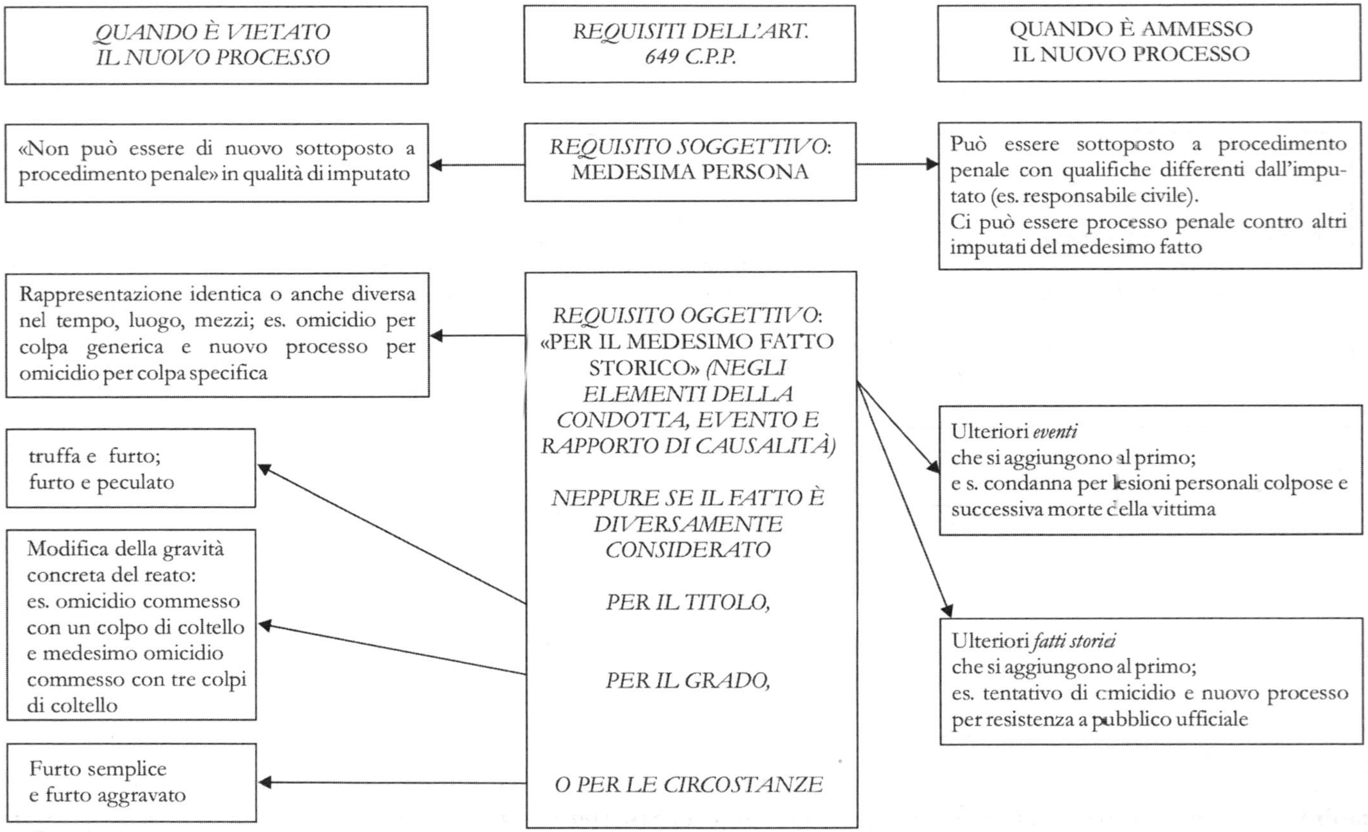

6.1.9. Efficacia di giudicato della sentenza penale irrevocabile sul giudizio disciplinare davanti a pubbliche autorità (art. 653 c.p.p.)

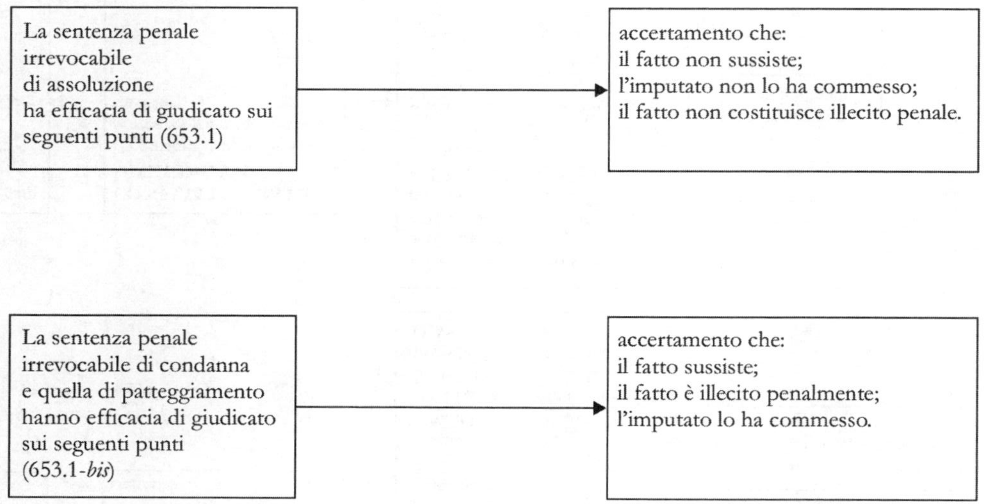

6.1.10. Conflitto teorico e pratico di giudicati

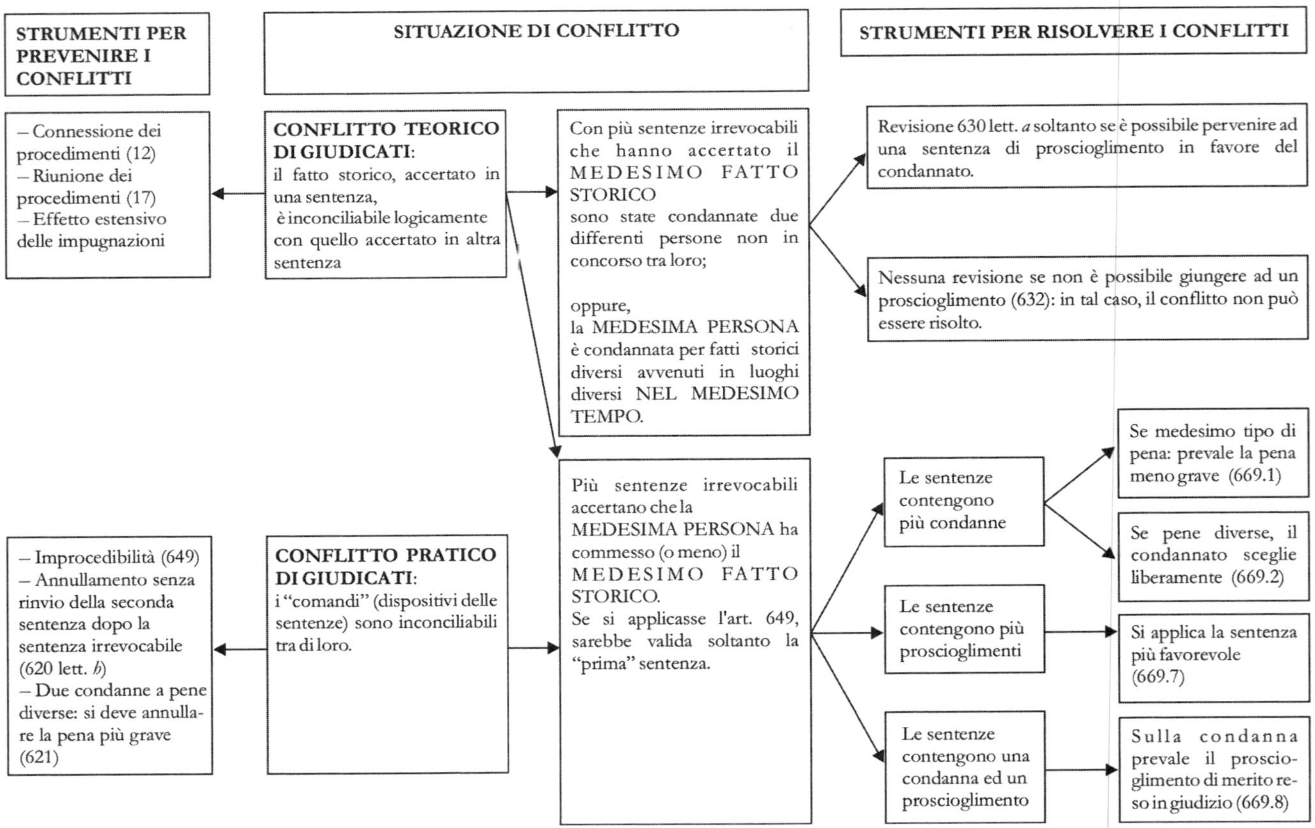

Capitolo II

L'ESECUZIONE PENALE

6.2.1. La sentenza di condanna

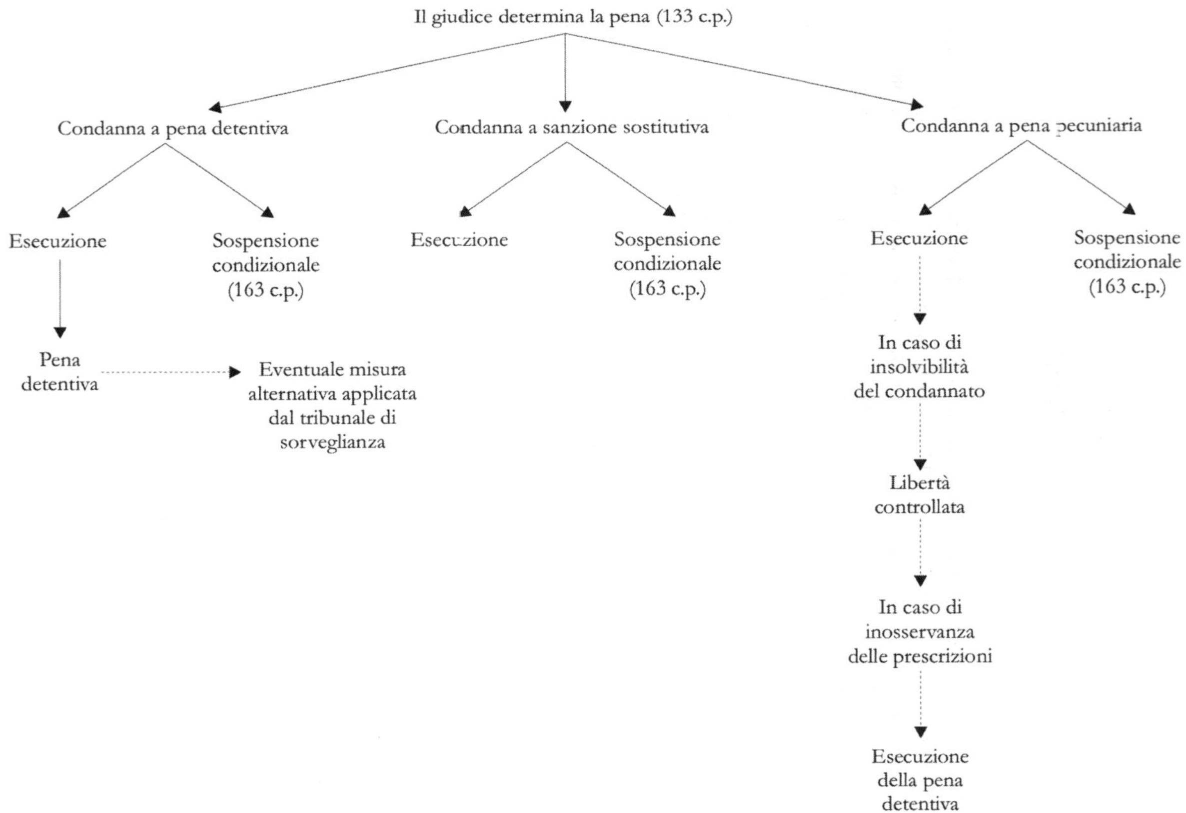

6.2.2. Esecutività del provvedimento del giudice

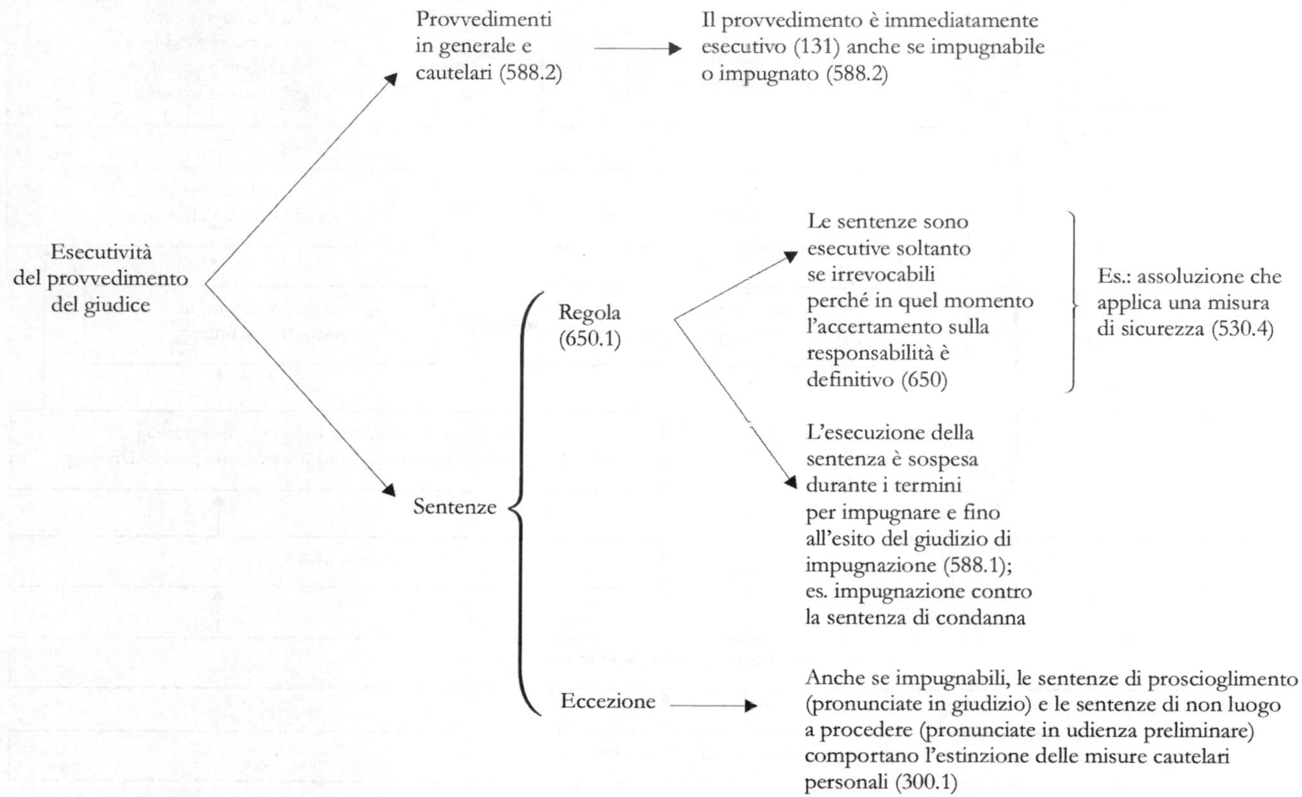

6.2.3. La fase esecutiva - sintesi

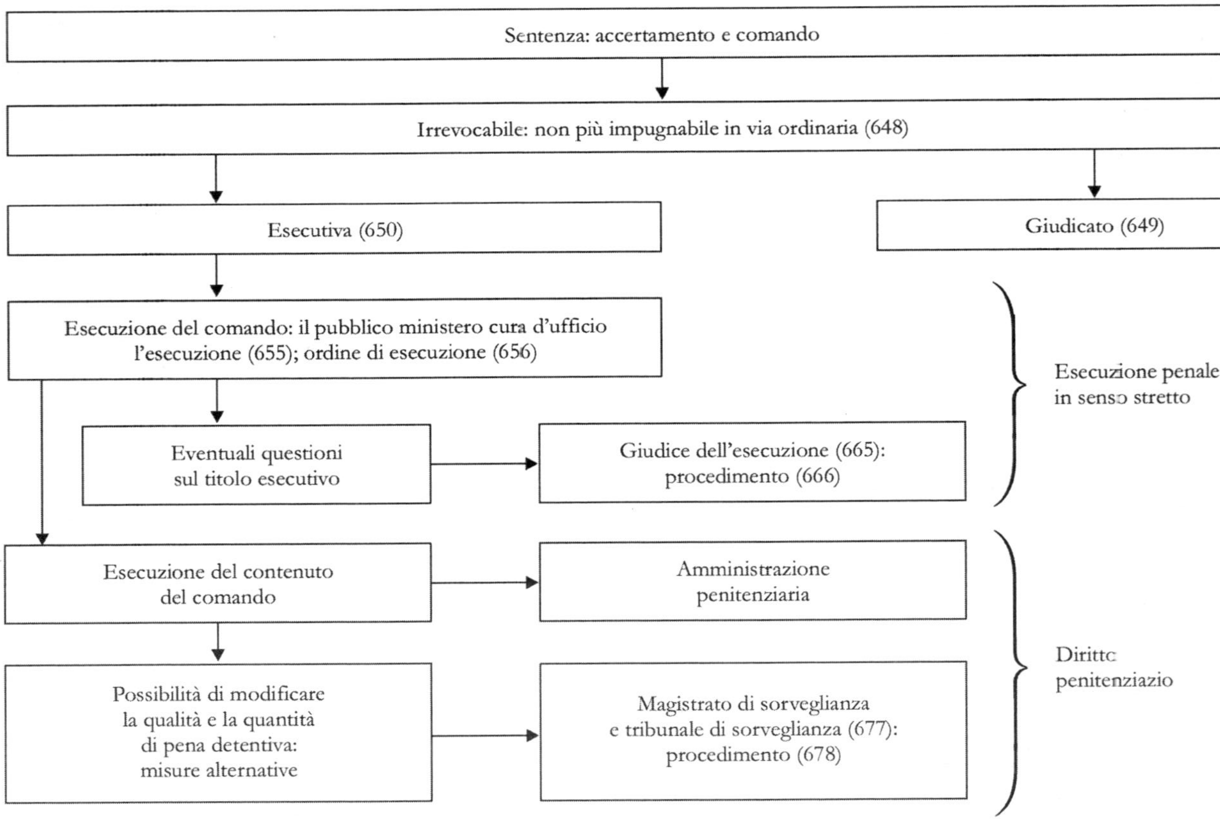

6.2.4. Titolo esecutivo e ordine di esecuzione (art. 655 c.p.p.)

Giudice della esecuzione è, di regola, quel giudice che per ultimo ha accertato la responsabilità penale (665); nel caso di annullamento con rinvio, è il giudice del rinvio

→ Esempi di materie di competenza del *giudice della esecuzione:*
pluralità di sentenze irrevocabili per il medesimo fatto (669);
questioni sul titolo esecutivo (670);
applicazione della disciplina del concorso formale e del reato continuato (671);
applicazione di amnistia e indulto (672);
revoca della sentenza per abolizione del reato (674).

Presso il *giudice, che ha pronunciato la sentenza che è diventata irrevocabile*, la cancelleria forma l'estratto (il dispositivo) della medesima e lo trasmette al P.M. presso il giudice dell'esecuzione (28 reg.)

→ La segreteria del P.M. iscrive la sentenza nel registro e forma il fascicolo

→ Il P.M. cura d'ufficio l'esecuzione;
computa il presofferto (es. custodia cautelare: 657);
computa le pene concorrenti da eseguire (663);
emette un provvedimento "*de plano*"

→ Il P.M. emette ordine di esecuzione (656) e lo fa notificare al condannato e al difensore di fiducia o d'ufficio (655.5)

→ La segreteria del P.M. trasmette al direttore del carcere un "foglio" con la indicazione della quantità della pena da eseguire e della data in cui termina la esecuzione

6.2.5. Computo del "presofferto": principio di fungibilità della pena (art. 657 c.p.p.)

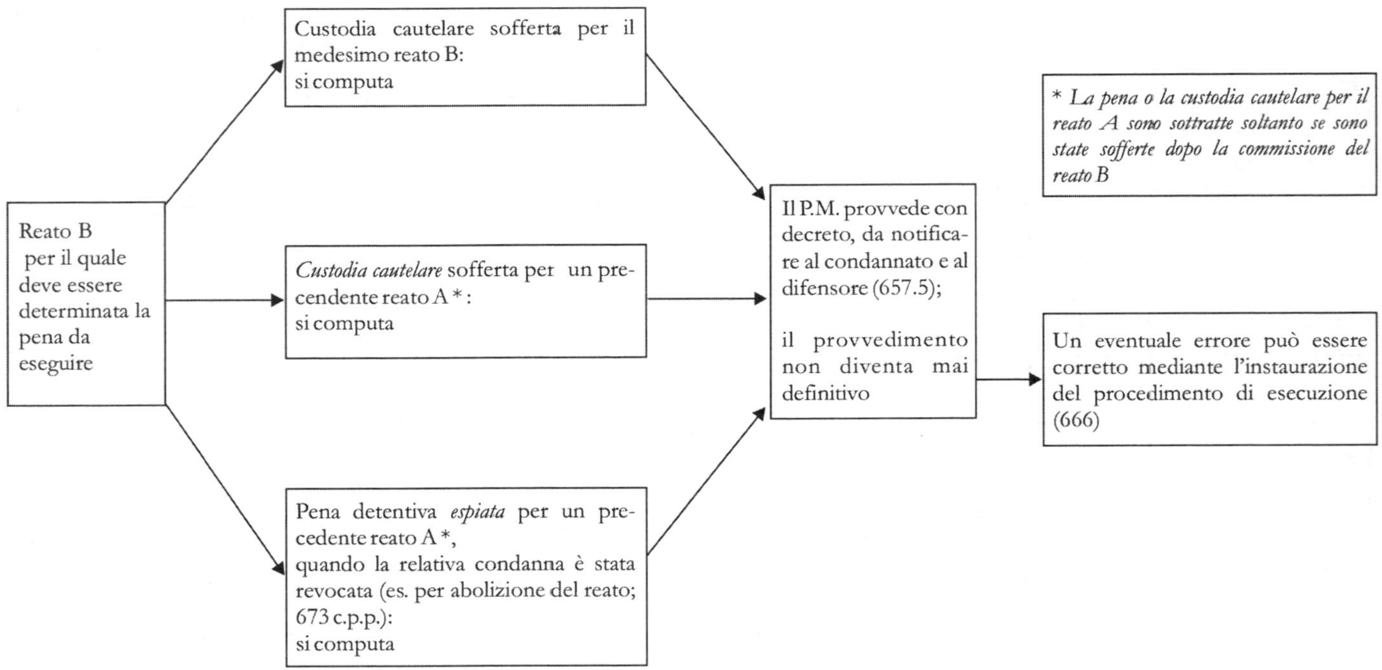

6.2.6. Concorso di sanzioni detentive per fatti diversi: cumulo (art. 663 c.p.p.)

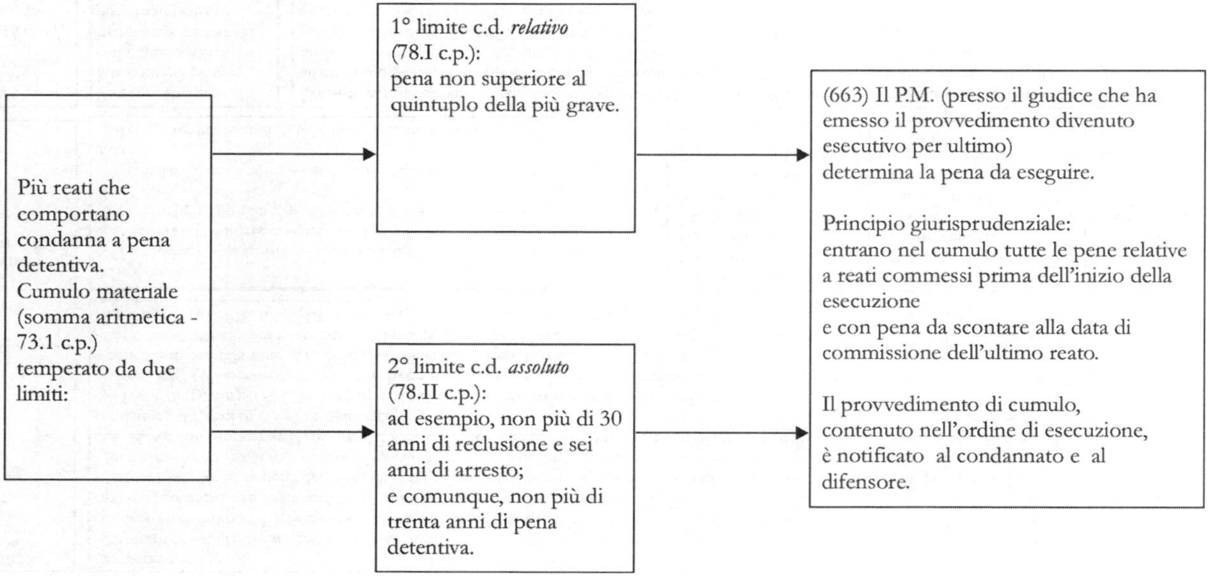

6.2.7. Le misure alternative alla detenzione in carcere

Misura	Presupposti	Contenuto	Requisiti	Revoca
AFFIDAMENTO IN PROVA AL SERVIZIO SOCIALE (47 O.P.)	Presupposto: la pena detentiva residua da espiare ammonta fino a 3 anni; 6 anni per tossicodipendenti (94 T.U. 309); 4 anni se nell'anno precedente il condannato ha tenuto un comportamento che consente un giudizio positivo su rieducazione e non commissione di altri reati (Comma 3-*bis*)	Il condannato è affidato all'ufficio di esecuzione penale esterna (UEPE) e deve seguire quelle prescrizioni che sono dettate dal tribunale di sorveglianza e che attengono alla dimora, alla libertà di locomozione, al lavoro, alla frequentazione di determinati locali, al divieto o all'obbligo di soggiorno e al divieto di svolgere attività o avere rapporti personali che possano portare al compimento di altri reati	Requisito: si può ritenere che il provvedimento, anche attraverso le prescrizioni, contribuisca alla rieducazione del reo e assicuri la prevenzione del pericolo che commetta nuovi reati	Revoca se il comportamento, contrario alla legge o alle prescrizioni, appare incompatibile (c. 11)
DETENZIONE DOMICILIARE (47-TER O.P.)	Presupposti vari: - *ANAGRAFICA* (c. 1): ***per ultrasettantenni***, eccetto delinquenti abituali, professionali o per tendenza: è ammessa se condanna a reclusione di qualsiasi entità, per reati diversi da quelli contro la personalità individuale (art. 600 e ss. c.p.) e da quelli previsti dagli artt. 609-*bis*, *quater*, *octies*, c.p., 51 c. 3-*bis* c.p.p.; 4-*bis* o.p. - *UMANITARIA* (c. 1): se pena detentiva della reclusione fino a 4 anni e vi sono motivi di famiglia, salute, studio o lavoro. - *BIENNALE O GENERICA* (c. 1-*bis*): se pena detentiva fino a due anni, quando non ricorrono i presupposti dell'affidamento in prova e la misura è idonea a evitare il pericolo di commissione di reati. Non si applica ai condannati dei reati di cui all'art. 4-*bis* o.p. - "*A DURATA PRESTABILITA*" (c. 1-*ter*): nei casi di rinvio di esecuzione della pena (146 e 147 c.p.). - "*SPECIALE*" (47-*quinquies*): detenute madri dopo la espiazione di un terzo di pena in base a vari requisiti (es. se non vi è pericolo di commissione di reati ed è possibile ripristinare la convivenza con i figli). - "*SVUOTA-CARCERI*": per i condannati ad una pena detentiva (anche residua) non superiore a 18 mesi (legge n. 199 del 2010, mod. dal decreto-legge n. 211 del 2011, conv. in legge n. 9 del 2012)	Consiste nella possibilità di scontare la pena nella propria abitazione o in altro luogo di privata dimora ovvero in un luogo di cura, assistenza e accoglienza		Revoca come sopra e se cessano le condizioni (c. 6 e 7)
SEMI-LIBERTÀ (50 O.P.)	Presupposti vari: - (50 c. 1) come misura iniziale, se la pena residua è la reclusione fino a sei mesi o l'arresto. - (50 c. 2) dopo l'espiazione di almeno metà pena (2/3 se reati gravi: 4 c. 1-*bis*). - (50 c. 2) se pena fino a tre anni, anche prima di metà pena, se reati non gravi (4. c. 1-*bis*). - (50 c. 5) il condannato all'ergastolo, dopo che ha scontato almeno 20 anni di pena. - (50 c. 7) detenuta madre di un figlio di età inferiore a 3 anni	Il condannato trascorre parte del giorno fuori del carcere al fine di partecipare ad attività lavorative, istruttive o comunque utili al reinserimento sociale	Requisito: in relazione ai progressi compiuti nel trattamento, vi sono le condizioni per un graduale reinserimento del soggetto nella società (c. 4).	Revoca quando il soggetto non appare idoneo al trattamento (51.1) o per assenza ingiustificata dall'istituto (51.2-4)
LIBERAZIONE CONDIZIONALE (176 C.P.)	Presupposto: aver espiato metà pena e comunque almeno trenta mesi, quando la pena residua non supera 5 anni	Consiste nella possibilità di concludere l'espiazione della pena all'esterno del carcere in regime di libertà vigilata, in base al quale il condannato è soggetto al controllo dell'autorità di pubblica sicurezza e fruisce di interventi di sostegno e assistenza da parte dell'Ufficio per l'esecuzione penale esterna	Requisiti: comportamento che fa ritenere sicuro il ravvedimento e risarcimento del danno derivante dal reato, salvo impossibilità di adempiere	Revoca se trasgressione agli obblighi della libertà vigilata o commissione di delitto (177 c.p.)

6.2.8. Misure alternative applicabili all'inizio dell'esecuzione (art. 656 c.p.p.)

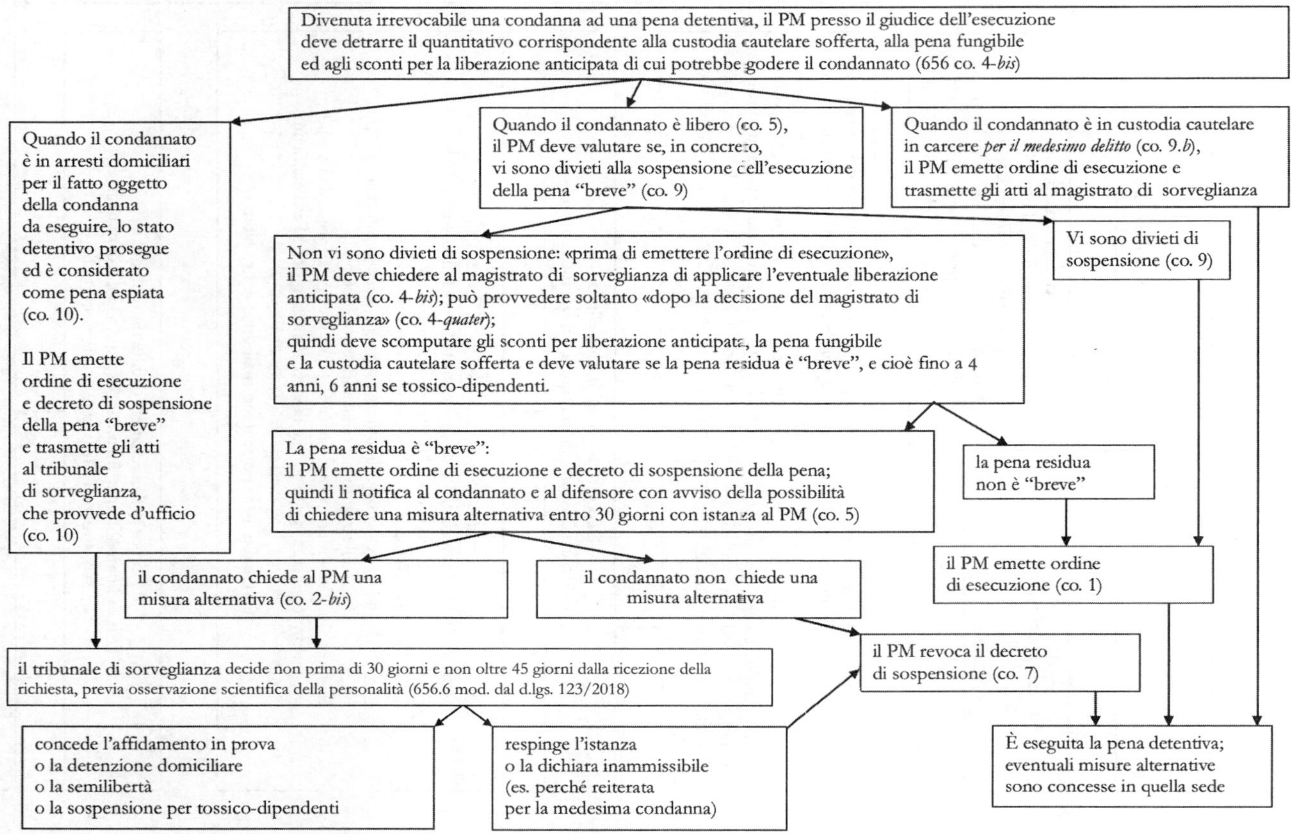

6.2.9. Procedimento di esecuzione (art. 666 c.p.p.)

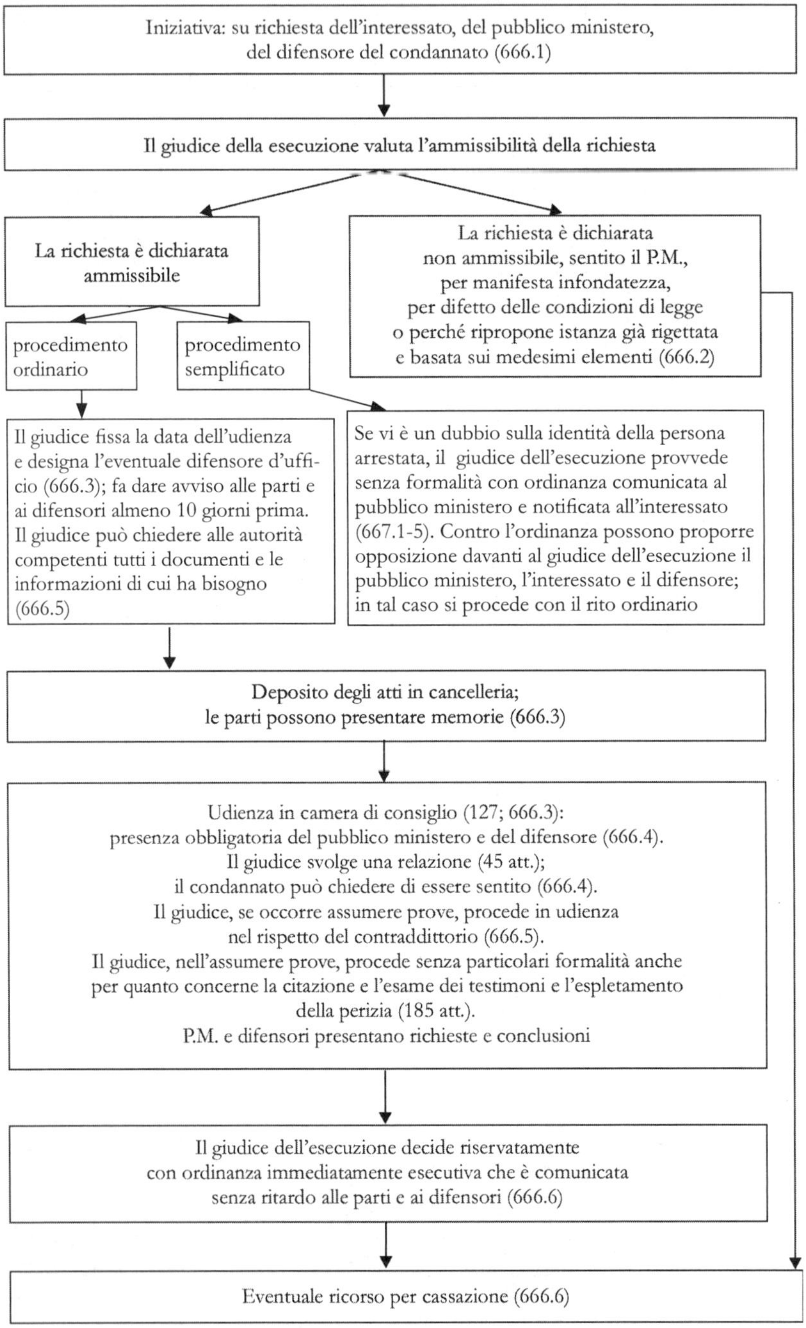

6.2.10. Pluralità di sentenze irrevocabili per il medesimo fatto in relazione alla medesima persona (art. 669 c.p.p.)

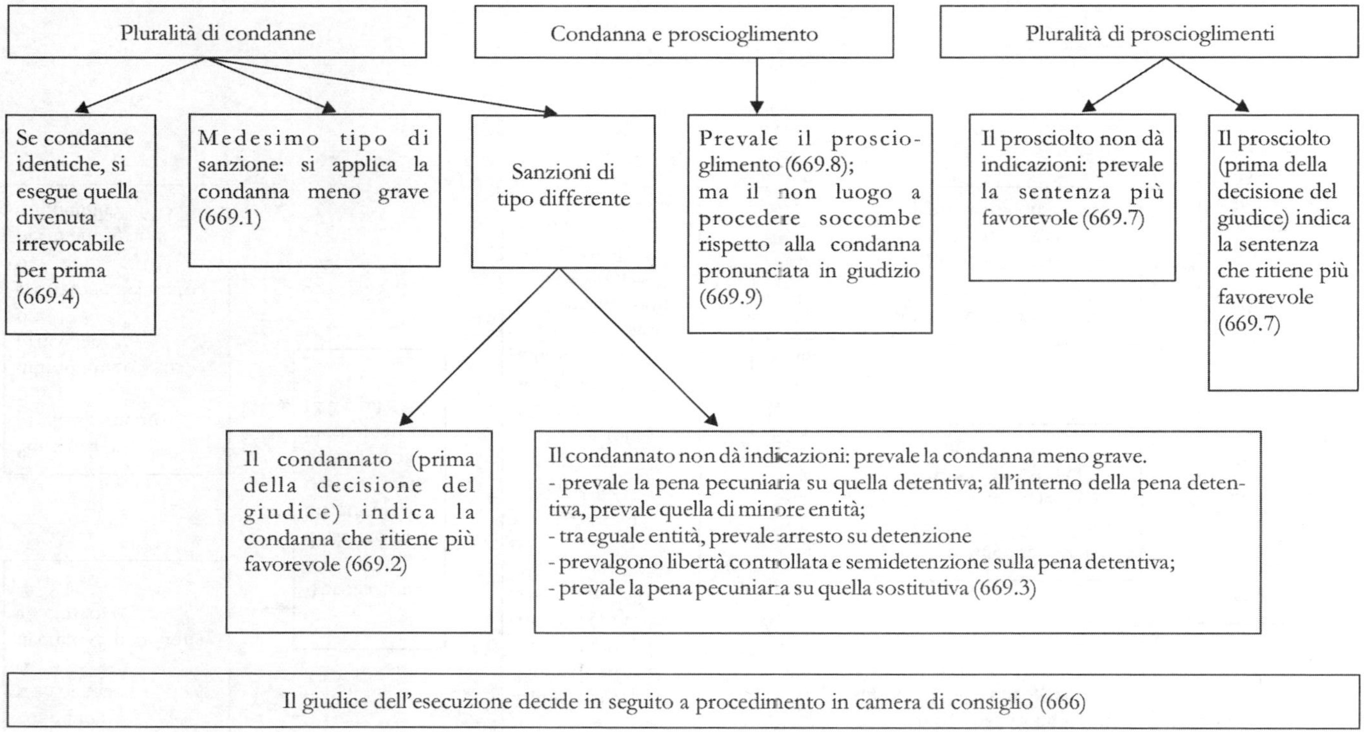

6.2.11. Revoca della sentenza per abolizione del reato

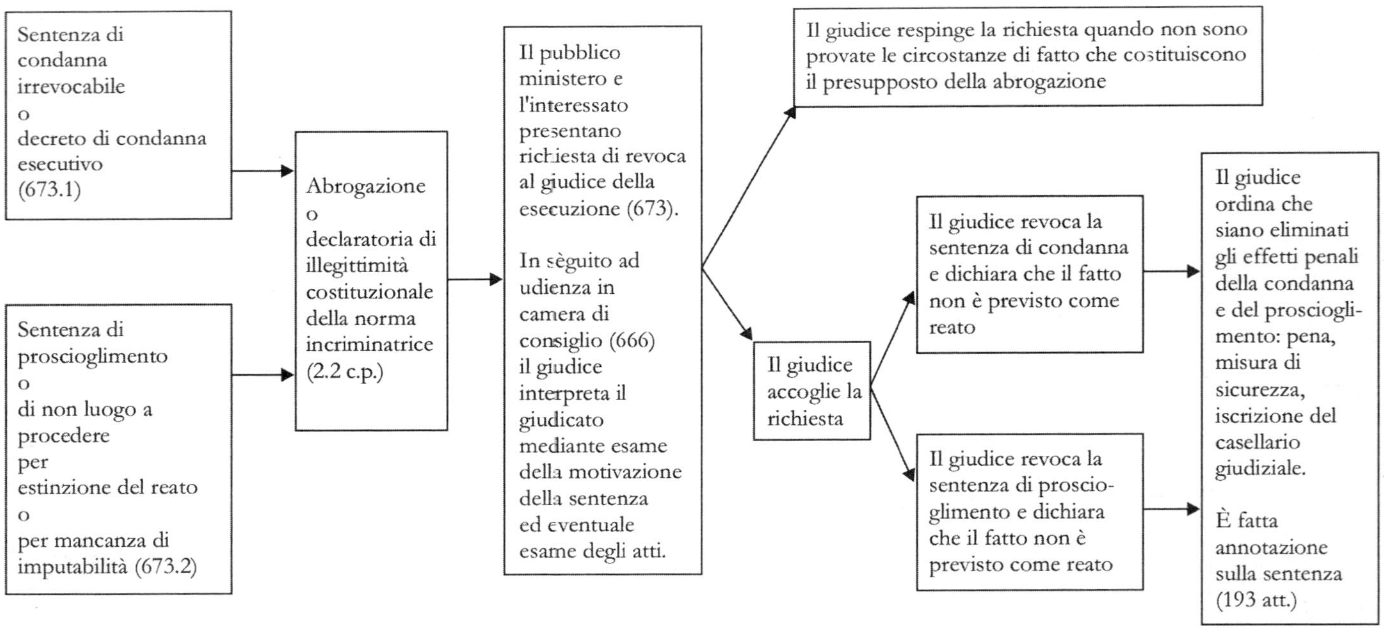

6.2.12. Questioni sul titolo esecutivo (art. 670, commi 1 e 2)

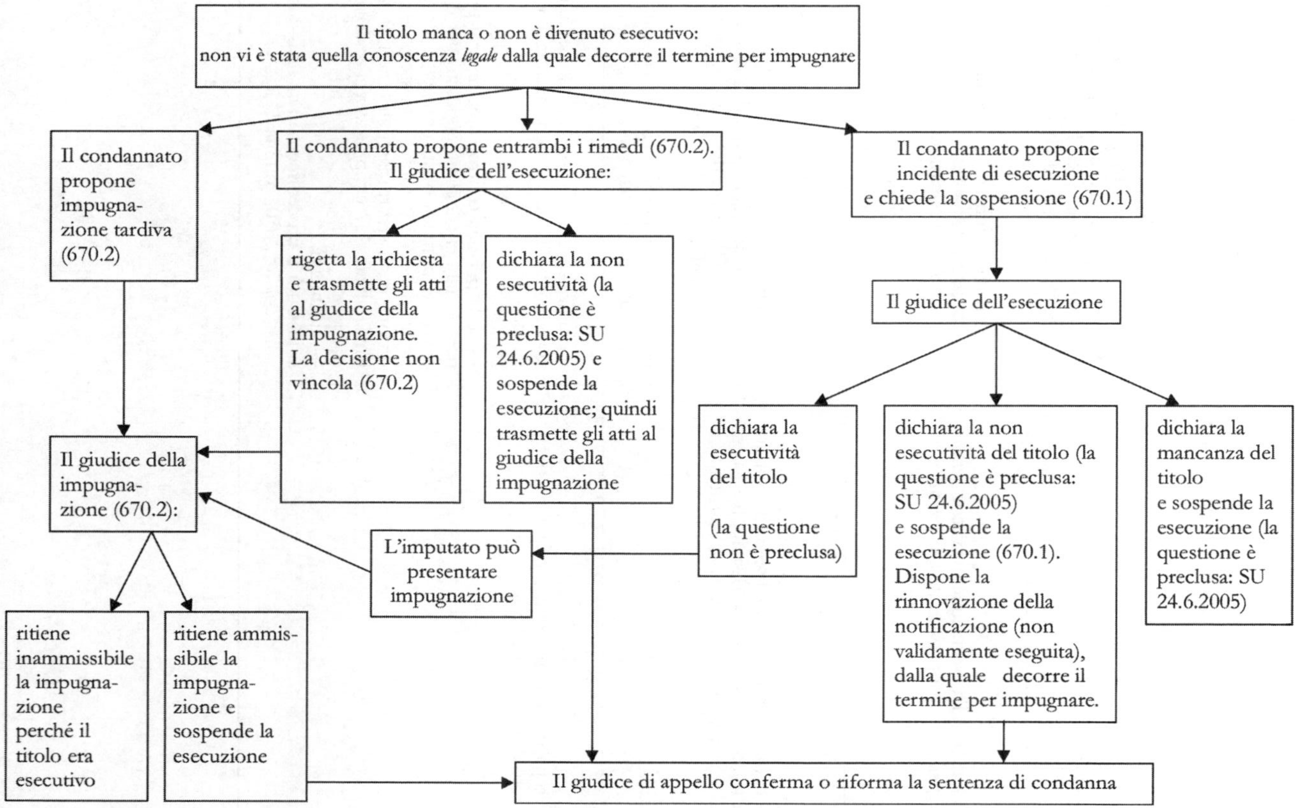

6.2.13. I provvedimenti del giudice dell'esecuzione

d. il giudice deve fissare una *udienza in camera di consiglio* poiché questa è la « regola » prevista dall'art. 666	*d. 1*: art. 670: questioni sul titolo esecutivo. *d. 2*: art. 669: conflitto pratico di giudicati. *d. 3*: art. 671: concorso formale e reato continuato. *d. 4*: art. 674: revoca di altri provvedimenti. *d. 5*: art. 675: falsità di documenti. *d. 6*: art. 673: Pena divenuta illegale *totalmente* dopo la sentenza irrevocabile. *d. 7*: Pena divenuta illegale *parzialmente* dopo la sentenza irrevocabile.
e. il giudice della esecuzione provvede *senza formalità* in casi previsti *espressamente*	*e. 1*: art. 667: dubbio sull'identità fisica della persona detenuta. *e. 2*: art. 672: applicazione dell'amnistia e dell'indulto. *e. 3*: art. 676: dichiarazione di estinzione del reato dopo la condanna.
f. nei casi non previsti espressamente dal codice, ma concernenti la « esecuzione di un provvedimento » (art. 665) si applica la *regola* della *udienza in camera di consiglio*	l'interessato ha facoltà di rivolgersi al giudice dell'esecuzione, ad esempio, quando sorgano questioni circa il computo della pena effettuato dal pubblico ministero ai sensi degli artt. 657 e 663 o per sollecitare un intervento di computo non effettuato dal pubblico ministero.
g. caso particolare: persona condannata per errore di nome (art. 668)	il giudice dispone la sospensione dell'esecuzione contro la persona erroneamente condannata (art. 668). Inoltre: — se la persona contro cui si doveva procedere è stata citata come imputato per il giudizio (sia pure sotto altro nome), si deve provvedere con le forme previste per la correzione degli errori materiali (art. 130 che rinvia all'art. 127 c.p.p.: *udienza in camera di consiglio*); — altrimenti, si instaura il procedimento per revisione ai sensi dell'art. 630, comma 1, lett. *c*.

6.2.14. Accertamento del reato continuato nel corso dell'esecuzione (art. 671 c.p.p.)

Vi sono più condanne irrevocabili che sono state pronunciate «in procedimenti distinti» nei confronti della medesima persona per condotte esecutive di un medesimo disegno criminoso (art. 81 co. 2 c.p.) o per più reati commessi con una sola condotta (art. 81 co. 1 c.p.)

È possibile chiedere al giudice della esecuzione la applicazione della disciplina del concorso formale di reati e del reato continuato, se tale applicazione non è stata esclusa dal giudice della cognizione (671)

La richiesta è formulata dal condannato, dal suo difensore, dal P.M. (senza limiti di tempo) ed è presentata al giudice dell'esecuzione; procedimento di esecuzione (666)

Onere di allegazione di parte: *a*) è sufficiente indicare i reati legati dal vincolo di continuazione e gli estremi delle sentenze; *b*) occorre indicare anche gli elementi di fatto essenziali per la continuazione (identico disegno criminoso)

il giudice dell'esecuzione ha l'obbligo di acquisire d'ufficio le pronunce (186 att.); valuta come più grave quella violazione per la quale è stata inflitta la pena più grave (187 att.)

la decisione ha i seguenti vincoli: la sanzione non può superare la somma delle singole sanzioni; è possibile applicare la sospensione condizionale soltanto se il giudice di merito non ha negato la concessione; nei confronti di coloro ai quali è stata applicata la recidiva reiterata (art. 99.4 c.p.) l'aumento della quantità di pena non può essere inferiore ad un terzo della pena stabilità per il reato più grave (art. 671.2-*bis* c.p.p.; 81.4 c.p.)

6.2.15. Procedimento di sorveglianza (art. 678 c.p.p.)

Il *tribunale di sorveglianza* e il *magistrato di sorveglianza* procedono d'ufficio o su richiesta del pubblico ministero, dell'interessato o del difensore

→ Il giudice valuta l'ammissibilità della richiesta

→ La richiesta è dichiarata inammissibile (666.2); eventuale ricorso per cass.

→ La richiesta è dichiarata ammissibile (678.2); il giudice acquisisce la documentazione sulla osservazione scientifica della personalità

Procedimento ordinario

Alternativa monocratica (678. 1-*ter*)

Quando il condannato libero, a cui è stata sospesa una pena da espiare (anche residua) fino a un anno e sei mesi, ha fatto richiesta di una misura alternativa ai sensi dell'art. 656, il presidente del tribunale di sorveglianza, acquisiti i documenti e le necessarie informazioni, designa il magistrato relatore e fissa un termine entro il quale questi, con ordinanza adottata senza formalità, può applicare in via provvisoria una delle misure menzionate nell'articolo 656, co. 5 (non necessariamente quella richiesta).
– L'ordinanza di applicazione provvisoria della misura è comunicata al pubblico ministero e notificata all'interessato e al difensore, i quali possono proporre opposizione al tribunale di sorveglianza entro 10 gg.
– Durante il termine per l'opposizione e fino alla decisione sulla stessa, l'esecuzione dell'ordinanza è sospesa

- Il tribunale di sorveglianza, decorso il termine per l'opposizione, conferma senza formalità la decisione del magistrato
- Quando l'ordinanza provvisoria non è stata emessa o non è stata confermata o è stata proposta opposizione, il tribunale di sorveglianza procede con il rito ordinario →

Alternativa collegiale: *residuale*

Procedimento: il giudice può disporre la consulenza dei tecnici del trattamento (678.2).
– Il giudice può chiedere alle autorità competenti documenti e informazioni di cui ha bisogno (666.5; es. comitato sicurezza pubblica; assistenti sociali).
– Deposito degli atti in cancelleria; le parti possono presentare memorie (666.3).
– Il presidente fissa la data dell'udienza e designa, se necessario, un difensore d'ufficio (666.3); fa dare avviso almeno 10 giorni prima con l'avvertimento che l'interessato ha facoltà di presentarsi personalmente.
– Udienza in camera di consiglio (127; (666.3): presenza obbligatoria del pubblico ministero e del difensore (666.4).
– Il giudice delegato svolge una relazione (45 att.); il condannato può chiedere di essere sentito (666.4).
– Il giudice, nell'assumere prove, procede senza particolari formalità anche per quanto concerne la citazione e l'esame dei testimoni e l'espletamento della perizia (185 att.).
– Quando ne fa richiesta l'interessato, l'udienza si svolge in forma pubblica. Si osservano, in quanto compatibili, le disposizioni degli articoli 471 e 472.
– Decisione con ordinanza immediatamente esecutiva che è comunicata senza ritardo alle parti e ai difensori (666.6)

Procedimento semplificato

Nei seguenti casi (678. 1-*bis*):
a) procede il magistrato di sorveglianza nelle materie attinenti alla rateizzazione e alla conversione delle pene pecuniarie, alla remissione del debito e alla esecuzione della semidetenzione e della libertà controllata;
b) procede il tribunale di sorveglianza nelle materie relative alle richieste di riabilitazione, alla valutazione sull'esito dell'affidamento in prova, anche in casi particolari, alla dichiarazione di estinzione della pena conseguente alla liberazione condizionale e al differimento dell'esecuzione della pena nei casi previsti dal primo comma, numeri 1 e 2 dell'articolo 146 c.p. (donna incinta o madre di bambino di meno di un anno).
– *Procedimento* (667.4): il giudice provvede senza formalità con ordinanza comunicata al pubblico ministero e notificata all'interessato. Entro 15 gg. il pubblico ministero, l'interessato e il difensore possono proporre opposizione contro l'ordinanza

- Nel caso in cui sia presentata opposizione, si procede con il rito ordinario
- Quando non è proposta opposizione, l'ordinanza è definitiva

Parte Settima

I RAPPORTI GIURISDIZIONALI CON AUTORITÀ STRANIERE

Capitolo I

LA COLLABORAZIONE GIUDIZIARIA INTERNAZIONALE REGOLATA DAL CODICE DI PROCEDURA PENALE

7.1.1. Estradizione per l'estero (passiva)

Fase amministrativa. Lo Stato estero invia domanda di estradizione al ministro della giustizia, che opera una prima valutazione; il suo potere è stato regolamentato dal d.lgs. n. 149 del 2017.
– Il ministro respinge la domanda di estradizione quando l'accoglimento della domanda provoca una compromissione della sovranità, della sicurezza o di altri interessi essenziali dello Stato (697 co. 1-*bis*).
– Quando un accordo internazionale prevede il potere di rifiutare l'estradizione di un *cittadino* senza regolarne l'esercizio, il ministro della giustizia rifiuta l'estradizione tenendo conto della gravità del fatto, della rilevanza degli interessi lesi dal reato e delle condizioni personali dell'interessato (697 co. 1-*ter*).
– Vi sono limiti alla estradizione (es., reati politici; pena di morte: 698).

Il ministro respinge la domanda con atto motivato; la decisione è comunicata allo Stato estero e all'autorità giudiziaria (697 co.1-*quinquies*)

Entro trenta giorni dal ricevimento della domanda di estradizione il ministro la *trasmette* al procuratore generale presso la corte di appello (701 co. 4; 703 co. 1)

Fase giurisdizionale. Il procuratore generale dispone la comparizione dell'imputato per l'identificazione e per l'interrogatorio e ne raccoglie l'eventuale consenso all'estradizione o la rinuncia al principio di specialità (703.2)

L'imputato non consente alla estradizione.
Il procuratore generale svolge accertamenti (703 co. 3; es., richiesta di documentazione allo Stato estero) e, entro 30 gg., presenta una requisitoria.
Gli atti compiuti sono depositati in cancelleria con avviso alle parti

Il presidente della corte di appello fissa la data dell'udienza e ne fa dare avviso (10 gg. liberi) alle parti.
Vi è un termine libero di 5 gg. per presentare memorie (704 co. 2)

Udienza con contraddittorio obbligatorio e informazioni assunte d'ufficio (704). Sono valutati i gravi indizi di reità con i limiti previsti dalla singola Convenzione; in mancanza, il giudice controlla i gravi indizi, il rispetto dei diritti fondamentali nello Stato estero, l'assenza di pericolo di persecuzioni, le ragioni di salute (705)

L'imputato, alla presenza obbligatoria del difensore e dell'interprete (se necessario), consente alla estradizione (703 co. 2). Si salta la fase giurisdizionale; il ministro valuta se esistono le ragioni ostative *ex* art. 705 co. 2

La corte di appello respinge la domanda di estradizione con effetto preclusivo per il medesimo fatto allo stato degli atti (707).
Eventuale ricorso per cassazione (706)

La corte di appello accoglie la domanda di estradizione e dispone la misura cautelare.
Eventuale ricorso per cassazione (706)

Fase amministrativa. Il ministro deve decidere entro 45 gg. se concedere l'estradizione a pena di decadenza della misura cautelare

respinge la domanda o tace (708 co. 2 e 3); la misura cautelare è revocata

accoglie la domanda e dispone la consegna allo Stato estero (708 co.4); se vi è il ricorso al giudice amministrativo si ha sospensione dell'effetto dell'estradizione

7.1.2. Estradizione dall'estero (attiva)

Presupposto: è stata emessa una condanna o è in corso un processo penale

Il ministro della giustizia si attiva d'ufficio (720, co. 2)

Il procuratore generale presso la corte di appello chiede l'estradizione al ministro della giustizia (720, co. 1)

Decisioni del ministro

Il ministro può decidere di non presentare la domanda di estradizione o di differirne la presentazione, quando la richiesta può pregiudicare la sovranità, la sicurezza o altri interessi essenziali dello Stato, dandone comunicazione all'autorità giudiziaria richiedente (720, co. 3)

Il ministro:

a) può chiedere alla autorità giudiziaria straniera l'arresto provvisorio dell'estradando;
b) può richiedere lo svolgimento di ricerche all'estero dell'imputato o del condannato (720, co. 5);
c) può accettare le condizioni che lo Stato estero pone per l'estradizione, con il limite del rispetto dei princìpi fondamentali dell'ordinamento (720, co. 4)

- Eventuale sospensione del processo e dell'ordinanza cautelare (e non delle indagini) a causa del principio di specialità (721, co. 1); la sospensione opera solo dopo l'azione penale.
- Quando le convenzioni internazionali o le condizioni poste prevedono che un fatto anteriore alla consegna non possa essere giudicato, il principio di specialità opera come causa di sospensione del processo ad una duplice condizione: se è stata esercitata l'azione penale e se non deve essere pronunciata sentenza di proscioglimento o di non luogo a procedere.
- La sospensione non preclude il compimento di atti urgenti, l'assunzione delle prove non rinviabili e di quelle idonee a determinare il proscioglimento per fatti anteriori alla consegna (art. 721, co. 3 c.p.p.)

Nessuna sospensione del processo

Lo Stato estero concede (o meno) l'estradizione

7.1.3. Rogatorie dall'estero (passive)

Procedimento tradizionale: rogatorie regolate da una Convenzione internazionale o dalla normativa dell'Unione europea, le quali NON prevedono la trasmissione diretta all'autorità giudiziaria italiana (723 co. 1).
Il ministro opera un controllo prima di trasmettere la domanda dell'autorità straniera al procuratore della Repubblica presso il tribunale del capoluogo del distretto in cui si deve compiere l'attività richiesta

Il procuratore distrettuale deve trasmettere senza ritardo al procuratore nazionale antimafia e antiterrorismo copia delle richieste di assistenza dell'autorità straniera che si riferiscono ai delitti di cui all'articolo 51 co. 3-*bis* e 3-*quater* (724 co. 9)

Procedimento con trasmissione diretta:
rogatorie regolate da una Convenzione internazionale o dalla normativa dell'Unione europea, le quali prevedono la trasmissione diretta (723 co. 4).
Il procuratore distrettuale che riceve la richiesta di assistenza ne trasmette copia senza ritardo al ministro (*)

Controllo del ministro. Il ministro non dà corso alla rogatoria (o blocca la rogatoria *) quando risulta evidente che gli atti richiesti sono espressamente vietati dalla legge o sono contrari ai princìpi fondamentali dell'ordinamento giuridico italiano
o quando vi sono fondate ragioni per ritenere che considerazioni relative alla razza, alla religione, ecc., possano influire negativamente sullo svolgimento del processo e non risulta che l'imputato abbia liberamente espresso il suo consenso (723 co. 5).
Nei rapporti con Stati diversi da quelli membri dell'Unione europea, tale potere può essere esercitato altresì in caso di pericolo per la sovranità, la sicurezza o altri interessi essenziali dello Stato (723 co. 3)

Il ministro, se non blocca la domanda di assistenza, la trasmette al procuratore della Repubblica presso il tribunale del capoluogo del distretto in cui si deve compiere l'attività richiesta (724 co. 1)

Se il ministro non esercita il potere di blocco, il procedimento prosegue

Il procuratore distrettuale effettua un controllo in base all'art. 724 co. 7 e 8.
L'esecuzione della domanda di assistenza giudiziaria è negata:
a) se gli atti richiesti sono vietati dalla legge o sono contrari a i princìpi dell'ordinamento giuridico dello Stato;
b) se il fatto per cui procede l'autorità straniera non è previsto come reato dalla legge italiana e non risulta che l'imputato abbia liberamente espresso il suo consenso;
c) se vi sono fondate ragioni per ritenere che considerazioni relative alla razza, alla religione, ecc. possano influire sullo svolgimento del processo e non risulta che l'imputato abbia liberamente espresso il suo consenso.
L'esecuzione della richiesta di assistenza giudiziaria è sospesa quando da essa può derivare pregiudizio alle indagini o a procedimenti penali in corso.

Per il compimento degli atti richiesti si applicano le disposizioni del c.p.p., salva l'osservanza delle forme espressamente richieste dall'autorità giudiziaria straniera che non siano contrarie ai princìpi dell'ordinamento giuridico dello Stato (725 co. 1).
Se la rogatoria ha per oggetto acquisizioni probatorie da compiersi davanti al giudice o attività che secondo la legge italiana devono essere svolte dal giudice (es. giuramento del teste; intercettazione; sequestro preventivo), il procuratore della Repubblica presenta senza ritardo le proprie richieste al giudice per le indagini preliminari (724 co. 2)

7.1.4. Rogatorie all'estero (attive)

Presupposto: è in corso in Italia un processo penale che necessita di assistenza giudiziaria all'estero per comunicazioni, per notificazioni, per attività di acquisizione probatoria o per sequestri.
Nell'ambito di procedimenti relativi ai delitti di cui all'articolo 51 co. 3-*bis* e 3-*quater*, copia delle richieste di assistenza giudiziaria è trasmessa senza ritardo al procuratore nazionale antimafia e antiterrorismo (727 co. 8)

Procedimento tradizionale. Le convenzioni internazionali o la normativa europea prevedono l'intervento del ministro della giustizia (727 co. 1).
Le richieste di assistenza giudiziaria sono trasmesse al ministro che comunica alla autorità richiedente la data di ricezione della domanda e provvede entro 30 giorni dalla ricezione comunicando all'autorità richiedente l'avvenuto inoltro o il decreto di blocco (727 co. 2 e 3).
Quando la richiesta di assistenza giudiziaria non è stata inoltrata dal ministro entro 30 giorni dalla ricezione e non sia stato emesso il decreto di blocco, l'autorità giudiziaria può provvedere all'inoltro diretto all'agente diplomatico o consolare italiano,
informandone il Ministro (727 co. 4)

Procedimento con trasmissione diretta.
Quando un accordo internazionale o la normativa europea prevedono la trasmissione diretta della richiesta di assistenza all'autorità giudiziaria estera, l'autorità giudiziaria italiana ne trasmette copia senza ritardo al ministro della giustizia (727 co. 6).
Se il ministro non emette il decreto di blocco entro dieci gg. dalla ricezione, l'autorità giudiziaria italiana inoltra la richiesta all'autorità giudiziaria estera (727 co. 7)

Nei casi urgenti (727 co. 5) l'autorità giudiziaria provvede all'inoltro diretto a norma dell'art. 727 co. 4 dopo che copia della richiesta di assistenza è stata ricevuta dal ministro.
Resta salvo il potere di blocco del ministro (727 co. 2) sino al momento della trasmissione della domanda all'autorità straniera da parte dell'agente diplomatico o consolare

Controllo del ministro. Il ministro può disporre che non si dia corso all'inoltro della richiesta di assistenza giudiziaria nei casi e nei limiti stabiliti dalle Convenzioni.
Nei rapporti con Stati diversi da quelli membri dell'Unione europea, tale potere può essere esercitato, oltre a quanto previsto dalle Convenzioni, in caso di pericolo per la sovranità, la sicurezza o altri interessi essenziali dello Stato (727 co. 2)

Esecuzione della richiesta di assistenza giudiziaria. Quando, a norma di accordi internazionali, la richiesta di assistenza giudiziaria può essere eseguita secondo quanto previsto dall'ordinamento giuridico dello Stato italiano, l'autorità giudiziaria indica all'autorità dello Stato estero le modalità e le forme stabilite dalla legge ai fini dell'utilizzabilità degli atti richiesti (727 co. 9).
Se lo Stato estero dà esecuzione alla richiesta di assistenza con modalità diverse da quelle indicate dall'autorità giudiziaria ai sensi dell'art. 727 co. 9, gli atti compiuti sono inutilizzabili solo nei casi in cui l'inutilizzabilità è prevista dalla legge.
Non possono in ogni caso essere utilizzate le dichiarazioni, da chiunque rese, aventi ad oggetto il contenuto di atti inutilizzabili.
L'inutilizzabilità è rilevabile anche di ufficio in ogni stato e grado del procedimento (191 co. 2).
Nei casi in cui lo Stato estero abbia posto condizioni all'utilizzabilità degli atti richiesti, l'autorità giudiziaria italiana è vincolata al rispetto di tali condizioni (729.1).

Capitolo II

LA COOPERAZIONE GIUDIZIARIA NELL'AMBITO DELL'UNIONE EUROPEA

7.2.1. Trasmissione di una sentenza definitiva di condanna a pena detentiva tra Stati dell'Unione europea - d.lgs. 7 settembre 2010 n. 161

è prevista la trasmissione ALL'ESTERO della sentenza di condanna:
a) verso lo Stato dell'U.E. dove il condannato vive e di cui è cittadino;
b) verso lo Stato dell'U.E. di cui il condannato è cittadino e dove questi deve essere espulso o allontanato, benché non vi risieda;
c) verso lo Stato dell'U.E. che ha acconsentito alla trasmissione, sia quando il trasferimento è verso un Paese di cui il condannato non è un cittadino, sia quando il condannato non viva nello Stato di cittadinanza, né deve esservi espulso o allontanato; il trasferimento richiede il consenso del condannato (art. 5, comma 3)

il P.M. presso il giudice dell'esecuzione (665, 658) emette ordine di trasmissione della sentenza (4) insieme o successivamente all'ordine di esecuzione di almeno 6 mesi

Lo Stato di esecuzione riconosce la sentenza (6): il trasferimento avviene entro 30 gg. (7)

è prevista la trasmissione della sentenza di condanna DALL'ESTERO in Italia ai fini del riconoscimento e della esecuzione nei confronti di un cittadino italiano (o che ha residenza in Italia); di regola occorre il suo consenso (10).
Possono essere emesse misure cautelari e pre-cautelari su richiesta dello Stato estero in deroga agli artt. 273, 274 lett. *a*, *c*, 280, al fine di assicurare la permanenza del condannato e in attesa del riconoscimento (14 e 15)

il ministro della giustizia riceve la richiesta dall'estero.
Si svolge una udienza presso la corte di appello di residenza del condannato;
la corte di appello entro 60 gg. pronuncia sentenza ricorribile per cassazione

i casi di rifiuto sono tassativi (11, 13);
es. *ne bis in idem*; minorenne; immunità; mancanza della doppia incriminazione fuori dei 32 reati di cui al mandato di arresto europeo (art. 8.1)

trasferimento:
la esecuzione avviene secondo la legge italiana (16);
la eventuale revisione avviene secondo la legge dello Stato di emissione della richiesta (17)

principio di specialità: non vi può essere limitazione di libertà per un reato commesso prima del trasferimento (18)

7.2.2. Mandato d'arresto europeo: requisiti per la consegna dall'Italia - legge 22 aprile 2005 n. 69

Il MAE deve essere tradotto in italiano e sottoscritto da un «giudice» dell'Unione; deve essere basato su di una sentenza irrevocabile o su di un provvedimento cautelare purché motivato (1.3)

Reati commessi dopo il 14 maggio 2005, che sono compresi nella lista dell'art. 8, se sono punibili con almeno 3 anni nel massimo escluse le aggravanti (art. 40.3): la consegna è obbligatoria

Se il fatto non è previsto come reato nella legge italiana, è vietata la consegna del cittadino italiano se risulta che lo stesso non era a conoscenza senza propria colpa della norma penale dello Stato emittente (8 co. 3)

Reati commessi dopo il 7 agosto 2002: la consegna è obbligatoria nei seguenti casi, a condizione che il fatto sia previsto come reato anche dalla legge italiana (art. 40.2):

È stata già pronunciata condanna esecutiva di almeno 4 mesi nello Stato emittente (7 co. 4)

Non è stata già pronunciata condanna, e cioè si esegue una misura cautelare; ma il reato è punibile con almeno 12 mesi nel massimo nello Stato emittente (7 co. 3)

Sono previsti casi di rifiuto di consegna obbligatori per la corte d'appello (18) e cause di divieto di consegna perché lo Stato emittente non ha fornito i documenti richiesti (es. provvedimento originario e relazione sui fatti addebitati; art. 6 comma 6 in relaz. ai commi 3 e 4).

L'esecuzione è subordinata alla assicurazione di

1) garanzie richieste dall'Italia e *previste nella Decisione quadro* (19):
   - A) decisione pronunciata *in absentia*: lo Stato emittente deve garantire la possibilità di un nuovo giudizio;
   - B) reato punibile con pena o misura di sicurezza a vita: lo Stato emittente deve prevedere la possibilità di attenuare la pena;
   - C) cittadino italiano o residente in Italia: sarà ascoltato nello Stato emittente e sconterà la pena in Italia.

2) *garanzie non previste nella Decisione quadro.* Es. riserva di giusto processo (2.2): possono essere chieste garanzie idonee allo Stato emittente

7.2.3. Mandato d'arresto europeo: procedimento per la consegna dall'Italia - legge 22 aprile 2005 n. 69

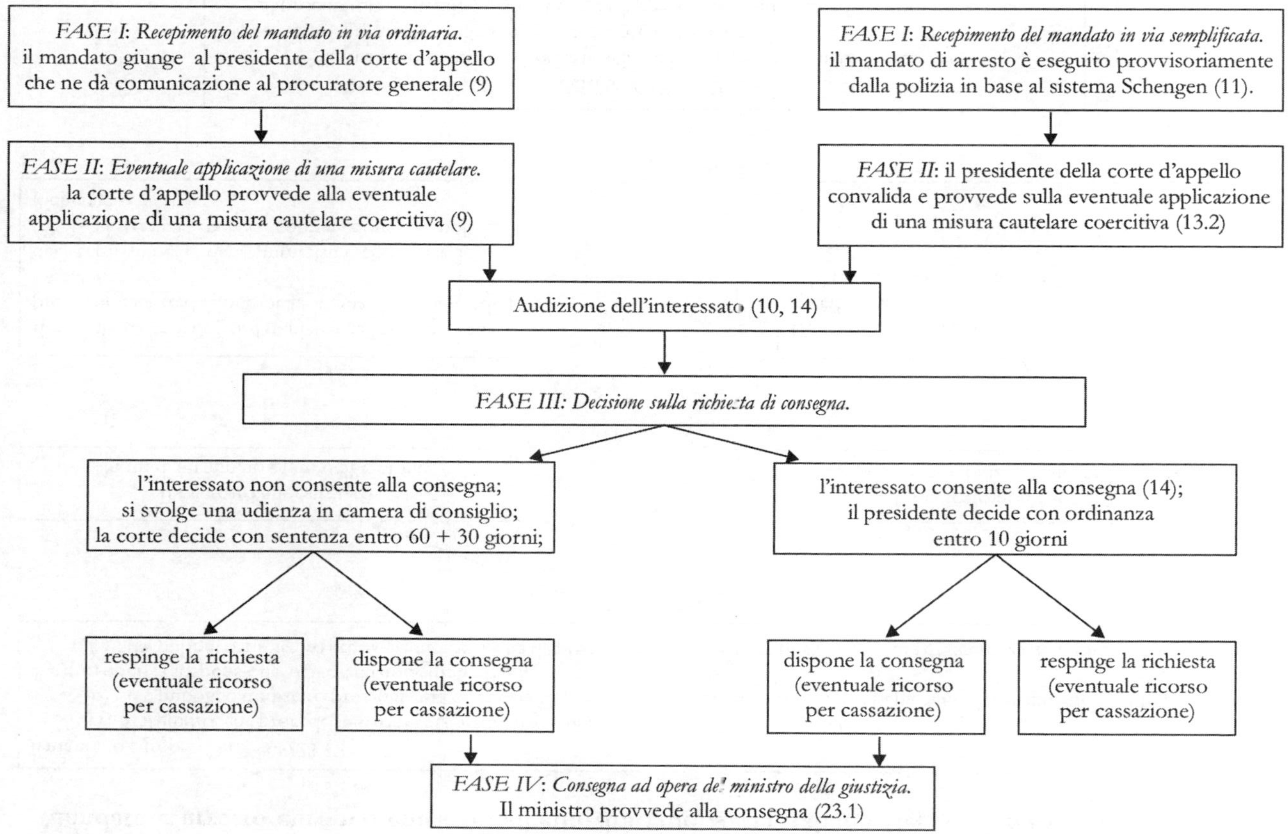

7.2.4. Mandato d'arresto europeo emesso dall'autorità giudiziaria italiana - legge 22 aprile 2005 n. 69

Il mandato europeo è emesso (28.1):

A) dal giudice che procede se si tratta di esecuzione di una misura custodiale;

B) dal pubblico ministero presso il giudice che ha disposto l'ordine di esecuzione di una pena detentiva di almeno un anno e sempre che non operi la sospensione dell'esecuzione (656 c.p.p.);

C) dal pubblico ministero presso il giudice che ha disposto l'ordine di esecuzione di una misura di sicurezza detentiva (658 c.p.p.)

Il ricercato è localizzato
in un determinato Stato dell'Unione

Il mandato è trasmesso al ministro della giustizia che provvede alla traduzione nella lingua dello Stato di esecuzione;
della emissione è data immediata comunicazione (28.2) al servizio per la cooperazione di polizia (Schengen)

Il ricercato non è localizzato,
ma si può trovare in uno Stato dell'Unione (19.2)

L'autorità giudiziaria dispone l'inserimento di una specifica segnalazione nel sistema di informazione Schengen; questo equivale ad un madato europeo (29.2)

Perdita di efficacia:
il mandato europeo perde efficacia quando il provvedimento restrittivo
(sulla base del quale il mandato è emesso) è revocato o annullato o è diventato inefficace (31);
il procuratore generale presso la corte d'appello deve dare immediata comunicazione
al ministro della giustizia, che provvede ad informare lo Stato membro.

INDICE ANALITICO

(i numeri indicano la parte, il capitolo e il numero progressivo dello schema o atto)

Q

R

S

T